ኦቴሎ

ዊሊያም ሼክሰፒር ዝደረሶ

Othello, by William Shakespeare

ኃይለመለኮት መዋዕል ብትግርኛ ዝተርጎሞ

Translated by Haiłemelekot Mawael

መሰል ዋንኡ ብሕጊ እተሓለወ ኢዩ ።

William Shakespeare's Othello
in Tigrinya

© 2006, 2016 by Hailemelekot Mewael

2013 GC

ካልኣይ ሕታም 2007 (2015)
ISBN: 978-1535378239

"Chandos Portrait" of Shakespeare, National Portrait Gallery, London
"Othello" cover image, Moviestore Collection Ltd./Alamy stock photo

ናይ ገበር ስዕሊ . . . . (ናይ ፊልም ተዋሳእቲ)
ላውረንስ ፊሽበርን . . . . ከም ኦቴሎ
ሱዛን ክላውቲዬ . . . . ከም ዴዝዴሞና

መእተዊ

ዘይትርሳዕ ዕለት

ሐደ መዐልቲ ኣብ ገበላ ኮፍ ኢለ ከንብብ ከሎኹ ኣቦይ ኣይተ መዋዕል (ማኢል) መሓሪን ተስፋ ሓወይን ካብ መሮር ኣተው።

"እንታይ ደኣ ተንብብ ኣሎኻ?" በለኒ ኣቦይ።

"ግጥሚ"

"ናይ መን ግጥሚ?"

"ናተይ!"

"ናይ መን ኢኻ ዝበልካ?"

"ናተይ ናይ ገዛእ ርእሰይ"። በልክዎ።

ፍሽኽ ኢሉ ኣብ ንእዲ ኮፍ ምስ በለ፣ "እስከ ሃየ ኣንብበለይ"

"ሰቲ ርባ ኢኺ ፈቐድኡ ዘይትርከብ፤
ዕምበባ ሰዊት ዓይኒ-ዓተር ርኢኻያ ዘይትጽገብ፣
ኮኾብ ጽባሕ ኢኺ ብርሃን ናይ ወጋሕታ፣
ኣብዛ ውሽጢ ልበይ ዘላትኪ ስቱር ቦታ፣
ትሕትናኺ ስንቂ ነፍሰይ ዘየብላ መተካእታ
ፍሽክታኺ ብርሃን ቀትሪ ደሃይኪ ምንጪ ደስታ" ኢለ ኣንበብኩሉ።

ተኲሪ ጠመተኒ። (እታ ቕዳዳ ብምንባራ ንተዘክሮ ዜቕረብኩዋ እያ።)

"እስከ ድገመለይ?" በለኒ። ደገምኩሉ።

"ኣገናዕ ወደይ ሃብሮም!" ኢሉ መንበስበስታይ ሰዓመኒ።

እታ መዐልቲ እቲኣ ዘይትርሳዕ ዕለት ኮነት።

እታ ኣብ ውሽጠይ ዝነበረት ዘርኢ ጥበብ ሳላ ኣገናዕ! ፈርዘነት። ሳሕቲ ካብ ሃይማኖታዊን ዓለማዊን መጻሕፍቲ ገለ ዛንታታት እናጠቓቐሰ ክነግረኒ ከሎ ተስፋ ሓወይ ይጽንበረና ኔሩ። ንሱ'ውን ሥዕሊ ናይ ምሥኣል ድልየት ስለዝነበሮ ካብተን ኣብ ውሽጢ ደብረ-ቁስቋም (ወክድባ) ዘለዋ ኣሣእል ኣምሲሉ ንምሥኣል ህርድግ ይብል ነይሩ።

ኀኒ ኀኒ ትምህርተይ ናብ ቤተ መጻሕፍቲ ከተማ ኣስመራ ብምኻድ የንብብ ስለዝነበርኩ ወልፊ ንባብ ኣብ ውሽጠይ ሱር ሰደደ።

* * *

እቲ ኣብ ኣዲስ ኣበባ ዝርከብ ቤተ መጻሕፍት ወመዘክር ኣብ ሥነ-ጽሑፋዊ ሕይወተይ ዓቢዩ ግደ ኣለዎ። ሓደ መዓልቲ መጻሕፍቲ ሃሰው ክብል ከሎኹ ነቲ ገጣሚን ጸሓፊ ተዋስኦን ጸጋዬ ገ/መድሕን ናብ ኣምሓርኛ ዝተርጎሙዎ ናይ ዊልያም ሼክስፒር ኦቴሎ ረኺበ ጊዜ ከይሃብኩ ኣንበብኩዎ። እቲ ኣብቲ ተዋስኦ ዝርከብ ግብረ እከይ፣ ዓሌታዊነት፣ ፍቕሪ፣ቅንኢ፣ጥልማንን፣ሕልካስን... ኣብ መንጐ ሰባት ዝተገብረ ኃያል ንሕንሕ ብጣዕሚ መሰጠኒ። ካብኡ ነቲ ብቋንቋ እንግሊዝ ዝተጻሕፈ ኣንበብኩዎ።

ሽዑ ሓደ ትምኒት ኣብ ልበይ ስለዝሓደረ ክትርጉሞ ኣሎኒ ኢለ ተበገስኩ። ብርቱዕ ጻዕሪ ዘድልዮ ዕዮ ስለዝነበረ ዳርጋ ኣብ ዓመት ዛዘምኩዎ። ወገግታ ተስፋይ በርሀት።

"ኣይትተሓወኽ! ደጋጊምካ ኣርሞ።" በለትኒ ነፍሰይ። ካብኡ ድማ ልዕሊ መንፈቕ ወሰደ። ብድሕሪኡ ነቲ ትርጉመይ ሒዘ ናብ ደራሲ ፀጋዬ ገ/መድህን ከድኩ'ሞ ጽቡቕ ገሮም ተቐበሉኒ። ሽሕኳ ትግርኛ እንተዘይፈለጡ ነቲ ግጥማዊ ቃናኡን ሕንጻጽ ቃላቱን ንምግምጋም "እስከ ሓሓሊፍካ ኣንብበለይ" በሉኒ። ካብ ነፍሲ ወከፍ ገቢርን ትእይትን ክሳዕ"ይኣክል" ዝብሉኒ ኣንበብኩሎም።

"ግርም! ካልእ ቕዳሕ እንተላትካ ትግርኛ ዝፈልጥ ዓርከይ ኣሎ'ሞ ክርእዩልካ ይኽእል'ዩ" በሉኒ። ነታ ዝወሰድኩዋ ኣብኡ ገደፍኩዋ። ሎሚ ኣበይ ከምዘላ እንድዕላ!

ኣብ 1960ታት ኣብ ኣዲስ ኣበባ ዳርጋ 120 ዝኾና ኣብያተ ትምህርቲ ውልቀ-ሰባት ነበራ። እቶም ኣብኡ ንሠርሕ ዝነበርና መማህራንን ሠራሕተኛታትን ማሕበር ናይ ምምስራት ዕላማ ሒዝና ተበገስና።

እታ ማሕበር በሕጊ ተፈቒዳ ጌና እግራ-ከይተኸለት ከላ ክልተ መራሕቲ ሥራሕ ብምቕያሮም ሓዲሽ ምርጫ ኣብ ዝተኻየደሉ ጊዜ መራሒ እታ ማሕበር ክኸውን ተመረጽኩ። ነታ ማሕበር ን5 ዓመታት ምስመራሕኩ ብ1969 ዓ.ም (1976-77) ተኣሰርኩ። ድሕሪ ሰለስተ ኣዋርሕ ነቲ ኣብ ገዛይ ዝነበረ መጻሕፍተይ ሰበ ስልጣን ቀበሌ ከምዝራሰይዎ ሰማዕኩ። እተን ኣብ እንዳ ወላዲተይ ዝነበራ መጻሕፍትን ድርሰታተይን (እንኮላይ ኦቴሎ) ግን ሳላ ሓወይ ብርሃኑ ስሜነህ ኣይተረኽባን።

<u>‹‹ሓመድ ድብ ኦቴሎ››</u>

ካብታ ብወርሒ ነሐሰ 1969(1976) ብምስጢራዊ መገዲ ዝሰደድኩዋ ደብዳቤ ሓጺር ትሕዝቶኣ እኒሃለ። "ብርሃኑ ሓወይ ከመይ ኢልካ ኣሎኻ? ኣነ ደሓን ኣሎኹ። እቲ ብዛዕባ መጻሕፍተይ ዝሰማዕኩዎ ብጣዕሚ ዘሕዝን ኢዩ። ዝኾነ ኾይኑ ነተን ዝርካበን ኣድሕነን። ብፍላይ ኣብቲ ውሽጢ ዓቢዩ ሳንዱቕ መጻሕፍቲ አለዋ። ንቑጽን ስቱርን ቦታ ደሊኻ ኣብ ውሽጢ ገዛ ቅበረን። እዚ ምእንቲ ክራጋገጸለይ ስንበት ምሳሕ ክትሰዱለይ ከሎኹም ኣብታ መኽደን ሽሐኒ ኣብ ክንዲ ኃይለመለኮት፣ <u>ኃይለመለከት</u> ኢልካ ጠቅዓላ።

ሽሕኳ ካብ ማእሰርቲ እንተወጻእኩ ኣብ ኣዲስ ኣበባ ምንባር ኣመና ኣስጋኢ ብምንባሩ (ዋላ'ኳ'ቲ ገጠር መሰሳ እንተዘይነበሮ) ከተማን ገጠርን እናተማላለስኩ (ሰሜን ሸዋ፣ ማጀቴ) ዳርጋ ሐሙሽተ ዓመታት ብዘይ ፍርያት ሓለፉ። ኣብ መፋርቕ 1976(1983) ብሓድኣፉ ንከተማ ኣትዩ ብመምህርነት ተቖጸርኩ። እታ ን"ኩራዝ ኣሳታሚ ድርጅት" ኣቕሪበያ ዝነበርኩ "የወዲያነሽ" ዝተባህለት መጽሓፈይ ተቐባልነት ብምርካባ ብ1978(1985) ተሓትመት። ብ1982 (1989) ዓ.ም ድማ እቲ "ጉንጉን" ዝበልኩዎ ልብ-ወለደይ ሰዓበ።

ጡረታ ምስወጻእኩ ነተን ንዓመታት ኣብ ሳንዱቕ ዝተዳጐና መጻሕፍቲ (ድርሰታተይ) በብሓንደ ኣልዓልኩዎን።

ሓንቲ መጽሓፍ ንኹለን ኣግሊላ ንቕድሚት መጸት። ሕጉስ ኢለ ኣልዓልኩዋ። ነታ "መቓብረ ፍሒርና፣ መግነዛ ቀዲድና ደሮናኣ ነጊፍና፤ ዘውጻእናያ መጽሓፍ ቀዳምነት ምሃብ ርትኣዊ'ዩ።

ዊልያም ሼክስፒር

ካብቶም ኣብ ሀገር እንግሊዝን መላእ-ዓለምን ብንኡድ ኣዳራርሳ ተዋስአ ፍሉጣትን ምጉሳትን ዝነበሩ ናይ ዘመነ-ዳግም ልደት (ሪኔስያንስ) ደረስቲ፣ እቲ ልዕሊ ኩሎም ዝገነነ ዝና ዘለዎ ዊልያም ሼክስፒር፣ ኣብዚ ዘመን እዚ'ውን ምስቲ ንቡር ዝናኡ እናተሞገሰ ኣብ መንበረ-ክብሩ ይርከብ።

ዊልያም ሼክስፒር 23 ሚያዝያ 1564 ዓ.ም (ብኣቋጻጽራ ግሪጎሪያን) ኣብ ሀገር እንግሊዝ ከተማ ስትራትፎርድ ኦን ኣቮን ተወልደ።

ኣብ ዝተፋላለያ ሀገራት ፍሉይ ተውህቦን ልኡል ክእለትን ብልኂን ዘለዎም ጥበበኛታት፣ ደረስቲ፣ መሓዝቲ፣ ሊቃውንቲ፣ ፈላስፋታት ወዘተ … ኔሮም። ኣለው'ውን። ጥበበኛታትን ደረስትን… ንሕይወትናን ናብራናን ብሥነ-ጽሑፋዊ ቅጥዒ እናተማራመሩ ኣዝዩ መሳጥን መስተንክራዊ ዝኾነ ሥነ-ጥበባዊ ፍርያት ኣበርኪቶም እዮም።

ዊልያም ሼክስፒር ኣዝዩ ዝለዓለ ተውህቦን ሥነ-ጽሑፋዊ ክእለትን ዘለዎ ገጣሚን፣ደራሲ 37ን ገድላዊ ተዋስኦታት ነበረ። ሽሕኳ ወሃ ዘብል ክእለት ምውሳእ እንተዘይነበሮ ይዋሳእ ኔሩ።

ብዛዕባ ዛንታ ሕይወት ሼክስፒር ዝገልጹ ሰነዳትን ካልእ መረዳእታታትን ምድላይን ምእካብን ዝተጀመረ ድሕሪ ሕልፈተ-ሕይወቱ ሚእቲ ዓመታት ደንጉዩ ከምዝነበረ ይንገር። በዚ ምኽንያት እዚ ብዛዕብኡ ንጹር ኣፍልጦ የልቦን ዝብሉ ምሁራን ኣለው። ይኹን እምበር እተን ኩለን ንሱ ዝደረሰን ግጥምታትን ተዋስኦታትን ናቱ ከምዝኾናሲ ርግጸኛታት ኢና ዝብሉ ሓያሎይ ተማራመርትን፣ ምሁራንን ኣለው።

እንካብ ብዛዕባ እዚ ኣብ መላእ-ዓለም ዝተናእደን ዝተኸብረን ደራሲ ሓተታታት ነብዝሕሲ ምስእተን ኣዝየን ፍሉጣት ዝኾና 11 ገድላዊ ተዋስኦታቱ ንላለ።

1. Romeo and Juliet 2. Julius Caesar 3. Hamlet 4. Othello
5. King Lear 6. Macbeth 7. Antony and Cleopatra 8. Coriolanus
9. Timon of Athens 10. Titus and Andronicus 11. Troilus and Cressida

ኦቴሎ ብ1604-1605 ዓ.ም ኢዩ ተጻሒፉ። እዚ ተዋስኦ እዚ ኣብ ከተማ ቬኒስን (ሰሜን ምብራቕ ኢጣልያ) ኣብ ምብራቓዊ ጫፍ ማዕከላይ ባሕሪ (ጥቓ ሀገረ ቱርኪ) ኣብ እትርከብ ደሴት ቆጵሮስ ዝተኻየደ፣ ንተልብ'ኻን ስምዒትካን ዓትዒቱ ዝሕዝ ገድላዊ ተዋስኦ'ዩ።ኦቴሎ ብገዛኢ መስፍን ከተማ ቬኒስን ብኣባላት ባይቶን እታ ከተማ ዝተሸመ እንኮ ወጻእተኛ ("ጸሊም") ኣዛዚ ሰራዊት (ጀኔራል) ነበረ።

ኃይለመለኮት መዋዕል መሐሪ

ገጸ ባሕሪያት

መስፍን...... ገዛኢ ከተማ ቬኒስ

ኦቴሎ........ ኣዛዚ ሠራዊት ቬኒስ (ጀኔራል)

ብራቫንሽዮ... ኣባል ባይቶ ከተማ ቬኒስ ኣቦ ዴዝዴሞና

ዴዝዴሞና... ጓል ብራቫሺዮ፣ በዓልቲ ገዛ ኦቴሎ

ቃስዮ......... ሓለቃ ምእቲ ሠራዊት

ኢያጎ......... ወተሃደር ‹‹ተዓማኒ ኦቴሎ››

ኤሚልያ ...... በዓልቲ ቤት ኢያጎ፣ ዓንጋሊት ዴዝዴሞና

ሮድሪጎ....... ንዴዝዴሞና ዝምነያ ርኹብ ቬኒሲያዊ

ቢያንካ....... ፈታዊት ቃስዮ

ሎድቪኮ...... ዘመድ ብራቫንሽዮ፣ ኣኮ ዴዝዴሞና

ግራሺያኖ..... ሓው ብራቫንሽዮ

ሞንታኖ...... ቅድሚ ኦቴሎ ኣብ ቆጵሮስ ዝነበረ ኃላፊ

ከምኡ'ውን ካልኦት (መኳንንቲ ዓቀይቶት ልኡኻን....)

ቀዳማይ ገቢር

ቀዳማይ ትርኢት

ኣብ ሓደ ጎደና ከተማ ቬኒስ

(ሮድሪጎን ኢያጎን)

ሮድሪጎ:- ከላ ሱቕ በል! ኣነን ንስኻን'ዶ ከምዚ ምኾንና? ጸላኢና!
ጠንጥኖ ኣይትንገረኒ፣ ወረ ወዲ ወረኸ እንታይ ከዓብሰልና፣
ክሳዕ ክንድዚ ኢያጎ? እዝሲ ኣብ ሕማቕ ከርከባ'ዩ ዝሸመና፣
ብጀካኻ መን ኣሎኒ ከምዘይበልኩ፣ ንተስፋ ልበይ ንዓኻ ከምዘይሃብኩ፣
ንጥሪተይ'ውን ከም ጥሪትካ ተጠቒመሉ ከምዘይበልኩ?

ኢያጎ:- ሓጺብካ ኣይትግነዘኒ! ሥጋኻ ዓርከኒ፣
ኣነሲ እንታይ ኢልኸ ሓሲበዮ፣ ተወሳኸይ ወሪዱኒ፣
እንተኸኣ ዘይኣሚንካ፣ እና እዛ ጸልማት ትፍረደኒ፣
ነገር ጥልማን እንተርኢኻ መዓረ ሸይጣን ጽልኣኒ፡፡

ሮድሪጎ:- ከይበልካኒዶ? ንኦቴሎሲ ነይፈትዎ ውቃቢኡኳ ከጽልኣኒ፣

ኢያጎ:- ኔው በሎ! ሕጂ'ውን ንሳ'ያ እምነተይ፣ እንተተለዊጣ ጽቅ ኢልካ ተዓዘበኒ፣
ሽታሕመታሕ እንተርኢኻለይ ዳርጋ ወዲ ሰብ ኣይትቐኣጸረኒ፣
ሰለስተ ወራዙት ዓዲ፣ ክንዲ እዝግን ምድርን ዝኸኑ ሰባት፣
ጋሻ ዛግሪኡ ንክኸውን ፈፊው ኢሎም እንተለመኑዎ ብሥርዓት፣
ስማዕ'ሞ፣ ካልእ እንተጠፍኣኒ ኣይጠፍኣንን'ዩ ከብሪ ናይ ገዛኣ ርእሰይ፣
ኣራጢጠ እፈልጥ'ዩ፣ጋሻ ዛግሪኡ ንምኧን ከምዝበቅዕ ኣነ ባዕለይ፣
ንሱ ግና ብትዕቢት እናተገበዘ፣ ዕጅብኳ ከይበሎ በቲ ኹርዐቱ፣
ካብቲ ዕብየቶም ንላዕሊ ንናይ ባዕሉ ዝና፣ ኣመና ስለዝፈቱ፣
ኣካላቢቱ ኣፋነዎም በቲ ልዕሊ ዓቕን ዝኾነ ንዕቐቱ፣
ብዘይጠቅም ጃህራ ኵናት፣ ብሃተወተው ስብከታዊ ቓላቱ፣
ጽንሕ-ጸኒሑ ነቶም ወራዙት ሸማግለታተይ፣
"እብልኩም ኣሎኹ ብልበይ፤ መልሚለ ኣሎኹ ጋሻ ዛግረይ"
ኢሉ ሰጎጎም ሮድሪጎ ሓወይ፣ እዚ ዕቡይ ጠላዕ ሰብኣይ፡፡
እንታዋይከ ይመስለካ እቲ ዘጃሕሮ ዘሎ ተመራጻይ?
ሓደ ሚካኤል ቃስዮ ዝበሃል'ዩ፣ ዘይጠቅም ናይ ቑጽሪ ተመሃራይ፣
ፍቕዲ ዘጽንዔ ከም ሸቃጣይ፣ ኣብ ውግእ ዘይወዓለ ኣብዛ ናትና ምድረ ሰማይ፣
ስጋኻ! ሓደ ዘይረብሕ ጀጃው ወዲ ዓዲ ፍሎሬንስያ፣
መዐንጣ ዘይብሎ በድባድ፣ መሃነኑ ዝጠፍአ ነታ ወዛም ፈታዊቱ እንክርኢያ፣
ኣሸንባይዶ ዓቀይታሲ ኣብ ሓደ ዕግርግርኳ ጃለ ዓዲ ዘየኸተተ፣
ምስ ጀጋኑ ዘይወዓለ፣ ዓውዲ ኹናት ኣማዕድዩ ዘይጠመተ፣

ንእስነቱ ምስ ጠረርዝ ዝሐለፈት ምዕዶ መምህሩ ብወግዒ ዘይሓንፈፈ፣
ውላድ ፈደልሲ ኣብዚኣዶ ምበጽሀ፣ ማሕፉዳ ጠረርዙ ዘይገደፈ?
እቲ ብዘይ ሓንቲ ሞያ፣ከምርጸ ዘኽኣሎ ኣብ ቅድሚ መኳንንቲ፣
ወተሃደራዊ ተውህቦኡ ዘረባ'ያ ናይታ ለውላው መልሓሱ መንዋሕቲ፣
ዝኾነ ኾይኑ ተመርጸ ደኣ፣ ተመልመለ ከሎኹ ባዕለይ፣
ዝነኣደኒ ብመንፈዓተይ፣ ዘመስገነኒ'ውን ብኽእለተይ፣
ኣብ ሮዶስ ይኹን ኣብ ቆጵሮስ፣ ኣብ ቀዳማይ ኣብ ዳግማዊ፣
ዝሓንበስኩን ዝጠሓልኩን፣ ብደም ክርስትያንን መናፍቕ ኣረማዊ፣
ኣሃዱ፣ ክልኤቱ'ባ መንጠለኒ መዓልቲ ኾይና መዳለዊ፣
ንሱን ጋሻ ዛግረኡ ኾይኑ፣ ኣነ ድማ ሓደ ተራ ሓላው ቐጽሪ፣
ናይ ዓቀይታዩ ኣገልጋሊ፣ ኣብ ከንዲ ንላዕሊ እግሪ እግሪ፣
ኤህ! ንሱን ኣብታ ጥቕኡ ኣነ ኸኣ ናይ ቀንጠመንጢ ተቖጻጻሪ!!

ሮድሪጎ፡- ኣነስ ካልእ ነይምነ፣እዝጊ'ባ ቐታል ነፍሱ እንተዝገብረኒ!

ኢያጎ፡- ብፍ! እንታይ ዝዓብስ ሞት! መሲሉካ ድዩ እቲ ሞቱ ዘጽግበኒ?
ካብ ድኻም ላዕልን ታሕትን ኣድሒኑ ርውየት ልቢ ዝህበኒ፣
ሹመትሲ፣በያን ብዘመድን'ያ ብመቕርበይ መቕርብካ ብሃቦ ሰዶ ወረቐት፣
'ምበር መኣስ ትርከብ ኮይና፣ ከከም ጻዕርኻ ብመገዲ ኡነት፣
ፍሉጥ'ዩ እዛ ናይ ሕጂ ካልኢት ነታ ዝሓለፈት ከምዝኾነት ተካኢታ፣
መኣስ መካትእ ነይሩ ከከም ምግዳምካ እንተዝኸውን በብተርታ፣
እስከ በል፣ እቲ ሓሳባትካ ተቓያይሩ'ዩ፣ እናበልካ ኣልዒልካ እተጸልመኒ፣
ኣበይን ከመይን'ዩ እቲ ፍታወይ? በል ብቕኑዕ ልቢ ፍረደኒ፣

ሮድሪጎ፡- ክላዋ! ኣይትጠቅምኒ ኢኻ! ኣነስ ቀኒሒ ኢለኳ ኣምበይምርዌኹዎኒ፡፡

ኢያጎ፡- ሄይ! ተጋጊኻ! ኣነስ ቀጥ ኣቢለ ደኣ ይእዘዞ፣ ለጥኢለ ሕራይ ይብሎ፣
ክሳዕ ከም ልበይ ሒነይ ዝፈዲ ተማሳሲለ'ዬ ዝኸተሎ፣
ኩልና ሓለቓ ኣይንኸውንን፣መራሒ ዘበለ'ውን እሙን ኣገልጋሊ ነይዕደሎ፣
መሊኡ ኣሎ ከም መጽዓኛ ነጋዳይ ብጽዕነት ቀስመናዊ ትእዛዝ ዝኣመነ፣
ከም ኣድጊ-በቅሊ ጎይትኡ፣መዋእሉ ዝምርቀፍ ጎቢጡ እናማሕመነ፣
ደሓር ድማ ዝሸየጥን ዝልወጥን፣ኣብ ጎዱፍ ወዒሉ ምስካም ምስ ሰኣነ፣
እዋይ ካብኡስ የድሕንካ!ቁጥሚ መጣፍኢ'ዩ! ልቡ ተኣማኒ ዘይኮነ፣
ኣለው ድማ ጎራሓት ነታ ጥቕሞም ኣጸቢቖም ዝፈልጡ፣
ልቦም ብግርህና ዘይትርከብ፣ኣብ ጥራሕ ጎልጎል ብዘይ ሥራሕ ዝነዓጡ፣
ድሕሪ ሃያሉይ ግና፣ከምዚ ዘገልገለ ሰብ ብዓቢ ትግሃት፣
ከብሮም ሓልዮም ሕኒኣም ዝፈድዩ ኣለው፣ወናማት ዜበሉ ጎራሓት፣
እኒ ንሶም ፍሉይ መንፈዓት ኣለዎም፣ምስ ልዑል ኣእምሮኣዊ ጸጋታት፣
ኣነ እቲ ሓደ ካብኣቶም'ዬ፣ሸለው ኣይብልን'ዬ ከም ዓሻታት፣
ብሓቂ ጸብልልቲ'ያ ኣፋጣጥራይ፣'ሎ ኸኣ ሓደ ነገር ካብ ኦቴሎ ዝፈልየኒ፣
ካብኡ ንላዕሊ ዘብልጸኒ፣ ካብቲ ተግባራቱን ጠባያቱን ዘርሕቐኒ፣

ኣነ ኦቴሎ እንተዝኸውን፣ ምኹነት ነይራ ጸሎተይን ምህልላይኒ ፣
"ካብ ኢያጎ ሰውረኒ፣ካብ ኢያጎ ስተረኒ"
እዛ ኹላ ላዕልን ታሕትን፣ንረብሓይ'ያ ንገዛእ ርእሰይ፣ ተግባራተይ
ብልባዊ ፍቕሪ ከምዘይኮነ፣እዝጊ'ዩ ተዓዛቢየይ፣
ድንን ምንን እናበልኩ መዐልተይ'ዩ ዝጽብ ነታ ውልቃዊት ጥቕመይ፣
ከም ለዋህን ገርህን ኣብ ስርሐይ፣ለዘብን ክምስታን መዋዕልተይ፣
ኣብ ሕቡእ ኣቐሚጠ ነዛልበይ፣ምስ ዓያሹ ገርሂ መሲለ በዛ ገጸይ፣
ኣሎኹ እኔኹ ከብል'ዩ ምስ ተንኮለይ፣መአስ ሃናን ኮይነ ሮድሪጎ ሓወይ፣
ከምዛ ትርእየኒ ዘሎኻ ከይመስለካ፣ ከምዚ ምሳኻ ብጠጠወይ፡፡

ሮድሪጎ፡- ኣየው! ክንደይኮን ይሕጎስ፣ እዛ ትምኒቱ ክትሰምረሉ ካላ፣
እንተድኣ እታ ዕድሉ ሰሊጡዋ፣እዚ ሸንፋው ሕንዚዝ ሻንቅላ፣

ኢያጎ፡- ስማዕ! ነዛ ምድሪ ድሃላ!ሃህ ኣብላ ኣፍካ ክንዲ ገበራ፣
ዓንቀርካ ክሳዕ ዝምዘዝ ኡይ በል፣ተተኮስ ከም እሳተ ጎሞራ፣
ብርንጋግ ምለሰሎም፣ኡይ በል ንማንም ከይፈራሕካ፣
ሕምብሊል ክብሉ ስድራ ቤቱ ካብ ድቃሱ ክብህርር ወላዲኣ፣
ታሕጓሱ ታሕጓስ ከይኸውን ቕሳነቶም ክዝረግ ናይ ስድራኣ፣
መዓታት ወሪዱና ኣብሎም፣ ሰለው ኣብላ እታ መሃነኑ፣
ፈርጉ ጓሲሱ ክወጽእ፣ ሕንፍሽፍሽ ኣትዩዎም ክብተኑ፣

ሮድሪጎ፡- እሞ ገዝኡሲ እኒሃለ! ኡይ በል ዲኻ ዝበልካኒ?

ኢያጎ፡- እወ! ኡይ በል! ኡይ ኢልካ ፋሕ ጭንግራሕ ኣብሎም!
ሓዊ ረኪዖምልና ኽብሉ፣ከም ሸይጣን ኼንካ ደሃለም!

ሮድሪጎ፡- ኡይ!ኡይ!ሓዞ!ሓዞ!ሓዞ!ኣርክቦ እንዳ ኣይተብራቫንሸዮ!
ኣቱም ቤት!ኣቱም ገዛ!ሰራቒ ሰራቒ! ካላእ ትርኣዮ!

ኢያጎ፡- ተስኡ ተባራበሩ!ሃደደ ኸደ ከምዝዓበደ!
ገዛኹም ተኸዕተት!ጓልኩም ተጨውየት!
ሓላልኩም ከደት! ሰረቕቲ ብከውታ ለይቲ!

(ብራቫንሸዮ ብመስኮት ካብ ላዕሊ ይቕልቀል)

ብራቫንሸዮ፡- እንታይ'ዩ እዚ ኹሉ ዋጭ-ዋጭ!እዚኹሉ ኣውያት?
እንታይ ተረኽበ?በዚ እዋን እዚ ኡይ ዘብል ጸገማት፣

ሮድሪጎ፡- ክቡር ጎይታይ! ኣለውዶ?ቆልዓ ሰበይቲ ኩሎም ስድራኹም?

ኢያጎ፡- ገዛኹም ዕጽው ድዩ?ተሸጕሩ ድዩኸ ቀጽሪኹም?

ብራቫንሸዮ፡- ኢሂ? እንታይ ተረኽበ ክሳዕ ክንድዚ ዘተሓታትተኩም፣
እዚ ኹሉ ዓው-ዓው!ገዛ እንዳ ኣማትኩም እናነዓብኩም፣

ኢያጎ፡- ጋዳን ጕድን'ዩ ክብር ጎይታይ!ምእንቲ እግዚሄር ኢልኩም ስምዑና፣
ጕዳም ፈገር ኣትዩ ኣሎ፣ ቖልጢፍኩም ተዳለው ከይነዓቕኩምና
ውና ኾይና ገዛኹም፣ዓይንኹም ነቕሪ ተሓምቲላ'ያ ልብኹም፣
ሃየ ተስኡ ተበገሡ!ተላይ ኢልኩም ከይዘንጋዕኩም፣
ቖልውላው ዓፊኑዋ ንትንፋስኩም፣ተቓጺላ'ላ ፍንጫል ኣካልኩም፣

ሒዙዎ'ባ ሃደደ ሓደ ሓርፋፍ፣ነታ ምጭውቲ ጻዕዳ ዕየትኩም
ሓግዙና መለኸት ይነፋሕ!ሓደ ብራሪያ ከይተሓማህመኩም፣

ብራቫንሽዮ፡- ኣታ እንታይ ኢዮም እዚኣቶም?ዕብድብድ ዝበሉ ንፉሳት!
እምበርዶ ጥዑያት ኢዮም እዞም ሰባት....ሃሳሳት!

ሮድሪጎ፡- ክቡር ጎይታይ ብራቫንሽዮ 'ምበርዶ ፈሊጥኩምኒ በዛ ደሃየይ?

ብራቫንሽዮ፡- ኣታ መን ኢለ?እንታዋይ ኢኻ?ኣየናይ ክብለካ ተውሳኸይ!

ሮድሪጎ፡- 'ምበኣረይ ኣየለለኹምንን፣ኣነ እንድኣለይ፣ሮድሪጎ'ዩ ሽመይ፣

ብራቫንሽዮ፡- ፎእ!ክላ!ገጽካ ትርሓቕ...ኣጸቢቐ'ምበር እፈልጠካ፣
ዕጃው!ብዳኛዶ ተፈጸምካ ከይነበረካ?ኣብ ቅድሚ መጋብኣያ ቐሪብካ፣
ግልፅ ኢልካ ኸይትርእያ ነዛ ቅርዓተይ!ሎሚኸ እንታይ ነገር ጨኒያትካ፣
ብወግዒ ልባማትዶ ኣየፍለጥኩኻን ከምዘይትረኽባ ነታ ጓልይ፣
ኣይሰማዕካያን ዲኻ ነታ ቓለይ?ሕጂ ኸኣ ጢን ተሰሪሕካ ኣብዛ ቅድመይ፣
ተገቲርካ ተእዊ አሎኻ ብትዕቢት እናዘንጠልካ ነዛ ኽብረይ፣
ክትርብሽኒ ከሎኻ እንታይ ይበሃል እናተጻባእካ ቕሳነተይ፣

ሮድሪጎ፡- ጎይታይ! ክቡር ጎይታይ!ኣባይና ይዋረድ!ሓንሳእንዶ ጎይታይ?

ብራቫንሽዮ፡- ክትዋረድ ዲኻ ደሊኻ?ሓፍ ሓፍ ኣይትበል ትሕሽካ፣
ኣብዘይ ነገረይ ከይትሽመኒ ዳርጋ ከም ሰብካ ክምዕደካ፣
እንተዘየሎ ኃይልን መዝን ኣሎኒ፣ካብ መሠረትካ'ዩ ዘብርሰካ፣

ሮድሪጎ፡- ክቡር ጎይታይ! ካንዶ ነዛ ሓንሳኢትለይ ትዕግስቲ ትስእኑ?

ብራቫንሽዮ፡- አረ ካበይ ዝመጸ ፍግርን ምልኻዕን'ዩ ናይ ምእንቲ ምንታይ ዋይታ፣
መሲሉካ ድዩ ገዛይ ወሰን ዓዲ መሸካዕለሊ ሽፍታ ወዲ ሽፍታ፣
ትፈልጥ ኢኻ ከም ዘሎኹ ኣብ ከብዲ ቬኒስያ ኣብታ ሕምብርታ፣

ሮድሪጎ፡- ክቡር ጎይታይ ብራቫንሽዮ ኣነ ደኣ መዓስ ንኽፍኣት ሓሲበዮ፣
ጐየኹ ደኣ እምበር ከም ሓደ ዓቢ ሓገዝ ቆጺረዮ፣

ብራቫንሽዮ፡- ኣበይ ዝነበረ ልኹፍ'ዩ! ሸይጣውንቲ ዘዓሰልውዎ ኣጋንንቲ፣
ችግሃው ወዲ ሰበይቲ!ፈጣሪ ዝቐንጠጡዎ ትዕግስቲ፣

ኢያጎ፡- በጃኹም'ባ ጎይታይ!ስምዑና'ንዶ ግዳ ምእንቲ ኣምላኽ ከይኮረኹም፣
ሸይጣውንቲኳ ብሽም ፈጣሪ እንተዝልምኑኹም?
ካብቶም ጽቡቕ ዘይውዕሉ ካብምቶም ሓደ ክልተ ሕሱማት ዲኹም?

ብራቫንሽዮ፡- ኽላ ግዳ! እሞ ንኽምዚ ከማኻ ወኻሪያ?ንኽምዚ ከማኻ ዓመጸኛ?

ኢያጎ፡- ንስኹም በዓል ቆጽሊ ሹመኛ ኢኹም ኣብ እንዳ መንግስቲ ኽኣ ዳኛ፡፡

ብራቫንሽዮ፡- ጽናሕ ግዲ የብልካን!
ኣታ ከይሲ ሮድሪጎ!ጣቋ ጌርካዮ ኽኣ ትምልሸለይ፣
ኣታ ርጉም መጣፍኢ!ቁም-ነገር ድማ ተረኺቡለይ፣

ሮድሪጎ፡- ጎይታይ ዝደለኹም በሉ፣ቅር ኣይብለንን'ዩ በዛ ነፍሰይ፣
በትሪ ሓቂ ትቐጥን'ምበር ነይትስበር... ደርደር!
ካን!ትም ዲኹም ትብሉ?ጓልኩም ክትጭወ ኸላ ብሓደ ፈገር፡፡
እቲ ሓርፋፍ ሒዙዋ ክምርቀፍ ከሎ፣ብከውታ ለይቲ ካብ ውሽጢ ሰፈር፣

ብራቫንሽዮ፡- ዋይ'ዚ ዕንዛርያ! ትሕሽካ! ኣመና በዚሁ'ሎ እዚ ዓፈርፈርካ፣
ፈራሕ ሰብኣይ ድዩ መሲለካ? ኣይወርድን'ዩ ካብዛ ዝባንካ፡፡

ኢያጎ፡- ክንዲ ምስጋናሲ ጸርፊ?ኣብ ክንዲ ሕቶሲ ኣታ ቀጣፊ?
ጓልኩም እባ ትዓዝረት፣ብፈረስ ጓሳ ተሓንበበት! ርባ ኹርባ ሰገረት፣
ሓምኡ ጌሩኩም በዓል ንሒር፣ተዋሪድኩም ኣብ ቅድሚ ደቀባት፣
ስምዑ'ስከ ጎይታይ?ኣነስ መጸእኩ ደኣ ኩነታታ ኽነግረኩም፣
ሕጂስ ተዓዚራ'ያ ምስቲ ሻጊያ፣እታ ምልዖ ትመስል ጓልኩም፣

ብራቫንሽዮ፡- ርጉም!ወርጉም!!መላኽዒ!

ሮድሪጎ፡- ብሰንኪ እዛ ዘረባይ፣እንተረኺባትኩም ሕማቕ ነገር፣
ከረው ኣቢልኩም ሓዙኒ፣ሓንሳእ ጥራሕ ጽን በሉኒ ደኣ'ምበር፣
ፍቓድኩም ኾይና ናይ ጎይታይ፣ ኢሂ እንተትብሉኒ ብልብኹም፣
ኣብዛ እዋን እዚኣ እታ ዕምበባ ዝኾነት ዴዝዴሞና ጓልኩም፣
ሙሉእ ስድራ በጥ ምስበለላ፣ምስ ሓደ ጋውና ዝመስል ሃማም፣
ምስቲ ብምንዝርና ዘዓበደ ሰሓብ ጀላቡ፣ዓቀይታይ ገጽ ሐሸማ፣
ምስቲ ሕልኩስ "ሙር" ከይዳ'ላ፣ንወረጃ ወላዲኣ ጠሊማ፣
እንትድኣ ነዚ ኹሉ ፈሊጥኩም እንተሰዲድኩምዋ ብፍታውኩም
ብሓቂ በዲልናኩም ኢና'ሞ፣ ካሕሳኹም ሰፍ ነይብል መሰፍረድኩም፣
እንተኸኣ ድማ ተገይሩ ኾይኑ፣ብገለመለ ሕቡእ ኣኼሳዊ ጥበብ፣
ግበሪ ዓመጽም ክጽብጽቦ ኣፍቕዱለይ፣ተር ኣቢሉ በብሓደ ንኽዘረብ፣
ብድፍረት ኣዋሪድናኩም እንተኼንና ንኽንኣምን፣ ከምዝዘንጠልና ወረጃ ሰብ፣
ደሓር ከኣ ከይትጣራጠሩ፣ዝመፃእና መሲሉኩም ከነሕስረኩም ብግህዶ፣
ንኣኹምን ንኽብርኩምን ንዒቕና፣ነዚ ከባቢ'ውን ብነገር ክንብዕዶ፡፡
ብዘይፍላጥኩም እንተኮይኑ ግና፣ናይታ ጓልኩም ጸላም ተጐልቢባ ደገ-ደገ፣
ብሓቂ ኣብ ቅድሚ ሃገር ተዋሪድኩም፣ከምዚ ዘዕበያ'ውን ሓደ በዓለገ፣
ንኽብሪ ወላዲኣ ቐንጢጣቶ ማለት'ዩ፣ኣካፊኣቶውን ስርሐይ ኢላ ባዕላ፣
ብዘይፍታወኩም ንመልክዓን ንጭውነታን ስለዝሃበቶ ንዕድላ ጥቕሊላ፣
ንሓደ ዘርገ መርጊ፣መፈጠሩ ዘይፍለጥ ህውታቲያ መንገደይና፣
ምስ መገምጠሊ ዘይብሉ ከም ጣይታ እዚ ዝመበቆሉ ዘይበሃል መጸኢተኛ፣
እዝን ወደሓንኩምን! እንተዘይኣሚንኩምና ርኣይዋ ተላይ ኣልኩም፣
እንተድኣ ሕጂ ኣብታ ዓራታ ተረኺበት ኢን እንተልያ ኣብዛ ቤትኩም፣
ብሥርዐት ሃገርና ገዚዝኩም፣ብሕጊ እንዳ ኣባ ወሐስ ኣትኪልኩም፣
ሓስየ እንተኾይነ፣ከሲስኩም ኣቕጽዑኒ ጸዊኤ ዘእዊ ዘሎኹ በዛ ሽምኩም፡፡

ብሪቫንሽዮ፡- እም ጉድ ተረኺቡ ዘይትብለኒ!ነቲ ጧፉት ኣብርሁዎ!
ነቲ ሽግን ፋኑሳትን ወልዑዎ!
ጉድጉዶታት መሪጽኩም ኣንድዱዎ! ንጎረባብቲ ንገሩለይ!
ለከ ዓጀውጀው ዘበለኒ እዚ'ዩ ሰላም ዝኸልኣ ነዛ ልበይ፣
ዘመድ ወለደይና ጸውዑለይ!በይንኻ ኣይድፋእን'ዩ እዚ ጸገመይ፣

መብራህቲ!መብራህቲ!ተላይ ኣብርሁልና!የማነ ጸጋም ጉየዩልና፣
ዋይ ኣነ ብራቫንሽዮ ኣነ!ሽግ!ፋኑስ!መብራህቲ ኣምጽኡልና!

(ካብ መስኮት ይኸይድ)

ኢያጎ:- በል'ምበኣር ደሓን ሕደር፣ዘይሓሰብናዮ ከየጓንፈና!
እቲ ርጉም ኮርናፍ ከይርእየኒ!
ካልእ ተንኮል ከይፍሕስ ድማ፣ኣብዚኣ ደው ኢለ እንተረኺቡኒ፣
ብዘይንሱኳ ተካሊት'ያ እዛ ለይተይ፣ምስ'ዛ ስርሐይ ጽቡቕ ኣይኮነትኒ፣
ካብዚኣስ እልይ እንተበልኩ ትሕሸኒ፣ዘይተሓሰበ ጸገም ከየጓንፈኒ፣
ፈቶኹ ጸላእኩ ግና፣ልበይ ነዲዳ እንተተቓጸለት መዓንጣይ፣
ጊልያኡ ምኺነይሲ ፍሉጥ'ዩ፣ንሱ ኸኣ ሰጥ ለጥ ዘብለኒ ክቡር ጎይታይ
ኣብርእሲኡ ድማ ተለሚኑ ስለዝመጸ ብመንግስቲ፣ ብኽብሪ'ዮም ዝሕብሕብዎ፣
ኣብ ዓወት ዉግእ ቆጵሮስ ስለዘሕጎሶም ከምዛ ጣኦት'ዮም ዝኣምኑዎ፣
ወትሩ'ዮም ዘቃባጥሩሉ፣ከንዲ ጽፍር'ኻኳ ዝኸውን ሰብኣይ የብልናን እናበሉ፣
ከማኻ ብሞያኡ እንኣምኖ፣ዝጠቕመና'ውን ብመንፈዓቱን ብኣመሉ፣
ሽሕኳ ከምዝጸልኦ እንተፈለጥኩ፣ከም ስቅያት ገሃነመ-እሳት፣
ንግዚኡ ኣሎኹ እኔኹ ክብሎ'ዬ፣ ናብራይ እናኣመዓራረኹ ሕጉስ መሲለ ብስርዓት፣
ብገጽሕውነት እናጠበርኩ፣ብመገዲ ዕርክነት እናዓጀብኩ ብትግሓት፣
እዚ ግን ካብ ክሳድ ንላዕሊ'ዩ፣ብተንኮላዊ መሽጎራጉር ሜላታት፣
ዝኾነ ኾይኑ ክትረኽቡዎ ኢኹም'ሞ፣መንገዲ ሓብሮም ነዞም ናደይቲ፣
ናብቲ ዕርዲ ሒዝካየም ምጻእ፣ፍርያታ ክትርእያ ኢኻ በብሓንቲ፣
በል'ምበኣረይ ብሰላም የራኽበና፣ልዋም ለይቲ!

(ይኸይድ) (ብራ/ ኣገልገልቱን መብራህቲ ሒዞም ይመጹ)

ብራቫንሽዮ:- ኣይሓሶኻን ሮድሪጎ፣ብሓቂ ርኢኻያ ኣሎኻ ከይዳ ኣላ፣
እዋይ ወሪድ!ኣዋሪዳትኒ'ያ ተዓጢቓ ስርሑይ ኢላ፣
ኣቤት ግፍዒ!ክንዲምንታይ ክበሃል ኢዩ፣እዚ ናይ ሎሚ ውርደተይ፣
እዚ ኣብ ሰብ ዘይወረደ ዓቢ ኣበሳ!ዋይዛ ርግምቲ ተካሊት ጓለይ፣
ተዋረድኩ'ባ ተዋረድኩ!ፈኾስኩ'ባ ኣብ ቅድሚ ደቂ ዓደይ፣
በል'ባ ኣታ ብሩኽ?ኣበይ ኢኻ ዝርኤኻያ?እስከ ንገረኒ በብሓንቲ፣
ምስቲ ኮርናፍ ዲኻ ዝበልካ?ኣዬ ጓል!ዋይዛ ሲኦላዊት ርግምቲ!
ዋይዛ ጠላም ንፍስቲ!እንታይከ በለት ነዛ ገጽካ ምስረኣየት!
ብጒርሕን ብሜላን'ያ ኣገሪሃትንን፣ኣዕሽያትንን ዝጸሎቖት፣
ኤህ! ተመንቀሲ!እንቋዕ የላ እታ ወላዲታ!እንቋዕ ወሰደታ ሞታ!
በል'ባ ወደይ ሃብሮም?ይመስለካዶ ዝተመርዓወቶ፣ሕራይ ዝበልቶ?

ሮድሪጎ:- ብዓጀባ'ምበር ብጩብጩባ!ነዚ ደኣ ኣልዩዎዶ ፍሉይ ሕቶ!

ብራቫንሽዮ:- ኣቤት ኣታ ፈጣሪ!ከመይ ጌራኸ ኸደት?ሺሾ መዓት ዓሲሉኒ
እንታይኮን በዲለካ ኣታ ጎይታይ!ነዛ ጠላም ውላድ ዝሃብካኒ፣

ደጊም ካብ ጐራዙ ደቅኹም ተጠንቀቑ! እምነት ከይተሕድሩ ኣብውላድኩም፣
ብሞያኦን ደኣ'ምበር ብጠባየንን ተጋብረንሲ ዝእመና ከይመስላኹም፣
ካብዚ መከራ'ዚ የድሕንኩም፣ካብዚ ጸበባ'ዚ ይሰውርኩም፣
የሎን ድዩ ፈውሲ ኢን መስሓደር? ንበጽሒ ኅበዝ ንኸምዚ ኸምኣ ኅርዞ፣
ካብ ግብሪ ክፍኣት ኣልዩ፣ነቲ ባህሪ-ምንዝርንኣም ዘደንዝዞ?
ቅድሚ ሕጂ ኣየንበብካን ሮድሪጎ?ኣይሰማዕካን ገለ ምህዞ?

ሮድሪጎ፡- ሰሚዔን ኣንቢበን ኣሎኹ፣መኣስ ኣልዩ ኣነ ዘይፈልጦ ትሕዞ!

ብራባንሽዮ፡- ጸውዑለይ!ኣባራቢርኩም ንገሩዎ ንሓወይ!ክሰምዖን ክርእዮን ነዚ ጉዳይ!
ኣነ'የ ዓገበኛ!መኣስ እዚ ኹሉ ምወረደኒ ሂበካ እንተዝኸውን ብቐደመይ፣
ገለኹም በዚ!ፍርቅኹም በቲ!ሃየ ድለዩ ጉየዩ የማነ ጸጋም፣
ትፈልጥ ዲኻ ሮድሪጎ?ኣበይ ከምዘላ እታ ርግምቲ ምስቲ ሻግያ ሃማም!

ሮድሪጎ፡- ንዑናይ ተር ኣቢለ ክወስድኩም ከይነቐለ ክንረኽቦ ኢና፣
ዱልዱላት ኣጓብዝ ሓዙ ሰበብ ደልዩ ከይጻብኣና፣ ዕጡቓት
ሰባት ተማልኡ ንዑናይ ንኺድ ሓቢርና፣

ብራባንሽዮ፡-ኣንታ ንዓናይ ግዳ፣ሓመደ ግዳም ወለደይና'ዩ ዝስዕበና፣
ቅጽጽ ክትብልያ እዛ ቕርዓት፣ዳርጋ ወራድ መረዓ'ዮም ዝዕጅቡና፣
ኣሳይፍ፣ ዋልታን ጭማራን ሓዙ! ዳርጋ ውግእ'ዩ እዚ ኩነታትና፣
በል ንዓናይ ሮድሪጎ!ኣበይ ከምዘለው ሓብረና፣
ከመይ እዝጊ ይሃብካ!ከምዛ ዘወዓልካልና ኣብ ካሕሳኻ የውዕለና!

(ይወጹ)

✡ ✡ ✡

ካልኣይ ትርኢት

(ኦቴሎ፣ኢያጎ ከምኡ'ውን ዕጀብቲ መብራህቲ ሒዞም ይኣትው)

ኢያጎ፡- ኣንታ ኣነሲ!...እዋይ ጊዜ!ሎምሲ ድማ ኸዓ ሮድሪጎ?
ሸሕኳ እንተቐተልኩ ሓያሎይ ሰባት ኣብ ማእኸል ኲናት፣
ብሕማቕ ኩነታት ምኩሕ ልቢ ንኸይቐትል፣ጭካነ ብዘለዎ ተግባራት፣
ብዓቕሊ'የ ዝፍጽሞ ዝነበርኩ፣እንተነበረኳ ብስሑል ሴፉት፣
ሳሕቲ ግና ብጭካነ ምፍፃም ግድን'ዩ፣ርህራሄ ብዘይብሉ ሕሰማት፣
እንታይ'ሞ!ክልተሳዕ ወስ ምሰበልኩ፣ምስተለዓልኩ ጓዕጺጸ ንኽዘብጦ፣
ከቑርምዶ ምስ ተናዕኩ ሓጠቕ ኣቢለ ክሻቑጦ፣
እዛ ኢደይ ምልስ በለት፣ሕሊናይ ኣሲራታ እዛ ጉዳም፣

ኦቴሎ፡- እንቋዕ ተረፈትካ!ከም ምሕዳግ ዝኣመሰለዎ የሎን ኣንታ ለባም፣

ኢያጎ፡- ወይ ዘይረኣየ!ዘረባ በዓለገ'ኮ'ዩ ኣብዚሑ ዘይፈልጥካዮ ንስኻ፣
እሞ ኣብ ቅድመይሲ፣እዚ ዝኣደቡ ዝስርሑ እናበለ ከጸልመካ ንዓኻ፣
ስላሊዔዮ እንተዝኸውን ምሓሸኒ!ግን ገለ'ነገር ነዛ ኢደይ ለቀም እንተዘይተብለኒ፣
ሓዲኣ መፍለጠት ኔራ ሎሚ መዐልቲ ትዕግስቲ እንተዘይትዕብልለኒ፣

ንስኻኸ ጎይታይ፣ሰሊጡካ'ዶ?ብሰላምዶ ተፈጺሙ ውራይካ?
ርሑስ ጋማ ይግበሮ!ግን ካብ ወላዲኣ ተጠንቀቕ! ዋዛ ሰብ ከይመስለካ፣
ነቶም መስፍን ፈታዊኦም'ዩ፣ዘገርም ከኣ'ዩ ፍቕሪ ናይ ክልቲኦም፣
ኣብርእሲኡ መዚን ክብርን ኣለዎም ብማዕርግ'ውን መዓረ ክንድቲ ናቶም።
ስለዚ ከፋትሐኩም ይኽእል'ዩ፣ይስተረና'ምበር ኣማስያኡ እንተ'ንጸርጺሩ፣
ንሕጊ ብየማናዩ ዓቲሩ፣ነታ ስልጣኑ ኣብ ልዕሊኣ እንተደሚሩ፣
ነገር ወዲ ነገር ኣጫንዩ፣ቐንጠመንጢ ዕላጃት እንተጸሒቱ፣
በዛ ንብላ ዘሎና ኬጥቅዓካ ይኽእል'ዩ እንተዉዒሉ እንተሓዲሩ፣

ኦቴሎ፦ እንተኣነ'ሞ ቀባጽዩ!ዝደለየ ይግበር ደኣ'ምበር ከም ቃሕትኡ፣
ጀጃው ሰብኣይ ኣይኮንኩን ስንባድ ሒዙኒ ዝኸወል ካብኡ፣
ደሓር ድማ ኣገልግሎተይን ጸማ ጸዕረይን፣ዝገበርኩዎ ነዛ ዓዲ፣
ካብቲ ናቱ ወርፊ የድሕነኒ'ዩ እንተመጸኣ ብተጉላባዊ መንገዲ፣
ኩሉ በብዓዱ ሰብ'ዩ፣ኣነ'ውን ወዲ ወራዙትን ዓበይትን'የ ኣብ ሃገረይ፣
ወደባት እኳደኣ፣ጸብለል ዝበልኩ ብዓጽመ ሥጋይ መቦቀለይ፣
ነበርኩ ዝዓብስ የብሉን፣ጠንጠንኩዎ ጃህራ ምስ ጸገብኩ፣
ብርጣጤ ባህ ዝየብል ምስ ኮነ ዕድል ኩርዓት'ውን ምስ ፈተንኩ፣
ብሓበን ኣሳፊሔ፣ብትዕቢት ተጠሊዔ፣ኣብ ዝብጸሕ ምስ በጻሕኩ፣
ሕጂ ግን ኢያጎ!ንዴዝዴሞና እንተዘየፍቅር፣እንተዘይጸወድ ብፍቕራ፣
ንድልየተይ ከምቃሕታይ ምገበርኩ ኣይዕጅበንን ድማ መከራ፣
እንታይ'ሞ! ኣብ መቘሕ'ንዶ ኣትየ፣ኣብ ቀጣን ምራን ማእሰርቲ፣
ዝደለኹ ገይረ ከይጋደል፣ነዛ ፍናነይ ቀርሰምኩዋ ከም ዕንጸይቲ፣
በል'ባ ኣብ መንጎ ዘረባና፣እኒ መንዮም እዞም ሰብ መብራህቲ?

ኢያጎ፦ ኣንታ ንሱ'ዩ ዝኸውን፣ከዕገርግር'ዩ ተበጊሱ ኣንታ ጎይታይ፣
ጠንቃም'ዩ ሰብኣዩ፣ካብዚኣሲ ገለል እንተትብል ከምታ ማዕዳይ፣

ኦቴሎ፦ ኣነ ኦቴሎ ኣነ!መሬት ሓንቲኣ ትለድ!
ቅጭጭ ኣይብለንን!እኔኹ ደው ኢለ ዕጡቕ ሰብኣይ! ማዕርጋዊ
መንፈዓተይን፣ጽኑዕ ሕሊናይን ክእለተይን፣ ይኽእል'ዩ
ካብዚኣቶም ክሰትረኒ፣እዛ ገርሂ ልበይሲ ኣላ'ንዶኒ፣ ቃሕ ዝበለኒ
እንተገበርኩኸ መን'ዩ ዝኽልኣኒ፣በል'ባ ንሳቶም ድዮም?

ኢያጎ፦ እዋይ ጻይቂ ሸይጣን!...ኣይንሳቶምን'ባ 'ዮም እዞም ሰባት!

(ቃስዮን መኳንንቲን መብራህቲ ሒዞም ይኣትው)

ኦቴሎ፦ እዚኣቶም ደኣ ገላው መስፍንን ጋሻ ዛግረይኒ እንደኣሎም፣
ሰላማት ብጾት!ደሓንዶ ኣምሲኻትኩም? እንታይ ደሃይ ኣሎ?

ቃስዮ፦ ጥዕና ይሃበለይ ክቡር ጎይታይ፣ ልኡል መስፍን ዝኸበረ ሰላምታ እናቕረቡ፣
ቖልጢፍኩም ንገሩዎ ኢሎምና'ዮም፣ ሕጂ ብሕጹጽ ንኽትራኸቡ፣

ኦቴሎ ፦ ናይ ደሓንዶ? እንታይ ተረኺበ ሓዲሽ ነገር?

ቃስዮ፦ እንድዒ ኸኣ'ምበር፣ብዛዕባ ቆጵሮስ ኢዩ ዝመስለኒ ብናተይ ግምት፣
ኩነታቱስ ናይ ክብ ዝበለ ጉዳይ'ዩ ብዛዕባ ክተት ሠራዊት፣

ካብ ሰብ መራኽብ ዝተላእኩ ዓሠርተ ኽልተ ዝኾኑ ሰባት፣
እግራ-እግሪ'ዮም ኣትዮም ሎሚ ለይቲ ብድቕድቕ ጸልማት፣
ከምኡ'ውን ኩሎም ክቡራን ኣባላት ባይቶ፣ብእዋኑ ተኣኻኺቦም፣
ሕጂ ኣብ ምይይጥ'ዮም ዘለው ምስ ልዑል መስፍን ተራኺቦም፣
ኣነ ኸዓ በዛ ነፍሰይ ዝነግረኩም፣
ኹሎም ቀልጥፍ በሎም ስለዝበሉ እኔኹ በሉዎም ተላይ ኢልኩም፣
ወይደኣ ኣይነበርኩምን'ምበር ልኡኻት ምስከዱ ንገዛኹም፣
ብዙሓት ሰባት እዮም ሸንኮለል ኢሎም ዝሰኣኑኹም፣
ብጀካና ድማ ሰለስተ ኣርባዕተ ዝኾኑ ጉጅለታት፣
ነዛ መልእኽቲ ከብጽሑ ተላኢኾም ኣለው ብመኮንናት፡፡

ኦቴሎ፡- ድንቂ! እሞ እንቋዓኒ ረኺብኩምኒ፣
ዝኾነ-ኾይኑ ኣብዛ ገዛ፣ዘይተደንጒ ሐንቲ ዋኒን ኣላትኒ፣
ሓቢርና ኽንከይድ ኢና!ሐንሳእ ተጸበዩኒ፣ *(ይወጽእ)*

ቃስዮ፡- ኣንታ ኢያጎ?ኣብዚኸ እንታይ ኣለዎ?እንታይ ከገብርከ'ዩ ዝኣቱ?

ኢያጎ፡- እእእ! ሎሚ ምሸት ትሕቲ ጽላል እዛ ገዛ፣ኣላቶ ሓንቲ ምጭውቲ መርከብ፣
እንተድኣ ቐኒኡዎሲ ኣብታ ኢዱ ኣትያ'ላ፣እታ ብዕንክሊል ዘይትርከብ፣

ቃስዮ፡- እንታይ ኢኻ ትብል? ኣይተረድኣንን ብዛዕባ ምንታይ ከምእትዛረብ?

ኢያጎ፡- ብዛዕባ ሕዛእቲ ፍቕሪ!እእ!ተመርዕዩ'ዩ!ሕጂኸ ተረዲኡካዶ?

ቃስዮ፡- ሓቅኻ ዲኻ ንመን?እንታወይቲ?

ኢያጎ፡- ንኸስቶ-ተመርዕዩዋ፣ ንዓናይ! ትኸይድ እንዲኻ ምስና? *(ኦ/ይኣቱ)*

ኦቴሎ፡- ኣሎኻትኩምዶ?ሃየ'ምበኣረይ ንኺድ ንዑናይ!

ቃስዮ፡- እነውለ ኸአ ገሊኦም መጺኦም፣ዕጉግ ኢሎም በብጋንታ፣

ኢያጎ፡- እኒ ብራቫንሽዮ'ዮም ጀነራለይ፣ ተጠንቀቑ ካብ ሕማቕ ነገር ካብ ታዕታዕታ፣
ባህ ኣይበለትንን እዛ ኣሳጓጉማ፣ንኣምባጓሮን ንነገርን'ዩ ኩኑታታ፣፡፡

(ብራቫ/፣ ሮድሪጎ፣ መኳንንቲ መብራህቲን ኣሳይፍን ጭማራታትን ሒዞም ይኣትው)

ኦቴሎ፡- ደው በሉ!ደው በሉ ከይትቕንጸሉ!

ሮድሪጎ፡- እዚ ኣዩ እቲ ሓርፋፍ!እቲ ብዕሉግ ኽርናፍ ኦቴሎ!

ብራቫንሽዮ፡- ኣታ ፈገር? ኣታ ዓላዊ?ንመን ደአ ንደሊ ኣሎና! ሓዙዎ ተሎ!!
(ብወገን ክልቲኦም ኣሳይፍ ይምዘዝ)

ኢያጎ፡- *(ንሮድሪጎ)* ትሕሸካ ሮድሪጎ!ጎይታይ ኣጆኻ!
እኔኹ ምሳኻ!ዒዕ ዝበለ ደም ይተሐለብ!

ኦቴሎ ፡- ነናብ ሰገብኡ ምለሱዎ ነዚ ኣሳይፍ!፣ብዘይገለመለ ሕቶ ምቶ፣
ኣውሊ ዛዕዛዕታ ኸየጎድሞ፣ቈሪን ቀዝሕን ከየመርቶ፣
ክቡር ጎይታይ ድማ ውርዝውና ይሕሸኩም ኣብ ክንዲ ነገረ ክፍኣት፣
ብትብዓት ጸጉራም ወረጃ፣እንካብ ብዘየምሕረልኩም ምትፍናን ብሴፋት፣

ብራቫንሽዮ፡- ኣታ ከይሲ ፈገር!ኣበየናይ ቦታ?ኣብ እንዳ መን ኢኻ ሸኩዕካያ?
ኣንታ ርጉም ኣርዮስ!ብዓዚመካ ዲኻ ጨዊኻያ?

ብጽሑፍ ኣንጻላሊኻ፣ወይ ድማ ብኽታብ መሸሓደር፣
ነታ ሕጉስቲ ወዛም ጓለይ፣ኾብኲብካያ እንተ'ኼንካ ደኣ'ምበር፣
ካልእ ደኣ ኣየናይ ክእለትካ'ዩ?ኣነ ዘይፈልጦ ስውር ነገር፣
እታ ቅንጣብ ዘይጎደላ፣ዕምበባ ከምዝኾነት ዝተመስከረላ ብሀገር፣
ጠሊማትኒዶ ምኸደት!ገለ ስሪ ኣሊያትካ ደኣ'ምበር፣ኣንታ ፈገር!
ጭዋ!ጽፉፍ ጀግና ከይተሳእነ፣ዲል ዘለዎ ወዲ ሰብ በዓል ሃብቲ፣
ሕልፍኚ'ቡኣ ራሕሪሓ ንሕኽላ ዝኸደት ብከውታ ለይቲ፣
ካብ ጡጡሕ ዓራታ ጸው ዝበለት፣ንኣግራዳ ዳሕዲሓ ከይፈተወት በግዲ፣
ብመሸሓደር እንተኾይኑምበር፣መኣስ ደኣ ምኾነት መላገጺ ጽዩናት ደቂ ዓዲ?!
ክትጭነቕ እንተኾይናምበር ምስ ሓዝካያ፣ክትሕጎስ ኢላስ ኣይኮነትን፣
ካልእ ደኣ በየናይ ጥቅው ብልሃትካ፣በየናይ ክእለትካ ኢን ጥበብካ፣
እንተዝህሉ ደኣ ዘይግለጸለይ?ዓይኒን ልቢን ዘለዎ ዓለም ርእዩ ክፈርደካ!!
ፍሉጥ'ዩ ካበይ ከተምጽኦ?ሕሩመይ የብልካን ካልእ ሜላ፣
ሓቂ ዓቲረ'የ ዝዛረብ ዘሎኹ፣ኣብ ልዕሊኣሲ ገለ ፈውሲ ተነስኒሳ'ላ፣
ነቲ ምሉቕሉቕ ዝበለ ለምለም ሰቲ ኣካላታ፣ነቲ ናይ ንእስነት ላህመታ፣
ብቖጽለ መጽሊ ሰረውር፣ብክታብ ደባትር እናብረስካ ከተጽንታ?
ሰራም ትምኒትሲ ኔራትካ፣ክትሕምትላ ነታ እንኮ ህየታ!
ካልእ ደኣ ኣየናይ ምሕዞኻ'ዩ?ብግብሪ ዓመጽ'ምበር ብቖላጽም ሸፍታ፣
ናብ እንዳ ዳኛ'ዩ ዝወስደካ!ኣብ ቅድሚ ባይቶ'ዩ ዝትውሽሖ ነዚ ጉድካ፣
ምእንቲ ክቃላዕ እዚ ፉንፉን ተግባራትካ ተቓሊዑ እዚ በዓለገ መፈጥርካ፣
ጉድካሲ ክትንዛሕ'ያ ምስጢርካ'ውን ክትቅላዕ'ያ ምስ ተመቋሕካ ፣
ሰብ ዓዚምካሲ ነይትተርፍ ክትቀርብ ኢኻ ሻሕ-ሻሕ እናበልካ ዘዕጎላትካ፣
ከሳሲኻን ዓጋቲኻን ብዙሕ'ዩ ኣነ በይነይ ከይመስለካ፣
ዓቢ ምስ ንኡሽቶ'ዩ በዛ ሸርሒ እዚኣ፣ለይትን መዐልትን ዝጻናጸነካ፣
ሃየ በሉ ሓዙዎ! ሓዙለይ! እዚ ከታሪ ሰሪቑ'ዩ'ሞ ከይትገድፍዎ!
ትንዕ እንተበለ ግብ ኣብለዎ፣ካይቀደመኩም ሰላልዑዎ!

ኦቴሎ ፦ ወስ ዝበለ ኣብኣ ረኸባ! ከይንቃሳቐሳ ቀላጽምኩም!
ጓህሪ ኣበሳ ከይጽሕትራ ኣሳይፍኩም!
ካብዚ ናተይ ወገን፣ወይ ድማ ካብቶም ምስኦም ዝመጸእኩም፣
ህርፉን ባኣሲ እተዝህልወኒ ወልፊ ዕግርግን ምፍሳስ ደምኒ፣
ባዕለይ ኔረ ወናኒኡ፣ኣንበይመደለኹ'ኳ ንሓዞ በሎ ዝነግረኒ
እሞ ናበይ ገጽና ንኺድ? እንዳ መን ኢኹም ትኸሱኒ፣ድሌትኩም ንገሩኒ፣

ብራባሺዮ፦ ናብ መቑሕ!ናብ ማሕቡስ!ናበይድ'ዩ ኔሩ እቲ ትምኒትካ?
ክሳብ ጥዑም ጊዜ ዝርከብ ክሳብ እትፍረድ በዚ ፍሉይ ገበንካ፣

ኦቴሎ፦ ኤእ! እዚኣ ደኣ እንታይ ኣላታ?ሕራይ ኢለ ምፈጸምኩዋ   ንድልየትኩም፣
ግን ክቡር መስፍንከ እንታይ ክብሉና፣ኣይዕዘቡናንዶ ክትግምቱዎ ከሎኹም፣
ብዛዕባ ጉዳይ መንግሥቲ ጸዊዖምኒ ኸለው እንተደንጓኹ በዛ ክስኹም፣
ቖልጢፍካ ኣርክብ ተባሂለሲ፣ሕጂ ግና ብስሓቦ ጉተቶ ኣብዚ ምሳኹም፣

በዛ ንኡሽቶ ጉዳይ እንተዘንጋዕኩ ገለ ቑጠዔ ዘየስዕብዶ ይመስለኩም፣
መኮንን:- ርግጽ'ዩ ጎይታይ፣ ክቡር መስፍን ምስ መኳንንቲ መማኽርቶም፣
ኣብ ኣኼባ'ዮም ዘለው፣ንጀነራል'ውን ሕጂ ንኽርክቡ ኢሎም፣
ብቅልጡፍ ኢዮም ልኢኾምና፣ናባኹም'ውን ኣለው ዝኸዱ ዓቀይቲ፣
ሕጂስ በጺሑኳ ይኸውን'ዩ እቲ ዝተነግረ ሕጹጽ መልእኽቲ፣
ብራቫንሽዮ:- እዚኽ እንታይ'ዩ ዝብል ዘሎ?ንፋስ!ዘረባ ቁም ነገር'ድዩ ዋላ ጸውቲ፣
ሕጂ ኣብዚ እዋን እዚ?ልዑል ኣብ ባይቶ ኣትዮም ምስ መማኽርቲ፣
እሞኸአ በዚ ከውታ እዚ ተኣኪቦም፣በዚ ጽምዊ ፍርቂ ለይቲ?
እንተኾነ'ውን ቀሊል'ዩ፣ኣሲርካ ተማልኣዮ'ምበር ኣነ ደኣ እንታይ ግደይ፣
መስፍን ምስ ኣባላት ባይቶና፣ከምኡ'ውን መቐርብ ዘበሉ ደቂ ዓደይ፣
ጭንቀይን ጸበባይን ክሰምዑዎ ከለው፣ጸላዕላዕ ኩብሎም'ዩ ቃንዛ ልበይ፣
ነዚ ክትራን'ውን ይስምዑዎ፣ነዚ ተደፍዲፉ ዘሎ በደል ኣብዛ ርእሰይ፣
ምእንቲ ሓቂ ይፈርዱና ግዲ፣ከም መከርኦም ርእዮም ነዚ ጭንቀይ፣
ብዕሽሽታ እንተገደፉዎ ግና፣ነዚ ጸይቂ ዝዓብለሎ ነገራት፣
ፍትሒ ጠፍኣት ማለት'ዩ ነይሕሹ'ውን ካብ ኣረማውያን ጨካናት፡፡
(ይወጹ)

✡ ✡ ✡

ሳልሳይ ትርኢት

(ኣብ ባይቶ)

(መስፍን ኮፍ ኢሎም ኣባላት ባይቶ፣ መኳንንትን ዐጀብትን የማነ ጸጋሞም ይረኣዩ)

መስፍን:- ነዚ ናይ ውዕል ሰነዳትና በብሓደ ኣጋማጢልና እንተፈተሽናዮ፣
ንዓታቶም መሰል ዝህብ የብሉን ካብ ጫፍ ንጫፍ ኢና ኣንቢብናዮ፡፡
ቀዳ/ኣባል:- እቲ ብዝሒ መራከቦም ብጌጋ'ዩ ተጠቒሱ ዘሎ፣
ኣብዛ ናተይ ደብዳበ ሚእትን ሸውዓተን ይብል ኣሎ፣
መስፍን:- እዛ ናተይ ሚእትን ኣርብዓን ትብል ኣላ፣
ካል/ኣባል:- ኣብዛ ናተይ ክልተ ሚእቲ!እንታይ'ም ሚእቲ ኾና ክልተሚእቲ
ዋላውን ትኹን ንበይና ሓንቲ፣እቲ ዝተጠቕሰ ብነፍሲ ወከፍ ጸሓፍቲ፣
ሽሕኳ ብዙሕ ፍልልይ እንተለዎ፣እቲ ኣውራ ቑም ነገሩ መኣስ ጠፊኡና
ሓበሬታ ሂቡና ኣሎ መራከብ ቱርኪ ንቆጵሮስ ገጸን ከምዘበላ፣
መስፍን:- እዚ ፍሉጥ'ዩ ክንግምቶ ንኽእል ኢና ካብዚ ዝተጸሕፈ፣
ናይቲ ቓሎም ሓደ ምኽንን ዘይምኽንን፣ኣየድሕነናን'ዩ ካብ ስካፈ፣
ካብ ሰንፈለል ኣይወጽእን'የ እንተድኣ እዚ ኹሉ ኣብዛ ርእሰይ ተደፍደፈ፣
(ካብ ውሽጢ ብዙሕ ጨራሕ ምራሕን ታቱላታትን ይሰማዕ)
ካል/ኣባል:- ልኡኽ ኣትዩ'ሎ ክቡር ጎይታይ!ደሃይ ሒዙ'ሎ ካብ ሰብ መራኽብና፣
እቶዶ ኽብሎ ከስምዓና?ፍሉጥ'ዩ ከም ዝኾነ ብዛዕባ'ዚ ጉዳይና፣

መስፍን፡- ቐልጥፍ ጸውዓ'ዮ!ብርሱኑ ኸነግረና፣
(እቲ መርከበኛ ምስቲ መኮንን ይኣቱ)
ኢሂደኣ ኮርዒዳ!ንስኻኸ እንታይ ከበር ኣመጺእካልና?

መርከበኛ፡- ልኡል እምልኡላን መስፍን!
ሠራዊት ቱርኪ ንሮዶስ ገጹ ስለ ዘበለ፣እቲ ናይ ኣካይዳ ኣንፈቱ፣
ጎይታይ ኣንጀሎ'ዮም ንገሮም ዝበሉኒ፣ምስተረድኡዎ ኩነታቱ፣

መስፍን፡- ኣንታ እንታይ ትብል?ካን!ሕጂ ብሕጂ ሓሳባቶም ተለዊጡ?

ቀዳ/ኣባል፡- ዘይመስል ዘረባ!እዚኣ ናይ ጉርሒ'ያ!ጽንሕ ኢሎም ኸግልበጡ ፣
ዓያሱያኢ ተረኺብና ከታልሉ፣ኔው ነጀው እናበሉ ዘዕለብጡ፣
ከጣፋፍኡና'ባ ደልዮም ኣዳህሊሎም ከጋግዩና ብሰሪ፣
ቱርኪ ንቆጵሮስ ከምዝብህጋ ንፈልጥ ኢና፣ፍጥር ከትብል እዛ ምድሪ፣
ፈጺምና ኣይንስዕቦምን ኢና ንገማግም በጺሖም እንተተመልሱ ንባሕሪ፣
ከንጽበዮም ኢና ተዳሊና!ከንምከቶም ኢና ተዓጢቕና!
ኣዘንጊዖም ከይዘምቱና፣ኣገሪሆም ከየጥቅዑና፣
ቱርኪ ንዓና ከየጥቅዔ ቁሊሕ ኣይብላን'ዩ ንሮዶስ፣
ብብልሒ'ምበር ብሓይሊሲ ነይስዕራ ክብል እንተኾኑ'ምበር ዓረስረስ፣
እዚ ዓሻ መሲልካ ንምድሕላል'ዩ፣ንቱርኪ ከምዘይፈልጥ ኣይንርኣዮ፣
እንተንዒቕናዮም ዕሽነት'ዩ ንፈልጥኢና'ቲ ካልኣይ ካብቲ ቀዳማይ ከምዘድልዮ፣
ደሐር ከኣ፣እናተረድኦን እናረኣዮን ከሎ ነቲ ኣመና ዝሕሾ፣
ናብ ሓደጋን ጸበባን ዝሽመምሲ ንቱርኪ እንታይ ገደሾ?
ንሮዶስ ብለዘብ ደኣ'ምበር ብወራር ከጻብኣ ኸሎ መዓሰይ ርኤናዮ፡፡

መስፍን፡- ሓቅኻ ኢኻ፣ናብኣ ገጹሲ ኣይኳዓዝን'ዩ ከምዚ ንስኻ ዝበልካዮ
(ልኡኽ ይኣቱ)

ቀዳ/መኮንን፡- እዋ ኸኣ ኣትዩ ካልእ ልኡኽ እስከ ነዚ ኸኣ ንስምዓዮ፣

ካል/ልኡኽ፡- እልቢ ዜብሎም ቱርካውያን፣ ከንድዚ'ዩ ዘይበሃል ፍቕዶም፣
መንገዲ ጀሚሮም ኣለው፣ነጀው ገጹ'ዩ እቲ ኣንፈቶም ፣
ብዕጽፊ ወሲኸን ይግስግሳ ኣለዋ፣ዕጉግ ኢለን መራኽቦም፣

ቀዳ/ኣባል፡- ኣይበልናንዶ?ከንደይ ኮን ይኸውን እቲ ብዝሔን?

ካል/ልኡኽ፡- ገለ ሰላሳሲ ይኾና ኢየን ኣነ ከምዝመስለኒ፣
ሕጂ ግና ነቲ መንገደን ቐይረን ከምዝተመልሳ ንድሕሪት፣
ተርኢለን ከምዝመጻ ትኽ ኢለን ንቆጵሮስ ገጻን ብምርሒት፣
እሙን ተኣዛዚኹም ሞንታኖ፣ብዘይመጠን ብጓሂ ጣዕ ኢሎም ፣
ቐልጢፍካ ንገሮም ኢሎም'ዮም ዝለኣኹኒ፣በቲ ኩነታት ኣመና ሻቒሎም፡፡

መስፍን፡- ፍሉጥ'ዩ ኔሩ ብቐደሙ ተጠውዮም ከምዝምለሱ ናብ ቆጵሮስ፣
የሎን ድዩ ኣብዛ ከተማና ማርቆስ ሉሺኮስ?

ቀዳ/ኣባል፡- ንሱ ደኣ መኣስ ኣልዩ፣ከይዱ እንድዩ ንፍሎረንስ?

መስፍን፡- ደብዳበ ብሽመይ ጽሒፍካ፣ቐልጢፍካ ምጻእ በሎ፣
(ብራቫ/ ኦ፣ ኢ፣ ሮድ፣ መኳንንቲ ይኣትው)

ቀዳ/አባል:- እነውለ ኸኣ መጹ ክቡር ብራቫንሸዮ ምስቲ ጀግና ኦቴሎ፣
መስፍን:- እንቋዕ ብደሐን መጻእካ ኦቴሎ!!ኣመና ጸጊቦም ቱርካውያን ጸላእትና፣
ገስጊስካ ኬድካ ደስቆም፣ሓመድ ኣስሒንካ ጸባ ኣስትየና፣
(ንብራቫ) መርሓባ ብራቫንሸዮ!ናባኻ'ውን ሰዲድና ኔርና መልእኽቲ፣
ቀቢጮም እዮም ዝተመልሱ ክልተ ሰለስተ ዓቀይቲ፣
ምኽርኻን ሓገዝካን ኣድልዩና ንዓቢ ቁም ነገር ሎሚ ለይቲ፣
ብራቫንሸዮ:- ንዓይ'ውን ሓገዝ ናይ ክብር መስፍነይ ርሒቑኒ'ዩ ዝጸናሕኩ፣
ሕጂ ግና ነቲ ናይ ልኡልነትኩም ንቡር ዝኾነ ሓገዝ እናለመንኩ፣
ስርሔይኒ ካልእ ጉዳያትን ከይመስለኩም በዚ እዋን እዚ ዘምጽኣኒ፣
ካብ ጥጡሕ ዓራተይን ድቃሰይን በዚ ጊዜ እዚ ኣባህሪሩ ዜጉየየኒ፣
ጉዳይ ናይዚ ኣኼባ ኣይኮነን ክሳዕ ክንድዚ ዘሕጽጽ ኾይኑ ተራእዩኒ፣
እዚ ኣብ ርእሰይ ወሪዱ ዘሎ ሓሳር፣እቲ ዝወፈየትለይ ተካሊት ዕጫይ፣
ዘራጸመኒ ናይ ሓዘን ማዕበል፣እዝጊ ዝፈነዎ መከራ ናባይ፣
ተራእዩን ተሰሚዑን ኣይፈልጥን'ዩ ጽልኣት ፈጣሪ'ዩ ካብ ላዕላይ፣
ካብ ዝኾነ ይኹን ከርከባ፣ወይ ዓሂ ይኹን ተካል ጸገም፣
ኣዝዩ ዝገደደ'ዩ፣ደምሲሱን ሓማቲሉን ዜብል ሐለም፣ኣዬ ገሃነም!
ክንዲ ፍረ ኣድሪኳ ከይተወሰኸታ፣ከምታ ዝጸንሓታ ከም ናይ ቀደም፣
መስፍን:- ኣንታ እንታይ ርካቡ?ሃየ እስከ ንገረና እንታይን ከምይን'ዩ እቲ ጸገምካ?
ብራቫንሸዮ:- ጓለይ! እታ ዝፈትዋ ጓለይ ሓላለይ! እታ ብሌን ዓይነይ፣
ኩሎም:- እንታይ ኾይና? ሞይታ ዲያ?
ብራቫንሸዮ:- ንዓይሲ እወ ዳርጋ ዝሞተት!ካበይከ ክመጽእ ካብዚ ንላዕሊ ዝመርር?
ብደባትር ብጠንቖልቲ፣ብልሃቱ ብዘይፍለጥ ቆጽለ-መጽሊ ሰራውር፣
ብጅኑን ፈውሲ መውሲ፣ካብ ጥፍሒ ጠንቋሎ ብዝመጸ መሽሓድር፣
ተዘሪፋን ተዓሚጫን፣ተሓማቲላ ኣላ ብሓደ ፈገር፣
ሽሕኳ ተፈጥሮ ብርቱዕ ሓይሊ እንተለዋ፣ንኸተጋጊ ጠዋውያ፣
ብዘይሓደ ሰራም ሕንኮላ ብዘይ ገለ ተጉላባ መጻወዲያ፣
ብጥንቆላ እንተዘይኮይኑሲ ሕሩመይ ክሳዕ ክንድዚ ኣይትኽውንን'ያ፣
ብዓዚም ውኖኣ ስሒታ እንተኾይና'ምበር ካልእሲ የሎን ሓዲሽ ቅያ!
መስፍን:- ነዚ ገበናዊ ጸይቂ፣ነዚ ግፍዔኛ ዝኾነ ተግባር ዝገበረ፣
ዓቢ ይኹን ንኡሽቶ ፍሉጥ ሰብ፣ነዛ ነባሪ ክብርኻ ዝደፈረ፣
ነታ ጓልካ ብፈውሲ መውሲ ኣንጻላልዩ፣ካብ ኢድ ወላዲኣ ዝፈገረ፣
ነዚ ሽም ኣቡኣ ኣፈሲሙ ነቲ ልቡናኣ ኣዛናቢሉ፣ነቲ ሕሊናኣ ዘፍዘዞ፣
ከምቲ ስርዓት ሃገርናን ሕጊ ኣቦታትናን ዝእዝዞ፣
ባዓልኻ ኣጣሊልካ ኣንቢብካ ቃሕ ከምዝበለካ'ውን ተተርጒምካ፣
ብዝሕሸካ ርእይቶ ብዝጥዕመካ ስልቲ ተር ኣቢልካ ተንቲንካ፣
ከምቲ ግቡእ ኣቕጽዓዮ፣እንተኾነካ ውሉደይ በዚ ግፍዒ ዝበደለካ፣
ሃየ በል ክሰሶ ኣብ ቅድሚ ሃገር!ሽሙን ሽም'ቡኡን ጸዊዕካ፣

ብራቫንሽዮ፡- ምስ ሽመትኩም የንብርኩም!ብትረ-ሥልጣንኩም ንዘልዓለም ትተኸል!
እኖ'ምበኣር እዚ'ዩ *(የመልከት)* እዚ ኦቴሎ ዝብሎዎ ሰብኣይ፣
እዚ ኣብ ጥቃኹም ዘሎ ሓርፋፍ!ናተይ እትብሎዎ ጣልማይ፣
እዚ ኣምጺእኩምዎ ዘሎኹም ጓና፤ብዛዕባ ናይ መንግስቲ ጉዳይ፣

መስፍን፡- እዋይ! ኣንታ እንታይ ትብል?ኣታ ከመይ ዝኣመሰለ ጸገም ኣጓኒፉካ? *(ንኦቴሎ)*
ሃየ በል እኖ ተኸሲስካ፣መልስኻ ሃብ መልሲ እንተልዩካ፣

ብራቫይንሽዮ፡- ፍትሕኹም ይንገስ!እዚኣስ መወሰኺታ የብላን መነከይታ፣

ኦቴሎ፡- ክቡራን መኳንንቲ፣ ወራዙት ደቂ ዓበይቲ፣ ደቀባት ሃገር ኀይተተይ፣
ዝዓቤኹም ሹመኛታት፣ ለባማትን ጸጉራማትን፣ ዝለዓልኩም ኣዘዝተይ
ነታ ዝበሉዋ ጓለም ወሲደያ ኣሎኹ፣ከምዚ ዝበልዎ ባዕሎም፣
ርግጽን ሐቅን'ዩ ተመርዕየያ ኣሎኹ ብዓጀባ ነታ ውላዶም፣
በደልን ጌጋን እንተኾይኑ እዚ'ዩ፣እንተደኣ ዘኽስሰኒ ኮይኑ፣
ካልእ ወመሰኺታ የብሉን፣ካብዚ ድማ ኣይበልጽን'ዩ እቲ ዓቀኑ
ብቛንቋ መመጐቲየይን ምንጠላ ዘረባይን፣እንተመሰልኩኳ በዓለገ፣
እንተጠፍኣኒ ዜኽብረኒ ዘረባታት፣እንተሰሐትኩዎ ነቲ ዝጸበቐ ዝማዕረገ፣
ኣይትሓዙለይ! ኣይትበሉኒ'ውን ኣንታ እዚኸ እንታይጉዱ፣
ንሸንዳሒ ስዲ መልሓሰይ ተኻታቲልኩም ዘይግቡእ ከይትፈርዱ፣
ምኽንያቱ! ሽሕኳ ሓይለይን ቀላጽመይን ንትሽዓተ ኣዋርሕ እንተዓረፈ፣
ቅድሚኡሲ ካብ መዛግብ ዓውዲ ኹናት ኣይተፈልየን፣ነቲ መዝነቱ እናገደፈ፣
ሸውዓተ ዓመታት ዝኣክል ኣብ ቃልሲ፣ብሓቦ ሞያ ተባዕታይ እናተኸንተፈ፣
ብኡን ከንድኡን ዝኣክል፣ብዛዕባ ኣዱኒያታትሲ ሕፍንቲ'ያ ፍልጠተይ፣
እወሓስ ኣግብእ ኣይናተይን'ያ “ሓዞ!በሎ!ጥራሕ ብምዃና ነባር ዕድሎተይ፣
ስለዚ ንገዛእ ርእሰይ ከርብሓ ኢለብናይ ጥብቅና መጐተ ነገር፣
ተመኪሔ ከምዘይጀሓር ፍለጡለይ፣ኣመና'ውን ከምዝሸገር፣
ስለዚ ነዚ መልሲ ናይ'ዚ ነገር እንተሕጸርኩዎ ብዘይሓተመተ፣
ኣፈይ ንዛረባ፣ መልሓሰይ ንከርካባ፣ጓኖት ከምዝኾና ፍለጡለይ ክቡራን ኀይተተ፣
ይኹንደኣ'ምበር ነዚ ጥንቆላዊ መስሓደር፣ዓዚም ዝበሉዎ ጸያፍ ዘረባታት፣
ጠቀነን ሓሶትን ከምዝኾነ ተዓዘቡለይ ከምዜብሉ'ውን ጣቋ ዘለዎ ነገራት፣
ተርኣቢለ ንኽዛረብ ግን ኣፍቅዱለይ ነቲ ናይ ክልቴና ጹሩይ ፍቕሪ፣
ከመይጌርና ከምዝተራኸብና፣ከምዝተዓወትኩ'ውን ብዘይ ቅንጣብ ሰሪ፣

ብራቫንሽዮ፡- እዋይ ተቐዘፍ!ፍቕሪ ኸኣ ኢሉለይ እዚ ፉንፉን ወዲ ገረድ፣
ነታ ግልፅ ኢላ ሰብ ዘይትርኢ ሐናኽ ሃገር ዝመረቓ ካብ እትውለድ፣
ነታ ጽላሎታ ዘሰንብዳ ፈራሕ እንተኾረኻላ ክሳዳ ሰቢራ እትዕነድ፣
በቲ ትዕግስታ ዘመድ ዝምክሓላ፣ተራእያኳ ዘይትፈልጥ ኣብ ዓበድበድ፣
ኣሚነያ ዝኣመነትኒ ለባም፣ወርትግ እተኽብረኒ ዘይትጽንበር ኣብ ሸፈድፈድ፣
ዓድኻ ይኹን መበቆልካ፣መምጽኢኻ ምስዘይፍለጥ ኣብዛ ምድሪ፣
ምስዘይ መዋስብታ ጃዕጋግ፣ምስ እተፍርሓ ፍጡርዶ ይሕዛ ፍቕሪ?

ዓጃው!ሓቂ ዘይብላ ዘረባ'ያ፣ንመዕሸው ዳያኑ ተጣቢብካ ዝመሓዝካያ፣
ንሓቂ እናብረስካ ንመንገዲ ቐንዕና ብዘይግቡእ ኢኻ ዝደብደብካያ፣
አረ ከመይ ኢሉ ተሓሲቡ ተገብረ?ምእንቲ ምንታይ'ዩ ዝፍጸም?
እዚ ኣንጻር ወዲ ሰብ ዝኾነ ሰሪ፣ሓልኪታት መጻወዲያ ገሃነም፣
ስማዕ! ቅንጣብ ክእለት የብልካን፣ንሕጊ ተፈጥሮ ጠዋዊኻ ንኸተጋጊ፣
"ጸበባ"ሲ ለይትኻ ደኣ ኾይና ቅሳነታዊ ራህዋ ዘይናትካ ዘርገመርጊ፣
መላኸዒሲ በዓል ሓቂ?ተጉምጉምካ ከሎኻ ናይ ሓሶት ጠይቀ-መይቂ?
መኣስ ከምዚ ሸገርገር ምበልካ፣ኣሊያትካ'ምበር ተውህቦ ዘረባ ስርቂ፣
ስለዚ ሕጂ'ውን ጽንኢልኩም ስምዑኒ እጠርዕ'ዩ ዘሎኹ እንደገና፣
ዓሻን ገርሂን መሲሉ ከየጣፉፍእ፣ከቡራን ኣሕዋት ፍረዱና፣
ሕውስዋስ ነገራት በጽቢጹን ጀሊሑን'ዩ፣ሓሳሰ-ሰንፈላል ጌሩዋ፣
ብኽታብን ሰረውርኒ'ዩ እዚ ሰብ'ዚ ቀልባ ሰሊቡ ዝዓለዋ፣
መሃንና ምስጠፍአ ድማ፣ህይወታ ረኹሚሹ'ዩ ዝጥንጥና፣

መስፍን፡- ዐገብ! ኣንታ ከመይኒ ብምንታይን ጌርና ክንዳንየኩም ኢና?
እዚ ሙሉእ ጭብጢ ስለዘይኮነ፣ምኽኑይ ኣይኸውንን'ዩ ፍርድና፣
ነዘን ዘይጠቕማ ቐንጠመንጢ፣ሰረት ዘይሓዛ ነገራት ፍታው ሰሚዕና፣
ከመይ ጌርና ክንፈርድ ኢና፣ካልእ ውዱእ ነገራት ከይዓተርና፣

ቀዳ/አባል፡- እስከ ተዛረብ ኦቴሎ!ምእንቲ ክንብይንሲ ነፍስኻ ሓኺኽካ ንገረና፣
ብቐጽለ መጽሊን ሰረውርን ዲኻ ብናይ መስተፋቅር ጡቕሉል ብራና፣
ብኣኼሳዊ ተጉላባ፣ወይ ብኻልእ ዘይፍሉጥ ጥበብካ ተጠቒምካ?
ዶ? ብፍቕራዊ ልግብ ከም ግብሪ ጭዋ፣ ምስኣ እናተላዘብካ፣
ኣውጺእካ ዝወሰድካያ፣ልቢ ንልቢ ብሓቂ ተሳማሚዕካ?

ኦቴሎ፡- ፍቓድኩም ይኹን ተለመኑኒ፣ካብ ኣነ ሓቂን ሓሶትን'ዩ ዝብለኩም፣
ካብቲ ገዛና ትጸዋዕ ካብዚ ባይቶ ሰብ ሰዲድኩም፣
መጺኣ ሓቂ ትመስክር፣ፍሕት ከይበልኩ ካብዛ ቅድሜኹም፣
ኣብዚኣ ቐሪባ ዝደለት ትበል፣ኣብ ቅድሚ ወላዲኣ ትዛረብ፣
በቲ ንሳ እትህቦ ቓል ካባይ እንተተረኺባ ናይ ዐማጺ ገለ ጥበብ፣
ብዘይ ንሕስያ ንሽመተይን ክብረተይን፣ነዚ ዝሃብኩምኒ መዝታት፣
ቀንጢጥኩም ምርፋት ዘይኮነስ፣ብሞት ቅጽዑኒ ብዘይ ገለ ርህራሄታት፣

መስፍን፡- በሉ 'ምበኣረይ ንዴዝዴሞና ጸውዑዋ! መጺኣ ትመስክር ኣብዛ ቕድመይ፣

ኦቴሎ :- ኪድ ውሰዶም ኢያጎ!እቲ ዘላቶ ስፍራ ሓብሮም፣
ተላይ ኢልካ ኣምጽኣያ፣ንስኻ'ውን ተመለስ መስኣቶም፣

(ኢ/ ምስ ዓጀብቲ ይወጽእ)

ክሳዕ ትመጽእ ግና፣ብቃልዓለም ዘይኮነስ ብሓቂ ሓኺኸ ነፍሰይ፣
ነታ ኣብ ልበይ ዝተዓቑረት ሓቂ፣ከውጽኣ ድላየይ'ዩ ክንዲ ኑዛዘይ፣
ከመይ ኢለ ከምዝረኸብኩዋ፣ከመይ ጌራውን ብፍቓዳ ከምዘፍቀረትኒ፣
በየናይ ምኽንያታዊ ተግባር ተማሪኻ፣ብሓይሊ ፍቕሪ ከምዝቐረበትኒ፣

ኣየናይ ፍሉይ ጉዳይ ነቲ ሽማ፣ኣብዚ ባይቶ ንኽልዕሎ ከምዜብቅዓኒ፣
በብሓደ ከረድእ'ዬ'ሞ ከቡራን ተዓዘብቲ!ልቢ ኣውዲቕኩም ጽን በሉኒ፡፡

መስፍን፡- በል ሕራይ ተዛረብ ኦቴሎ!ዘርዚርካ ኣስምዓዮም ኣስምዓና፣

ኦቴሎ፡- ኣቦኣ ካብ ልቦም እዮም ዝፈትውኒ፣ወትሩ መዓልቲ'ዮም ዝዕድሙኒ፣
ኣብ ገዝኦም ምስኣቶኹ ድማ በል እስከ እናበሉ ውልቃዊ ዛንታይ ዝሓቱኒ፣
ኣብ ዕለታትን ዓመታትን፣ኣብ ኲናት ባሕሪ ዘሕለፍኩዎ መዋእለይ፣
ተዓዊተ እንተኾይነ ተሳዒረ፣ኣቖሲለ ወይ ተሓስዩ ኣብቲ ተጋድሎይ፣
ነምሲ ኔርና ኽነውክዕ፣ነተን ዘሕለፍኩዎን ናይ ጸበባታት ዕዋናተይ፣
ህድእ ኢለ ኣውሪ ነበርኩ ከይሰሓትኩኳ ናይ ዓመታተ ቁልዕነተይ፣
ነቲ ጊዜ ጉብዝናይ ነልዕሎ ኔርና፣ንሶም'ውን ተሓጒሾም እናሰምዑ ብጽንታ፣
ናብዚ ናይ ሎሚ ንበጽሕ ኔርና ከይተፈለጠና፣ዕላልና ምስነውሒ ኣንቀጺታ፣
እንታይ ሓደጋታት ከምዘጓነፈኒ፣ካብ ምንታይ መዓታት ከምዘምለጥኩ፣
ብሽመይን ንናይ መን ሓይሊ ባሕሪ፣ኣበየናይ ማዕከል ማያት ከምዝገጠምኩ፣
ኣብ ምድሪ ንገምራታት፣ኣብ ውቅያኖስ ንብርቱዕ ጸፍዒ ማዕበል ከምዝሰዓርኩ፣
ንኽንደይ መዋፍርተይን ብጾተይን፣ኣበየናይ ጥምጥም ከምዝኸሰርኩ፣
እንኮላይ ተማሪኸን፣ብጊልያነት ተሸይጠን ዕንኪሊል ከምዝበልኩ፣
ከም ኣድገ በቕሊ ተቖጺረ፣ብኺድ ከላ ቖድም ከምዝማሰንኩ፣
ክነግሮም ከሎኹ በብሓደ፣ይሰምዑ ኔሮም ደንጽዩዎም ኲነታቱ፣
ኣብ ጸምጸም ምድረበዳ ከንደይ ከርፋሕ ለይቲ ከም ዘሕለፍኩ ኣብ ገለ-መለ ዘላቶ
ካብ ረመጽ በረኻ ከመይ ጌረ ከምዘምለጥኩ ተደብዩ ኣብ ከብዲ ሑጻ ዘራጊቶ፣
ካብ ኣጻድፍ ስንጭሮ ኮረቢት፣ካብ እምባታት ንደመና ዝጥንቁር ብመንዋሕቱ
ነፍሰይ ንኽድሕን ንገዘፍቲ ኣካውሕ እናነጠርኩ፣ፈጣሪ እናኸወለለይ ብለውሃቱ፣
ከይተሃኬኹ የዕልሎም ነበርኩ ኣምላኽ ከምዝሰትረኒ ካብ መዓታቱ፣
ኣነ ከዘንቱ ከለኹ እናሰምዑ፣ክሓቱኒ ከለው'ውን እናሃብኩ ምላሻት፣
ካብኡ'ውን ብዛዕባ ኸራታማት፣ብዛዕባ ሰብ ጠቢሖም ዝበልዑ ሰባት፣
ብዛዕባ ገነንይ ከፉኣት ከንዲ ጥፍረሪያ ዝኹኑ ክሪንዲሉ መጸጉዓት፡፡
እነግሮም ነበርኩ ኣቱም ሰባት፣ዓቕሊ ብዝዓሰሎ ህዱእ ኣእምሮ፣
ንሳቶም'ውን ብናይ ምድማም ኣድህቦ ድርም እናበሉ ብኣስተንክሮ፣
ይሰምዑኒ ኔሮም ምስ ዴዝዴሞና፣ምናዳ ንሳ ፈጺማ ከይሰልከየት፣
ኣእዛና ቀው ኣቢላ በቲ ዜዘንትዎ ዛንታ ብዙሕ ጊዜ እናተደንቀት፣
ከም ዝጠቡ ቆልዓ ኣጽቂጣ፣መስዩኒ ከሳዕ ዝኸይድ ትሰምዓኒ ነበረት፣
ሳሕቲኳ ብዋኒን ገዛ ተፈልያ፣ንሕልፍኘ እትው እንተበለት፣
ትምለስ ኔራ ብጒያ በቲ ከእለት ዘረባይ ኣመና እናተመስጠት፣
ሃህ ኣቢላ ኣፉ፣ዊጥ ኣቢላ እዝና፣ንዛንታይ ከምጸልጣ ትሰትዮ ነበረት፣
እቲ ኹሉ ኣድናቕታ ብፍቕራዊ ቖንዕና ከምዝኾነ ምስተረድኣኒ፣
ኣሳፈሔ ከም ልበይ ንኽዘንቱ ጽቡቕ ዕድልን ጊዜን ገጠመኒ፣
ጋሕ እንተዕርብ የዕልል ነበርኩ፣ነቲ ዛንታ ሂወተይ ምንጋር፣
ጽኑዕ ዒላማይ ኮይኑ ረኸብኩዎ ፍርያት መዋዕለይ ምዝርዛር፣

ብልቢ ገርህና ዓጀው እብል ነበርኩ፣ቅንጣብ ምስጢር ከይሓባእኩ ንደሓር፣
መዘከርታ ንኽኾና ካብ ገዛ ወላዲኣ ወጺኣ ምስከደት ንዳሕራይ፣ ንኽምዚ
ከምኣ ወዛም ርእያ፣ዕድላ ምሰብረቕት ፍቕሪ ጸሓይ፣
ቃለይ መቓልሕ ኮይና ኸትነብር ኣብታ ውሽጢ ነባሪት ድምጻ፣
የስትያ ነበርኩ ንዛንታይ፣ኣነ'ውን ብሃረርታ እምነተይ ንኽይቀብጻ፣
ሕሉፍ ሓሊፈ ከምጸሎት እደግመላ ነበርኩ፣ከሳብ ውኖታታ ዝፈዝዛ፣
እቲ ገርሂ ልባ ክሳብ ዝርድኣለይ፣ከምዘጋጠመኒ ገለ ነገራት ዜናዝዛ፣
ባጥራን ዘርም-ዘርሞ ኮይነ ከምዜሕልፍኩዎ ንንእስነተይ፣
ኣውርየላ ነበርኩ ብስምዒት፣ግሕጥጥ ኣቢለ ዘላ ኣብ ልበይ፣
ሳሕቲ እናፈዘዘት፣ብሱቕታ ትጉም እናበለት ንምስምዔይ፣
ልቡናኣ ተመሲጡ ቀልባ ብዕላለይ ፋሕ ከትብል ከላ ኣብዛ ቅድመይ፣
እታ ድምጻይ ከትሓልፍ ከላ፣ነታ እዝና ብፍታው ዳህሲሳታ፣
ብሓቂ ይርድኣኒ ኔሩ ከትምርቀፍ ከላ ስምዒታ፣ውኖኣ ከተሸፍታ፣
ይፍለጠኒ'ውን ኔሩ፣ካብቲ ፈንጅል ኣዒንታ ክፈስስ ከሎ ንብዓታ፣
ከዘንትወላ ከሎኹ ከምዝኾነ፣ነቲኹሉ ዚሕለፍኩዎ ዓመታተ መከራ፣
ነታ ከንቱ ናይ ንእስነት ዘመነይ፣ነታ ዘይበላዕኩላኳ ናይ ቅሳነት እንጌራ፣
ዛንታ መዋእለይ ወዲኤ፣ሱቕ ክብል ከሎኹ እናስተንተንኩ ብጸጥታ፣
ንሳ ኸዓ ብግዲኣ ትጅምር፣ነታ ዜጕሃየታ ትጽቢታዊት ሓዲሽ ፈቕታ፣
"እህህ-ኣየኸ" እናበለት ብተዘክሮ እናኣምብሓቖት ምስ ንብዓታ፣
ሳሕቲ ካብቲ ማእኸል ውሽጢ ስምዒታ፣ዘርጠብጠብ እንተበለ ዘረባ፣
ብሃንደበት ሽርተፍ ክብል ከሎ ከም እኒ ኣዬ ጭንቂ!ኣዬ ጸበባ፣
ከምሕልምን ዓጀው'ጀውን ዘይዕሞኹ ነገር'ዩ፣ከም ሰረቀ ብርሃን ወጋሕታ፣
ካብ ሓዘንን ታሕጓስን ዝተሓናፈጸ'ዩ፣ዘይተሓዝ ናይ ዕድል ሽለውታ፣
ወይ ድማ ከም ርግጸኛ ማሕላ፣ከም ናይ ሳላ እከለ ምክሒታ፣
ነዚ ከምዚስ ዘይምስምዖ ምሓሸኒ ትብል'ሞ ከምዚ ዋዛ፣
ብኡንብኡን ድማ ትቕይሮ "እንቋዓኒ" እናበለት ኣብዛ ሕቖፎይ ተኪዛ፣
ንፈጣሪ'ውን ትምሕጸኖ፣ንኽምዚ ከማይ ፈጢሩ ንኽድሕና ካብ ቃንዛ፣
ከተመስግነኒ ትጸንሕ'ሞ፣መሊሻ ድማ፣እቲ መሕረቒኣ ከይተረድኣኒ፣
እትፈትዎ ዓርከኻ እንተሎ፣ብርግጽ'ውን ንስኻ እትፈልጦ ከምዘፍቅረኒ፣
ከመይ ጌሩ ከምዘዘንትወለይ ንዛንታኻ፣እናነገርካ እንተትዕልሞ፣
መርዓተይ ኩኒ እንተዝብለንሲ፣ኣብኣ ከሎኹ'የ ሕራይ ኢለ ዝጥምጠሞ፣
ኢላትኒ እልይ ትብል'ሞ፣ኣነ'ውን ይድንጽወኒ ነበረ ኩነታታ፣
ነዚዔን'ዩ ብዛዕባኣ ዝፈልጥ፣ክንድዚ'ውን ሌፍ ዘበለኒ ብህውተታ
በዝንክድዝን ዝኣክል፣ነተን ዓመታት ጭንቀ-መከራይ ኣስሚዔያ፣
ዴዝዴሞና ኣፍቂራትኒ ኣላ፣ኣነ'ውን ተታሒዘ'ሎኹ ብናይ ፍቕራ መጻወዲያ፣
መዓረ ክንድዚ ኣፍቂረያ'ሎኹ፣በደል እንተኾይናሲ መላእ ህዝቢ ይስማዓያ፣
ንሳ በቲ ዘሕለፍኩዎ ከርፋሕ ሕሰም ስለዘፍቀረትኒ፣
ኣነ'ውን ኣፍቂረያ ኣለኹ ነቲ ዛንታይ ሰሚዓ ስለዘድነቐትኒ።

እዚ ጥራሕ'ዩ ጥንቆላይኒ ድግምተይኒ፣እንተድኣ ዓዚም ኮይኑሲ፣
እና መጺኣ ኣላ ትመስክር!ክትህበኩም'ያ ዝተጣለለ መልሲ፣
(ዴዝዴ፣ ኢያጎ፣ ከምኡ'ውን ዐጀብቲ ይኣትው)

መስፍን፡- ወዳጄ ዘረባ!ዋይ መስደምም!እዚ ዘረባታት እዚስ ንጓለይኳ ምማረኻ!
ኣንታ ብራቫንሽዮ!ሓደ መዳቅሶ ዘይተትሕዞ፣በቲ ገፊሕ ልቡናኻ፣
ኣጸቢቕካ ሕሰቦ'ሞ ባዕልኻ፣ሓዲኡ ኸኣ ግበር ብርእይቶኻ፣
ሰብ ዘበለ እንካብ ጥራሕ ኢዱ ዝብል፣ዘወንወን ዓወንወን፣
ክጥቀመለንሲ ኣድላዪ'ዩ ነተን ሰባር መባር ኣባትሩ እናሓዘን፣
ካብ ጥራሕ ኢድካሲ በትሪ ዓጥዓጥ 'ዩ፣ ምስላ ቀደም ኮነ ናይ ሎምዘመን፣

ብራቫንሽዮ፡- በጃኹም ልኡል መስፍን! ካብታ ኣፉ ንስምዓያ እንተመረረት እንተጠዓመት፣
እንተኸኣ ኣንጻረይ ተዛረበት፣ትርሐቐኒ ናይ ሓቀኛ ፍርዲ መቐረት፣
ሽም ጀነራል ኦቴሎ ከይትጽልም ኣብ ቅድሚ ባይቶ ብሓሶት፣
ንዕኒ እዛ ጓለይ! ንዒ ቃልኪ ሃቢ ኣብዚ ቅድሚ መጋብኣያ ኣደባባይ፣
መሰል ናይ ሂወትኪ ዘሎና መንና ኢና?ኣነ ድዬ?ወይ'ዚ ኦቴሎ ዝብሉዎ ሰብኣይ?
ኣብ ልዕለኺ መሰለ-መዚ ዘሎና፣ንሕጂ ኾነ ንዳሕራይ?

ዴዝዴሞና፡- ዝኸበርካ ኣቦይ ሓላለይ!ነዚ ሕጂ ንስኻ መሰልን መዚን እትብሎ፣
ብኽልተ ዓይነት መንገዲ ርእየ፣የማነ ጸጋም'ዬ ዝመቕሎ፣
ብዛዕባ ምህሮይን ዓታዓባብያይን ንስኻ ኢኻ በዓል-መሰል እንኮ ጓልካ ብምዃነይ፣
ነዚ ብትምህርትን ብናብራን ፈሊጠዮ ኣሎኹ፣ዝፈትዎካ ኣቦይ መዓረይ፣
እሙን ሰብኣየይ ግና እኒኸለ ኣብዛ ቕድመይ፣ናተይ ዝበልኩዎ በዓል ቤተይ፣
ክሳብ ዘሎኹ ኣመሓዳሪየይ ብዝኾነ ይኹን ዓንጋሊየይ፣
ቀደም ኣደይ ካብ ወለዳ ተፈልያ፣ንዓኻ ክትምርያ ኸላ ብስርዓት፣
ንዘበርከተትልካ ብዙሕ ህያባት፣ከምዘፍለጠትካ ከምዝኾነት ናትካ መርዓት፣
ኣነ'ውን ንኦቴሎ ንኽገብረሉ፣እና እዛ ሕጊ ዕድለይ ኣዚዛትኒ፣
ካብዚ ንላዕሊ ካባይ ኣይትጸበ ሕልፊትርፊ ኣይትሕተተኒ፣
ነቲ ንስኻ ካበ'ደይ ዝደለኻዮ ኣይነፍጎን'የ፣ንኽገብረሉ ኣይትኽልኣኒ፣

ብንቫንሽዮ፡- ይኣኽለኪ! ውሩድ ካብዛ ዝባነይ!በታ ዝኾብለልኪያ ኪድለይ!
ነዚ ነገር እዚ ገዲፍና ናብ ጉዳይ ሃገርና ንመለስ ልኡል መስፍነይ፣
ጓል ዝወለደን ጨው ዝነገደን'ዩ ደጊም ነዚ ከንቱ ነገር ኣይነልዕሎ፣
ነዓ ነጀው! ዝነግረካ ለበዋታት ኣሎኒ ኦቴሎ!!
ኣሎኹ በዛ ነፍሰይ፣ንሳ'ውን ካብዛ ልበይ ተሐኺኻ ኣላ፣
ደጊምሲ ኣይናተይናʼያʼሞ ንሳ'ውን ካባይ ቅንጣብ ነገር ነይብላ፣
ኣድቢኻ ኢኻ ዝመንጠልካኒ፣ሕጂ ዝዓብስ የብሉን ናተይ ውህባ፣
ኣነሲ ኣንበይመጫኖኹ'ኻን፣ሕጂ ግና፣ዓፊንካኒ ኢኻ ብናይ ግፍዒ ዓለባ፣
እንቋዓኒ በጀካኺ ካልእ ጓልን ውላድን ኣይሃለወትኒ፣
እዚ ጸይቂ ጸልማት ተጐልቢብካ ምጽላቑ ሕሱም ጽልኢ'ዩ ዝኸደነኒ፣

ግን፣ ብጀካኺ ጓል እንተትህልወኒ ምመቋሕኩዋ ክሳዕ ዝኣኸለኒ፣
ልዑል ጎይታይ ንግደፎ'ንዶ ነዚ ጉዳይ፣ቅርጸት ልቢ'ዩ ዝኾነኒ፣

መስፍን፡- እንተድኣ ወዲእካሲ፣ኣብ ርእሲ ዘረባኻ ኣለዋኒ መወስኸታ ቃላት፣
ባርኾትካ ናብዛ ጭንቂ ወሪዳ ሓገዝ እንተኾነት ነዞም ፍቕረኛታት
መከራና ምስ ሓለፈት ትዛዘም'ያ ሻቕሎትና፣ተወዲኣ ማለት'ዩ ጸበባና፣
ነቲ ዘዝገደደ ብምርኣይ ነቲ ብተስፋ ጥራሕ ዝነበረ ዝቐልወና፣
እቲ ጥርጣረና ምስ ሓለፈ ግና ተደምሲሱ ማለት'ዩ ስግኣትና፣
ብዝሓለፈ ጭንቅን ወሪድን ግን መመሊሽና እንተሓዘንና፣
ካልእ ሓዲሽ ትልሚ እዩ ንኻልኣይ ጸገም መንገዲ ምጽራግና፣
ሓንሳእ ምስቀርሰሰትና ዕድል፣ነቲ ጽቡቕ ፋል'ውን ምስሕደገትና፣
ከንቱ ሸበድበድ ዓገብ'ዩ፣ዓቢ በደል'ዩ ኣብርእሴና ከነሽካዕልል ከሎና፣
ሓደ ሰብ ክስረቕ ከሎ፣ነቲ ሰራቒኡ ርእዩ እንተሰሐቐ፣
የመስለሉ'ዩ ነቲ ወናኒ፣ካብቲ ፈገር መሊሹ ከም ዝሰረቐ፣
ወይ ድማ ብዝሐለፈ ነገራት "ዋይ ኣነ ግዲ" ኢሉ ብጣዕሳታት ዘስቆርቁር፣
ንገዛእ ርእሱ ብምትላሉ ቀኍጥሚ'ዩ፣ኣጣፉፊኡ ድሕር-ምሕር፣

ብራቫንሽዮ፡- 'ሞ'ምበኣረይ ቱርካውያን ንቆጵሮስ ይወረሩዋ፣ካብኡ ኸኣ ይዝመቱና፣
ከምዚ ጌርካ ዝርከብ ዓወት ኣይዓወትን'ዩ፣ንዒቕናዮ እናላገጽና፣
እዛ "ትኹን ደሓን" ኣብዚኣ'ያ፣ኣብ ጥቓና'ያ ደሓን ደሓን፣
ዘረባ ጠጠዊኻ ምዕግንጋን፣ንሕደጐ ንግደፎ ኣይጽግመናን፣
ነቲ መከራ ዝዓመጸጸቶ ግን፣ምስ ጭንቁ ንኽጽመም፣
ጸንዓት ይሃብካ ግድን'ዩ፣ሓዘንን ወጽዓን ኣሕቢሩ ንኽሸከም፣
እቲ ሃረርትኡ ዝሰመረትሉ ክጽመም ዝግብኦ ስቕቕታ ዜብሉ፣
ዝረዔ ወይ ዝሰምዔ ሰብ'ዩ፣ፍርዲ ከምታ ትምኒቱ ዝሰመረትሉ፣
ዝኾነ ኾይኑ ግና፣እዚ ነገር እዚ ይጠዓም ይምረር እቲ መቐረቱ፣
ብኽልተ ወገን ሚዛናዊ ኣቕን ኣለዎ ኣመና ብርቱዕ'ዩ ነገራቱ፣
ቃል ግና ቃል'ዩ፣ክኸውን የብሉን ሃተመተ፣ዘይብሉ ሓደ ትሕዝቶ፣
እንታይከ ጥቕሚ ኣለዎ ፍርያት ዘይብሉ ንጹግ ርእይቶ፣
ኣነ ድማ ኣይሰማዕኩን ናይ ሕስይቲ ልቢ እቲ ስቃያት ዘሓዘቶ፣
ብገለ ስሩጽ ነገራት ከምዝኸነ፣ብእዚኒ ሓሊፉ ብዝኣቶ፣
"ምኽርሲ ኣብ ክትራ ተረፈት'ዩ፣" በጃኹም ተለመኑ፣
ነዚ ነገር እዚ ሸለል ኢልኩም፣ብዛዕባ ዋኒን ሃገር ወስኑ፣

መስፍን፡- ቱርኪ ታእላው ብዜብሉ ኃይሊ፣ይግስግስ ኣሎ ንቆጵሮስ ክወራ፣
ከምቲ ኣመሉን ልማዱን፣ብነገር ወዲ ነገር ክጽሕትራ፣
ሸሕኳ ኣብቲ ዓዲ ካልእ ኣዛዚ ሰራዊት ባሕሪ እንተለና፣
ብሙያኡ ኣኽቢርና እንፈትዎ፣ብጉብዝነኡ ዘኹርዓና፣
ንስኻ ግና ኦቴሎ ኣብ ልዕሊኡ ኣዛዚ ኃይሊ-ባሕሪ ክትኮነልና፣
ድልየት ሀገር ስለዝኾነ፣ንዓኻ'ውን ከምዝደልዩኻ ብምስማዕና፣

ነቲ ዓዲ ስለእትፈልጦ፣ሙያኻ'ውን ደስ ስለዘበለና፣
ብስመይን ብስም ህዝብን ምስ ሙሉእ መዚነቱ ሼምናካ'ሎና፣
ከምቲ ዓንተቦይ ዘስማዕካና፣ነቲ ትብዓትካን ዝናኻን ከየጓደልካ፣
ብጋህዲን ወኒን ፈጽሞ ኢኻ፣ድሕሪ ሕጂ'ውን ጠቐመሉ ዕድሎትካ፣
ነቲ ብትዕቢታዊ ሓይሉ ተመኪሑ ዝመጽእ ዘሎ ርጉም ጸላኢና፣
ብኽእለትካን መንፈዓትካን፣ሐመድ ድፉጭኡ ኣስሕነልና፣

ኦቴሎ :- ክቡራን ዓበይቲ ዓዲ፣ዝኽበርኩም መማኽርቲ፣
ምስወልፊ ደም ዘለዎም፣ልማዶም ዝኾነ መቕተልቲ፣
ምስ ድምብርጽ ዘይብሉ፣ምስ ዝኸደኑ ሓጸነ-መጺን ድኑዕ ከዳውንቲ፣
ብግቡእ ተጓዒዘ ኣሎኹ፣ኣብ ማዕከል ኵናት ለይቲ ይኹን መዓልቲ፣
ሐንሳእ ዘይኮነስ ብዙሕ ጊዜያት፣ከም ናይ ወራድ ማይ ስጒምቲ፣
ተኸዲነዮ ኣሎኹ ከምፈርጊ እናተማላለስኩ ከም ህያብ ትዕድልቲ
ነቲ ብብዙሕ ጻዕርን መከራን ዘጽናዕኩዎ፣ናይ ዓመጽ ግብረ-ሰሪ፣
ክጥቀመሉ'ዬ ኣብ ልዕሊ ቱርካውያን፣እናዝነምኩ ነበልባላዊ ጓህሪ፣
ኣነ ግን ዝምሕጸነኩም፣ንክቡረ ክቡራን ልዑል ጎይታይ፣
ዘየሸቑርር ቦታ ክትህቡለይ'ዬ ንበዓልቲ ቤተይ ዴዝዴሞናይ፣
ምስቲ ሕንቁቕ ኣተዓባብያኣ ዝሳነ ምስቲ ዘሕለፈቶ ጽቡቕ ናብራን፣
ብቑዕ ገንዘብ ምስ ኣላዪት ምእንቲ ከይረኽባ ገለ ዕብራን፣

መስፍን፡- እንድዒ'ምበር ሓሳባትካ፣ከማይሲ ምስ ወላዲኣ እንተትጸንሓልካ?

ብራቫንሽዮ፡- ዖ!ናይ ምንትኒ!ገጻ ትርሐቕ!ብኣ ኣቢላ በታ ዝጸለኞታ!

ኦቴሎ፡- ጠን ኣብሉዎ ጠንጥኑዎ!ኣነ'ውን ባህ ኣይብለንን ናይ ብግዲ ንግበሮ

ዴዝዴሞና፡- ኣየኸየ!ኣነኸ ገባሪትዶ?ምእንቲ ምንታይ ኢለ'የ ዝኣቱ ኣብ መቐራቕሮ?
ኣነስ ምስኡ ክጸንሕ?ኣብ ቅድሚ ዓይኑ ክማላለስ?
ኣየናይ በደል በዲሉ'ዩ በዚ ናተይ ሕልካስ፣ሰላም ኣእምሮኡ ዝቕነስ?
በጃኹም ልዑል መስፍን፣ነዛ ትውሕዝ ዘላ ንብዓተይ ርኣዩዋ፣
በታ ፍልጥቲ ለውሃትኩም፣ነታ ጽፍፍቲ ፍርድኹም ሃቡዋ፣
ነዛ ቐንጠመንጢ ዘረባይ፣በዛ ለውላው መልሓሰይ ኣይትገምቱዋ፣

መስፍን፡- እንታይ'ዩ ዴዝዴሞና?ኣጀኺ ንገርና እዛ ጓለይ።

ዴዝዴሞና፡- ንኦቴሎ የፍቅሮ'ዬ፣ምስኡ ክትከውን ድልየተይ'ዩ ኩሉሳዕ መነባብሮይ፣
እንተኾነ'ውን ኣይስሐትኩዎን ከምዝዓምጻጽኩዋ ነዛ ዕድለይ፣
ኣዋጅ ኢለ ዓቲረ ከምዝሃብኩዎ ከምዝወፈኹሉ ንሂወተይ፣
ሃገር ከምዝሰምዓ ጌረያ ኣሎኹ ነዛ ኹላ ኲነታተይ፣
በቲ ጉብዝናኡን ሞያኡን፣ሐየት ጀግና ብምዃኑ ኦቴሎይ፣
ሕልፊ ዝኾነ ይኹን ነገራት፣ኣፍቂራቶ ኣላ እዛ ልበይ፣
ነቲ ቅንዕና ልቢ ናይ ኦቴሎ ካብ ውሽጢ ነፍሱ ብምርኣየይ፣
ነቲኽብሩን ትብዓታዊ ጉብዝንኡን ነዛ ዝሓዝኩዋ ዕጫ ለይተይ፣
ባህ እናበለኒ ወፊየያ ኣለኹ፣ምስኡ ዝኾነት ትኹን እዛ ነፍሰይ፣

ስለዚ ክቡር ጎይታይ ካብኡ ተፈልየ ኣብዚኣ እንተተረፍኩ፣
ብናፍቖት ቅሳነት ክስእን'ዬ ብባልዕ ሰንፈላል እናተበላዕኩ፣
ንሱ ናብ ሞትን ኲናትን፣ናብ መከራን ከምዝወፍር እናፈለጥኩ፣
ኣነ ግና ከምእትሕጸን መርዓት፣ኣብ ውሽጢ ሕልፍኝ እንተጸናሕኩ፣
ቀበጽኩዎን ሰኣንኩዎን ማለት'ዩ ንኸይርእዮ'ኳ ካብቲ ዘለዎ፣
ዳርጋ ኣልቦ ጸማ መኺነይ'ዩ፣ናይቲ ኹሉ ፍቅሪ ዜሕለፍኩዎ
ከም ተኣሲርካ ምጽናሕ'ዩ ወትሩ ሃረር እናበልኩዎ፣
ክጽመም ኣይኽእልን'ዬ ክፍንፍና እንተኾይነ'ምበር ነዛ ርእሰይ፣
ብዘይምንባሩ እናጸረረት ንብዓተይ፣ስለዚ'ዬ ዝልምነኩም ንመስፍነይ፣
ፍቓድኩም መቕሰኒተይ ትኹን፣ሕራይ ኢላ ተፋንወኒ ምስ ትምኒተይ።።

ኦቴሎ፡- ሃየ'ምበኣረይ ፍርድኹም ሃቡዋ!ኣስምዑዋ ነቲ ናይ ፍትሒ ደሃይ!
ምእንቲ ሓቂ ምሳይ መስከሪ ንባህገይ ከምዘይነበረ እዚ ናይ ሓቂ ወቀሳይ፣
ንሃረርታ ሃንቀውታይ ንኽሕጉስ ከምዘይኮነ እዛ ኹላ ዘረባይ፣
ወይ ነዚ ናይ ጉብዝና ደመይ፣ሑር ዝብል ከም ጓህሪ እቶን፣
ንኽዝሕል ሓሲበ ከምዘይኮነ፣እናረኸብኩ ነተን ኲለን ዝሓዘተን፣
ከም ኣካያይዳ ዕድላን ዕጫ ለይታን ግና፣ብሓንሳእ ተጣሚርና፣
ንኽንነብር ከምዝኾነ መስከሪ፣ንደልየተይ ካብ ሰንፈላል ንኸድሕና፣
ግን በዚ ዝተላዕለ፣ነቲ ኣውራ ጉዕዞ ሸለል ክብሎ'ዩ ኢላትኩም፣
ቅንጣብ ሻቕሎት ከይተሕድሩ ከይጭነቕ'ውን ልቡናኹም፣
እቲ ናታ ምሳይ ምኻድ ኣየዳህልለንን'ዩ ካብቲ ዕላማይ፣
ፈጺሙ! ጊዜይ ብከንቱ ኣይትጠፍእን'ያ ብዘይጠቅም ምውዛይ፣
መሃንነይ ኣጥፊኤ ብትሕኪታዊ ክንቢ፣ከም ሐደ ንፉስ ዛሕላይ፣
ስርሔይ እንተተጓደለት፣ናብ ካልእ እንተኣድሂባ ሕሊናይ፣
ዓይነይ ታሕጓስ ጥራሕ እንተማእሪራ፣እናዘንጋዕኩ ነታ ቀንዲ ዒላማይ፣
ነዛ ኹላ እምነትኩም ኣጓዲለ፣እንተውዒለ ኣብ ግብሪ ልቢ ጣልማይ፣
እዛ ናይ ሕውነት ልብኹም ትንጸገኒ፣መጽነቲተይ ትኹን ክሳብ ዳሕራይ፣
እዚ ናይ ወዲ ተባዕታይ ሴፈይ፣እዚ ጹሩራታት ናይ ጀጋኑ ተባዕትዮ፣
ምስ ተባዕ ዘበለኒ ዋልታይ ተመንዚዑ፣ጭማራይ ትኹን መኾስ ደቂ'ንስትዮ፣
ሽመይ ካብ ኣስማት ጀጋኑ ተሓኺኻ፣ክብረይ ትደምሰስ ካብ ኣደባባይ ክሳዕ ቅርዓት፣
ክሳዕ ሎሚ'ውን ዝረኸብኩዎ ሽም'ዩ፣መጸዋዕታ ዝኸውን ማዕርጋት፣

መስፍን፡- በይንኹም ተላዚብኩም ቃሕ ዝበለኩም ግበሩ፣
እንተደለየት ትጽናሕ፣ኣይፋል እንተበለት ተማልኣያ ንሓዋሩ፣
ንስኻ ግን ተዳሎ?መንገዲ ዓወት ይግበረልካ ቐልጢፍካ ተበገስ፣
ዜውዕል ዜሕድር ኣይኮነን፣ሎሚ ለይቲ'ዩ ዝግስገስ፣

ዴዝዴሞና፡- እሞ ሎሚ ለይቲ ድዬ ዝነቅል ክቡር ጎይታይ?

መስፍን፡- እወ! ዝውዕል ዝሓድር ከይመስለኪ ብዕጻይ ምጻጻይ፣

ኦቴሎ፡- ሕጂ ክነቅል'ዬ፣ቃለይ ኣየዕብርን'ዬ ክቡር ጎይታይ፣

መስፍን፡- ኣንሕና'ውን ጽባሕ ንግሆ፣ርፍድ ምስ በለ ተኣኪብና
ነቲ ናይ ሽመትካ ደብዳበ ክንሰደልካ ኢና፣
ንዓኻ ዘድሊ ናውቲ'ውን ምስኡ ጌርና፣
ምእንታን ቀልጢፉ ኬብጽሐካ እትኣምኖ ሰብ ንገረና፣

ኦቴሎ፡- ሕራይ ጽቡቕ!ፍቓድኩም እንተኮይኑ ናይ ክቡር ጎይታይ፣
እንትርፎ ሓቂ ካልእ ዘይፈልጥ፣ገርሂ ልቢ ዘለዎ ቁኑዕ ሰብኣይ፣
ንመርዓተይን ንብረተይን ሕድሪ ዝሃብኩዎ፣ቃለይ ዝሕሉ ተኣዛዛይ፣
ኢያጎ'ዩ'ሞ ብእኡ አቢልኩም ሰደዱለይ፣ነቲ ልብኹም ዝሐሰቦ ጉዳይ፣

መስፍን፡- ድንቂ! ከምድላይካ ይኹነልካ!፣
በሉ ኩልኹም ደሓን ሕደሩ፣ንስኻ ድማ ክቡር ብራቫንሽዮ፣
እንተድኣ ሓቀኛ ልቢ ሰብ ካብ ጽባቐ ገጽ መልክዔኛ በለጸት፣
ጽርየት ልቢ ሓሙኻ ኣብ ክንዲ ጽልማሲ ኮኾብ ሰማይ ምመሰለት፣

ቀዳ/አባል፡- በል ልዋም ለይቲ ይግበሮ ጎበዛይ...ርሑስ ጋማ!

ብራቫንሽዮ፡-ሰማዕ ኣንታ“ሙር”!እንተድኣ ዝርእያ ኣዒንቲ ኣልየናኻ፣ርኣያ!
ንዓይ ንወላዲኣ ዘታለለት፣ሕሩመይ!ንዓኻ'ውን ጽባሕ ከምኣ እያ!

ኦቴሎ፡- ንሳ እምንቲ ንምኳናሲ ክሳድ ትወሐስ!ስጋ ኣቦይ!

(መስፍን፣ መኳንንትን ካልኦት ይወጹ)

ኢያጎ ሓላል፣ንዴዝዴሞና ገዲፈያ ክኸይድ'የ'ሞ ምሳኻ፣
ንበዓልቲ እንዳኻ ንገረለይ፣ሓግዝያ በለለይ ሕድርኻ፣
ቐልጢፍካ ድማ ኣምጽኣየን ዝገበርካ ጌርካ ከይደንጎኻ፣
ንዕኒ ዴዝዴሞና፣ንዕኒ ቐድሚ ተፈልየኪ ምኻደይ፣
ሓንቲ ሰዓት ጥራሕ ኣላትኒ፣ንፍቕርኽን ንኣዱንያዊ ዕላለይ፣
ንዓኣ ምሳኺ ከሕልፉ ድላየይ ኢዩ ...ሓላለይ!
እዛ ዝሃቡኒ ጊዜ ትወንጨፍ ኣላ፣ንዕናይ ንኺድ ዓይነይ *(ኦ/ዴ/ይወጹ)*

ሮድሪጎ፡- ኣንታ ኢያጎ?

ኢያጎ፡- ኢሂ ዓርከይ ብሩኽ? ንገረኒ እንታይ ኢኻ ደሊኻ?

ሮድሪጎ፡- ኣነሲ እንድዕለይ፣እንታይ'ዬ ዝገብር? እስከ ንገረኒ ሓገዝካ?

ኢያጎ፡- ወይለየኸይ!እንታይ'የ ዝገብሮ ክትብለኒ? ኪድ በጥ በል ተጎልቢብካ፣

ሮድሪጎ፡- ኣነስ ክጥሕል ደኣ!እታ ሞተይ ትሕሸኒ'የ ዝብለካ፣

ኢያጎ፡- እዋይ በትኪ!እንተደኣ ከምኡ ሓሲብካ፣ሰብ'ዩ ኔሩ ነይብለካ!
ዕቡድ!ደጊመሲ ነየፍቅረካ፣ዓሻ!ገለ ግዲ'ዩ ተጐዝጉዙካ

ሮድሪጎ፡- ናብራ ክትከውን ከላ ጋዕሪ፣ዕሽነት'ዩ ፋይዳ ዘይብሉ ህልውና፣
ሞት ሓኪምና እንከንሱ፣ሞት'ዩ ድማ ናይ መወዳእታ ፈውስና፣

ኢያጎ፡- ምዕንጅሉ! ንዓለም ኣርባዕተ ጊዜ ኮሊለያ ኣሎኹ ብሸውዓተ ዓመታት፣
እሞ እንተኸድኩኳ እተኾለልኩዋ፣እዚ ኹሉ ዘመናት፣
ነቲ ዘይጠቅምን ብላሽ ዘቡኡን መሪጸኳ እንተፈለጥኩ፣
ንባዕሉ ከመይ ጌሩ ከምዘፍቅር ዝፈልጥ ሰብሲ፣ስጋ'ቦይ ነይረኽብኩ፣

ካብ ብሰንኪ ፍቕሪ፣ሓንቲ ንጽይቲ ደርሆ እትመስል ክትምነ ሞተይ፣
ምንባር ትሕሸኒ፣ከም ኣብ ኣጻድፍ ዝነብር ጋውና ጌረያ ነዛ ነፍሰይ፣

ሮድሪጎ፡- እንታይ'ሞ'ዩ ዝገብሮ?መኣስ ስሒተዮ ነውሪ ከምዝኾነ ትምኒተይ፣
እንታይ'ሞ ኽገብር'ዩ፣ምቅላስ ክስእን ከሎኹ ምስ ስምዒተይ፣
ከእርሞ እንተዘይከኣልኩ ኣካእላ ይኹን ወኒ እንተዜብለይ፣

ኢያጎ፡- ኣካእላ ዲኻ ዝበልካ ወኒ?ኣካእላሲ ዕደ'ያ ጎይታና!
ከከም ኣፉጣጥራና ኢና ንምዘን፣ሐቦነብስና'ዩ መገመቲና፣
ኣካላትና'ዩ እቲ ገደና እንዳ ኣታኽልቲ ዘርኢ መርእና፣
እቲ ኣውራ ተኽሊ ንሕና ኢና፣ፍርያቱ ኸኣ ከምቲ ድልየትና፣
ስለዚ፣ኣባዕኽ እንተዘራእና ወይ ድማ እንተነስነስና ኣበሱዳ፣
እንተብቆልናሉ ሰሰግ ጨና ኣዳም፣ወይከኣ እንተተኽልና ጽጌረዳ፣
ሮማዲን ሙኍያን እንተወሓጦ፣ ንባልዕ ጻሕያይ እንተገደፍናዮ፣
ዘይጠቅም ጣሻ እንተወሓጦ፣ወይ ፈጺምና እንተቓደርናዮ፣
ነዚ ኹሉ ጠንጢንና፣ሰጢጥናን ሓሪስናን እንተደኳዕናዮ፣
እቲ ኹሉ ሓይሊ ድልየት ናትና'ዩ፣እቲ ፍናን ምሳና ዝዓቐብናዮ፣
እንተድኣ ማዕረ-ማዕረ ዘይኮይኑ ግና ሚዛን ናብራ ህይወትና፣
ብስምዒታዊን ሥጋዊ ፍትወትን ሰተት ኢልና እንተተመሪሕና፣
ብብዕልግና ተባላሺና ማለት'ዩ ብዘይተኣደነ ርኽሰት ተዋሪድና፣
ብኹነታትና ከንቱ ድርባይ፣ኣማስያኡ'ውን ፉንፉን'ዩ እቲ ጠባይና፣
ውዒልና ሓዲርና ዕንዙራት፣ብመቑሕ እቲ ሰሪ ሕሰሙ ምስ ሓዘና፣
እንተኾነ'ውን ነዚ ርሱን ኣካላትና፣ነዚ ጓህሪ ፍትወተ ሥጋና ዘዝሕሎ፣
መማሳመሲ ምኽንያት፣መማራመሪ ኣስተውዕሎትሲ መሊኡ'ሎ፣
ሃለውለው!እቲ ካብ ፍቕሪ ዝርከብ ረብሓኽ እንታይ'ዩ?
ብጃካ ግብሪ ተንኮል፣ናይ መኻፍእ መወሰኽታ፣
ኣንጻር ልቡናና እናኾነ'ዩ፣ንስምዒትና ዝለልዎ ርጉም ናይ ደም ሃልሃልታ፣

ሮድሪጎ፡- ከላዋ! ወትሩ ቅጥፈ?ናትካሲ ዘይመስል ዓዘርቀዘር!

ኢያጎ፡- እዚ ናይ ጥዑይ ደም ፍትወታዊ ጸቕጢ'ዩ ከምዚኣ ጌሩ ዝሻቑጠካ፣
ስምዒታዊ ድልየት ድማ'ዩ፣ዓምጺጹ ሒዙ ዜጥሕለካ፡፡
በጃኻ'ባ ሰብ ኩን!ልቢ ግዛእ!ከጥሕል'የ?ኣይጥዑይን ድዩ ሓንጎልካ?
ጸው በል!ተሓነቕ! ሽለው በል!ኪድ ጠሓል ሰም ኢልካ፣
ኣነን ዓርኪ ኣሎኒ ኢለ እሕጎስ፣ብዕርክነትካ እምካሕ ኢለ ናተይ፣
ንስኻን እቲ ከውሒ ዝነበረ ውኖኻ መኺኹ፣ሓፊፉ ከም ሽንቲ-ብተይ፣
በጃኻ ስማዕ ሮድሪጎ፣እስከ ጽን-በለኒ ፍሽኽ ኢልካ፣
ከይትስከፍ ይጠልምኒ ዶኾን ኢልካ፣እዛ ምኽረይ'ያ ትጠቕመካ፣
እምበኣርከስ ልዕሊ ኹሉ ገንዘብ'ዩ፣ገንዘብ ኣዋህልል ተዓጢቕካ፣
ማሕፉዳኻ፣ባጤራታት ምልኣያ ቅጽጽ ኣብላ እናሰጎድካ፣
ንዓናይ ምሳና ንቐል፣ከይትለለ ነዚ ጭሕምኻ ኣዘግሮ፣
ካብ ጥቓእ ኣይትፍለ፣ነዚ ኩለንተናኻ ግበሮ ናይ ገንዘብ ቆፎ፣

ጥራይ ንስኻ ገንዘብ ሒዝካ ተዳሎ'ምበር፣ብዘበልካ ኣቢልካ፣
ብዛዕባ ዴዝዴሞናሲ ኣይትረበጽ ምስቲ ዳንዴላ ኸትነብርያ እናበልካ፣
እዚ ፍቕሮም ኣይቅጽልን'ዩ፣ጥራይ ቅጽጽ ኣብላ ከረጺትካ፣
ዝሳነዩ ሰባት ኣይኮኑን ሽሕኳ ፍቕሮም ብኡፍ ኡፍ እንተጐሃረ፣
ተዓዘበኒ!ጨጉሪ ካብዛ መልሓሰይ!ድሕሪ ወረት መይቱ እንተዘይተቐብረ፣
መን'ዩ ዝመዓራረ ምስ ገንዘብ ዝዓቖረ?ተዓጠቕ ከይወዓለ ከይሓደረ፣
እዞም ንኦቴሎ ዝኣመሰሉ ሙራውያን፣ላንግላንጋ'ዮም ተዓንቀፍቲ፣
መዓልትኻ ኣላትካ፣ባጤራኻ ዕተር ከይጠሐልካ ኣብ መጽላእቲ
እዚ መቒሩዎ ዘሎ ህቡብ ፍቕሪ፣ጥዒሙዋ ዘሎ ከም ወለላ፣
ድሕሪ ቑሩብ ከጽንቀቕ'ዩ ዓንዘርዘር ከብሎ'ዩ ከም ዐጭቀል ቆላ፣
ንሳ'ውን ነዚ ምስረኣየት፣ብኡንብኡ ክትጅምር'ያ ናይ ምንዋ ጸብጸብ፣
ብሓደ በጽሒ ክትክእ'ያ፣ንስኻ ጥራይ ከይትዝንግዕ ናትካ ሓሳብ፣
ነቲ ጃዕጊጉ ዘዓጠረ ኣካላቱ፣ በብቐሰይ አስተብሂላ ምስረኣየት፣
ጌጋኣ ኣጸቢቑ'ዩ ዝፍለጣ፣ከስቆራ'ዩ ዘይመዋስብታ ከምዘፍቀረት፣
ምስተጸየነቶ ክትቃያየር ኢያ ከም ነፋሒቶ፣ክትፍንፍኖ'ያ ብዘይ ሕቶ፣
እቲ ጠቕር ዝመስል ኩለንተንኡ ከዕብዳ'ዩ ከም ዘራጊቶ፣
ጥራይ ነታ ዝበልኩኻ ጸፍጽፉ፣ሰግዳ ኣኽል-ታርፍ፣
ሞት እንተሒሻትካ ድማ ደፋእ በል፣ኣየድልን ኢዩ ምጽዳፍ፣
ብዙሕ ዓይነት መገዲ'ሎ፣ጸፋዕፋዕ ኣይተብዝሕ ከም ዓፋፍ
ካብ ምጥሓል ዝሓሸ ሜላ'ሎ፣ቀልጢፉ ዘቃብጽ ንናይ ሂወትካ ምዕራፍ፣
ንገንዘብ ዝኣመስሉዎ የለን!ኣብ ሓደ ኣክቦ ኩሉ ሙሉ ጥሪትካ፣
ዝዕሞኽ ሃብቲ ግበሮ ዓይበት ነጋዶ ኣምስላ ከረጺትካ!
ኣይትሕሰብ! ኣይትሻቐል!ብዛዕባ ካልእ-ማልእ ዋኒንካ፣
ንዓይ ግደፈለይ!ነዚ ኣንጻር ሓደ ኣረሚን፣ምስ ሓደ ስልጡን ቬኒስያዊ፣
ንዘሎ ኸትዕን ንዝግበር መጐተን፣ናይ ሞያዊ ክእለት መምዘኒ፣
ነቲ ምስ ሓደ ዓዲ ዘይብሉ ዓውዲ፣ምስቲ ናቱ መንፈዓትኒ፣
ተማጕተን ሓይሊ ፍናነይ ተረኹሚሻን ክሳብ ስዩም ዘብለኒ፣
ካብታ ክእለተይ ክእለቱ በሊጻ ከም ሓደ ጃህረኛ ዜቑጽረኒ፣
ሕማቕ'ኳ እንተኾነ ዘዳንፈኒ፣ተስፋ የብልካን ከይትብለኒ፣
ካባኻ ትድለ ገንዘብ'ያ፣ነታ ማህፉዳኻ ምልኣያ፣
ኣማሲኻ ክትዕወት ኢኻ፣ንሳ'ውን ንሓዋሩ ናትካ ኢያ፣
ምጥሓል ንኒወናጅር ሕደገለን ንሱ ኣይኮነን ናትካ ዕድሎት፣
ካብ ስኢንያ ኢልካ እትሕነቅ ኣንጻርጺርካ እትመውት ብኸርተት፣
ከማይሲ ሽሕ ጊዜ ይምረጽ፣ንኽትረኽባ እናጸዓርካ ዝምወት ሞት፣

ሮድሪጎ፡- ከምዛ ሕጂ ዝበልካኒ እንተገበርኩ ተታባብዓኒ ዲኻ?

ኢያጎ፡- ወሓጢዮ እብላ ትጎስሞ!ትጥርጥረኒ ዲኻ? ምሳኻ'ምበር ምስ መን ደኣ?
ብዛዕባ እዝሲ ግድየብልካን፣ጥራይ ቅጽጽ ኣብላ ከረጺትካ፣
ኣይኩሉ ሳዕ እንድዩ ዘውግዓካ ወግሔ-ጸብሔ ዝነግረካ፣

ኣይስቆረካን ድዩ ዘረባይ?ንኦቴሎ'ውን ከምዘይፈትዎ ነቲ ስመይ፣
ካብ ልበይ'ዩ ክነግረካ ዝጸናሕኩ፣መዳርግቲ ኣይርከበሉን'ዩ ምኽንያተይ፣
ኣንጻሩ ኺንናንዶ ሒነና ንፍደ፣ጸንብሮ'ንዶ ንጽዕረትካ ምስ ጽዕረተይ፣
ኣብ ማሕጸን ጊዜ ክንደይ ነገር ኣሎ፣ዝግበር ዘበለ ዝውሕለል፣
ኪድ ኣጆኻ!ገንዘብ ኣብ ዘላታ እቶ ዝሕል ምሕል ኣይትበል!
ስማዕ!ጽባሕ ንግሆ ድማ ተራኺብና፣
ብዛዕባ እዚ ነገራት እዚ ክንማያየጥ ኢና፣
ኪድ ደሓን ሕደር፣ኣምላኽ ተቋጺርኩም ኣይበለና፡፡

ሮድሪጎ፡- እሞ ጽባሕ ንግሆ ኣበይ ክንራኸብ ኢና?

ኢያጎ፡- ገዛ ክጽበየካ'ዩ፣ኣብኣ ትሕሸና፣

ሮድሪጎ፡- ድንቂ! በል'ምበኣር ኣንጊሄ ክመጽእ ኢየ!

ኢያጎ፡- ኪድበል ጻዕዳ ይጽናሕካ!ትሰምዕ ደሎኻ ሮድሪጎ?

ሮድሪጎ፡- እንታይ ኢኻ ዝበልካ ኢያጎ?

ኢያጎ፡- ነቲ ክጥሕል'ዩ ዝብል ሓሳባትካ ሕደጎ!

ሮድሪጎ፡- ናይ ምንትኒ!ቱፍ በለለይ!ተቐዪርና ኢና ኣነ ምስ ሓሳባተይ፣
ሕጂ ከይደ ብሓራጅ ክሸጦ'ዩ፣ንጥሪተይ ግራውተይ፣ *(ይወጽእ)*

ኢያጎ፡- ከምዚኣ እናገበርኩየ ንዓዋናት ዓወንወን እናበልኩ ዝጥቀመሎም
እናዋናበድኩ ብምጥፍፋእ፣ወግሔ-ጽብሒ'ዩ ዝኽስበሎም፣
እንተድኣ ነዛ ክብርቲ ጊዜይ፣ብከንቱ ድንቁርና ኣጥፋእኩዋ፣
ምኽኑ'ዩ ነታ ፍልጠተይን ክእለተይን ዳርጋ ባዕለይ ዝደምሰስኩዋ፣
እዛ ኹላ ሰሪን ሓልኪታትን ግን፣ሓያሎይ ረብሓታት'ዩ ዘለዋ፣
ነዚ ሓርፋፍ ዘይፈትዎ እንክንሰይ ይካናኻነኒ'ሎ ብስርዓት፣
ጸጽቡቑ ከምዝትምንየለይ ሰሚዔ ኣሎኹ፣ካብ ሓደ-ክልተ ሰባት፣
እንተ ንዓይ'ሞ ሰለጠትለይ ማለት'ዩ፣እዛ ኣብ ልበይ ዘላ ሓሳባት፣
ከይነብነብኩሉ ኣይድቅስን'ዩ፣ኣብ ውሽጢ ነፍሱ ነታ ስመይ፣
ንመደምሰሲኡ ክትጠቕመኒ'ያ፣ ክግርሃለይ ከሎ በዛ እምነተይ፣
ቃስዮ መልከዔኛ በጽሒ'ዩ ወዛም መንእሰይ ሰንሰሎማይ፣
እሞኸ! ከመይ ገይረ እንተተጣበብኩ'ዩ ነቲ ሽመቱን ስልማቱን ዝምንጥሎ፣
ብኸመይ እንተጭበርበርኩ'ዩ ዝዕወት፣ነዚ ዝሰወተ ዕድሉ ዝቐንጽሎ፣
ነዛ ሓሳበይ ዛዚመ ጋማ ዝኣስር፣ ብሂልጎበ'ውን ዝሕምትሎ?
እሞ ብኸመይ? እስከ'ሞ ክሓስባን ከስተንትናን፣ እወኒ...እወኒ!
ኣሰኒ! ማሕማሕ እትብል ሓሳብ ተረኺበት፣ሰለጠት!ቀንእት!
ድሕሪ ቕሩብ ጊዜ፣ኣብ እዝኒ ኦቴሎ ተላሒመ'ዩ ዝሕሰውሉ፣
ምስ ዴዝዴሞና ርክብ ከምዘለዎም፣ፈቐድኡ ተሐቢኡም ጉጅም ከምዝበሉ፡፡
ነዚ መልከዔኛ ወጠጦ ናብ ዴዝዴሞና እናለኣኽኩ፣
ኣነ ኸኣ ብሓሶት እናተጣበብኩ፣ንኦቴሎ ዘይግቡር እናነገርኩ፣
ቃስዮ ኩለንተናኡ ዘጣራጥር ሰብ'ዩ፣ከእምን ዝኽእል መልክዑ፣
ምስ ደቀንስትዮ ይሕልክስ'ዩ ንማለት፣ኣበር የብላን ተፈጥሮኡ፣

እዚ ጠቃር እንካ'ሞ፣ገርሂን ቕኑዕን ሰብ ብምዃኑ፣
ሰብ ዘበለ ከምቲ ነፍሱ እናመሰሎ፣ዘይተርፍ'ዩ እናተዓሸወ ምእማኑ፣
ስለዚ ነዚ ለዋህ ሰብኣይ እናወጠጥካን እናሐበርካን መንገዱ፣
ከም ኣድግ-በቕሊ ኣሲርካ ብሻንፎቱ፣ናብ ሃው ዝበለ ጽድፌ ምስዳዱ፣
ብጣዕሚ ቀሊል'ዩ፣ መሕነቒቱ ምራን ጥፍኣት ኣሲርካ ኣብታ ክሳዱ፣
ተዓወት!ተረኽበት! ተቓልዔት እታ ጉዱ!ተኧዕተት እታ ጉድጓዱ!
ዓመጽ እናነገሰት ዕርበቱ ዓለበት ኣብታ ማእገሩ፣
ሲኦልን ጸልማት ገሃነምን ደጒሔንአ ማለት'ዩ ነቲ ተግባሩ፣
ብጋህዲ ድማ ከትቕላዕ'ያ ናይዚ ዓሻ ዳንደ ሕቡዕ ሰሩ!!

(ይወጽእ መጋረጃ ይግረድ)

ካልኣይ ገቢር

ቀዳማይ ትርኢት

(ኣብ ሓደ ወደብ ገምገም ባሕሪ ቆጵሮስ)
(ሞንታኖን ክልተ መኳንንቲን ይኣትው)

ሞንታኖ፡- እስከ ነጺርካ ርአ?እንታይ ዝረአ ነገራት ኣሎ ስግር ማዕዶ?
ቀዳ/መኮንን፡- ገለኽ!ነቲ ቐላይ ኣናዊጹዎ ኣሎ ብርቱዕ ማዕበል፣
ንሰማይ ገጹ ኣንቃዕሪሩሲ ዜገርም'ዩ መንዋሕቱ ምስ ኩነታቱ ፣
እቲ ውሽጡ ጥርሑ እዩ ጣቐት'ዩ ኣድማስ ዝሽፈነ ብስፍሓቱ፣
ሞንታኖ፡- ናይ ሎምሲ ንበይኑ'ዩ፣ሞገድ ባህሪ ንምድሪ ገጹ ስዒሩ'ሎ ይስተረና!
ሐደሽደሽ ኣቢሉዎ'ሎ ንዕርድና፣ዓነውነው ከብሎ'ዩ ነቲ ሰፈርና፣
እንተኸአ ነቲ ባሕሪ'ውን ከምዚ ንርእዮ ዘሎና ብማዕበላዊ ንፋሳቱ ጸፊዑዎ፣
ሽሕኳ ዝደልደለ ተሪር መቐዘፊ፣ነፍስ ወከፍ መርከብ እንተለዎ፣
እምባታት በረድ ሓደሽደሽ ክብሉ ከለው ተጋማሚዖም ብሓይሊ፣
ብሰንኩ ኣይራጸማን ማለት ዘበት'ዩ ሓቂ ዘይሓዘ መዕለሊ፣
ኣበጅጎ ደኣ ይስተረና!እንታይኮን ንሰምዕ ኣማስያና?
ካል/መኮንን፡- ኣማስያኡሲ ፋሕ ጭንግራሕ መራኽብ ጸላእትና፣
ነዚ ነውጻም ማዕበል፣ተቐልቂሉ ንዘስተውዓሎ ኣብ ጥቓ ባሕሪ፣
ነቲ ኣጋላልብኡ ንዝዕዘቦ፣ዘለዎ'ዩ ዝመስል መጋሕፈሊ መፍሓሪ፣
ነቲ ጣቓን ደመናን እናጨደደ ክዘርዎ ከሎ፣ዘሰክሕ'ዩ መስተንክሪ፣
እቲ ንፋስ ክሕንበብ ከሎ ብሓይሊ፣ እናተነስነሰ ከምጉንጉኖ፣
ነታ መርከብ ናይቲ ጀግናኳ፣ዘጥሕላ'ዩ ዝመስል፣ ነቲ ስልማታ ዝብትኖ፣
ነቲ ኮኸብ ድራር ዝመስል መጋየጺኣ ነቲ ፍሉይ ውቁብ መልከዓ፣
ድዋዕዋዕ ዘብሎ'ዩ ዝመስል፣ነቲ ኩለንተንኣ ዝምንዝዓ፣
ኣይርኤኹን፣ኣይሰማዕኩን፣ከምዚ ዝኣመሰለ ብርቱዕ ማዕበል፣
ነውጺ ባሕሪ ኣመና'ዩ ዘፍርሐኒ፣ኣይፈቱን'የ ብዛዕባ ውሒጅ'ኳ ኽዕለል፣
ሞንታኖ፡- እንተድኣ እተን መራኽብ ቱርኪ ሓደ-ስቱር ከውሊ ዘይረኺበን፣
ወይ ድማ ኣብ ገለ ጸግዒ ተኸዊለን ደፋእ ኢለን እንተዘየምሊጠን፣
ነዚ መዓታት ኣይሰግርኦን፣ፋሕ ጭንግራሕ ክትከውን'ያ እታ ዕድለን፡፡
/ሳልሳይ መኰንን ይኣቱ/
ሣል/መኮንን፡- ሰላማት ብጾት!ተሓጐሱ!ተፈጺሙ ኢዩ ውግእና፣
እቲ ነጐድጓዳዊ ማዕበል፣ንመራኽብ ቱርኪ ፋሕ ፋሕ ስለዘበለን፣
ሓያሎይ ክራጸማ ኽለዋ፣እተን ዝተረፋ ከምዝዓነዋ ከይሰለጠን፣
ቬኔስያዊ መኮንን ኣራጋጊጹ'ሎ ስርሀይ ኢሉ ስለ ዝርአየን፣
ሞንታኖ፡- ተዓወት! ግን ብልብኻ ዲኻ?
ሣል/መኰንን፡- እታ መርከቡ ኣትያ'ላ፣ጠፊኡኒዶ ጊልያ ናይቲ ሓየት ኦቴሎ
እቲ ጋሻ ዛግሪኡ ሚካኤል ቃስዮ'ዩ ነቲ ኩነታት ዜስተውዓሎ፣

እቲ ንግዜኡ ኣብ ማእከል ባሕሪ ዘሎ ሙራዊ ጀነራልና ኦቴሎ፣
ነዚ ኣብ ቆጵሮስ ዘሎ ሓይሊ ሠራዊት፣በዓል ሙሉእ መዚ ኾይኑ'ሎ፣
ሞንታኖ፦ ይግብኦ'ዩ፣ እንቋዓኒ! ሓየት! ኣየ'ባ ክእለት ኣማሓዳድራ፣
ሣል/መኰንን፦ ሽሕኳ ቃስዮ በቲ ምድምሳስ መራክብ ቱርኪ ሕጉስ እንተመሰለ
ነቲ ሐደጋታት ብምዝካር ሙሉእ ሓጐስ ከምዘይብሉሲ ካብ ገጹ'ዩ ዝልለ፣
ይርበጽ'ዩ ዘሎ ጀኔራል ኦቴሎ ብደሓን'ባ እንተዝኣቱ እናበለ፣
ኣብ እዋን ብርቱዕ ንፋስ ብምፍልላዮም፣ጸፍዒ ማዕበል ምስተልዓለ፣
ሞንታኖ፦ ካብ ክፉእ ይሰውሮ፣ምስኡ ክሰርሕ ክሎኹ ኣብ ትሕቲኡ፣
ኣጸቢቐ እፈልጥ ኔረ ኮርዒዳ ሰብኣይ ከምዝኾነ ኹለንተንኡ፣
እስከ ንዑናይ ንኺድ፣ንዑናይ ኣብቲ ገማግም ባሕሪ ንጸበዮ፣
ኣጋጣም ገለ መራኽብ እንተኣተዋ፣ተዓጢቕና ንጽንሓዮ፣
ዋላ እኳ ነቲ ባሕሪ ካብቲ ሰማይ ፈሊና ክንርእዮ እንተዘይከኣልና፣
ንዑናይ ንኺድ፣እቲ ምዑት ጀኔራል ጠበቕ እተበለልና፣
ሣል/መኰንን፦ በሉ ንዑናይ፣እግሪ-በእግሪ ይኣትዋ ኣለዋ መራክብ፣
ሃየ በሉ ተበገሱ!ምእንቲ ቐልጢፍና ኸነርክብ፣

(ቃስዮ ይኣቱ)

ቃስዮ፦ ኢሂ ደኣ ሃብሮማት!ክብሪ ይሃብኩም!ተባዓት ኢኹም ጀጋኑ!
ሕጂ እባ ኣብዛ እዝነይ እትው በለት ንጀነራል ኦቴሎ ከተመስግኑ፣
ፈጣሪን ሓይሊ ፈጣሪን ይሓግዞ፣ንዓና'ውን ሕማቕ ኣየስምዓና፣
ካብ መከራ ይሰውሮ፣ካብ ጸበባታት ሰቲሩ ንዓና'ውን የድሕነና፣
ኣብቲ ዝኸፍአ ማእኸል ባሕሪ ኢና፣ኣነን ንሱን ዝተፋላለና፣
ሞንታኖ፦ ብደሓንዶ ተበጊሱ ኔሩ?ድልድልቲ ዲያ እታ መርከቡ?
ቃስዮ፦ መርከቡሲ ድልድልቲ'ያ ካብ ጹሩይ ዘግባ'ያ ዝተሰርሀት፣
መራሒኣ ኣዝዩ ምኩር'ዩ እንታ ዘይወጾ በቲ ዘለዎ ኽእለት፣
ይኹን እምበር ሽሕኳ ኣብ ውሽጢ ተስፉይ እንተሎ ገለ ቕባጸት፣
ዘብጽሕን ዘፍርሕን ኣይመስለንን፣ኣየስግኦን'ዩ ሓደጋ ናይ ሞት፡፡
(ካብ ውሽጢ) መርከብ!መርከብ!መርከብ! *(4ይ መኰንን ይኣቱ)*
ቃስዮ፦ እንታይ ደኣ'ዩ እዚ ኹሉ ጨራሒ ምራሒ? እዚ ኹሉ ዋጭዋጭ!
ራብ/መኰንን፦ መኣስ ሰብ ኣልዩ ኣብዛ ከተማ፣ኣብቲ ገምገም ባሕሪ ሓያሎይ ሰባት፣
መርከብ መጸት!መርከብ ኣተወት ይብሉ ኣለው፣ተሰሪዖም ጻት-ንጻት፣
ቃስዮ፦ ናይ ጀነራል ኦቴሎ'ያ ትኸውን!
ብደሓን እባ እንተዝኣቱ፣ብዘይ ገለ ጸገም'ባ እንተንርእያ፣
(ተኹሲ መድፍዕ ይስማዕ)
ካል/መኰንን፦ እና ተኹሲ መድፍዕ ደሃይ ናይ ሰላም! ናይ ታሕጓስ'ያ እዛ ናይ ሕጂ ተኹሶም፣
ዝኾነ ኾይኑ ናትና'ያ፣እዞም ዝኣተው'ውን ናሕና እዮም፡፡
ቃስዮ፦ እስከ ተዓወት፣መን ከምዝኣተወ ቀልጢፍካ ንገረና፣
ካል/መኰንን፦ እሺ ጎይታይ!- *(ይወጽእ)*
ሞንታኖ፦ ኣታ ጎይታይ?በዓል ሓዳር ድዩ ጀነራል ኦቴሎ? ኣላቶዶ መርዓት?

ቃስዮ፡- ኣላቶዶ? መርዓት እንተበሉኻኸ!ሕውስቲ!ርኢኻያ ዘይትጽገብ ምጭውቲ!
ብኽብራን ብጽባቑኣን ዝለዓለት ርኢኻያ ዘይትጽገብ ኮኾብ ለይቲ፣
መዘና ዘይርከበላ፣ጸብለል ዝበለት ልዕሊ ኹለን ኣንስቲ፣
መወድሳዊ ቃላት ዘይኣኽላ፣ምልእተ ላዛ ጽፍፍቲ፣
ንኣፋጣጥራ ኹለንተንኣ ኣምበይምገለጹዎን ደረስቲ ይኹኑ ገጠምቲ፣
ካብ ላዕላይ ዝዋሓብ ትዕድልቲ'ዩ ብኣሳእል'ኳ ኣይፍትንዋን ሰኣልቲ፣
መልክዓ ክንየው ሓሳባቶም'ዩ፣ ንሳ'ውን ካብተን ዝበለጸ ብልጽቲ፣
(መኰንን ተመሊሱ ይኣቱ)
ሃየበል!ገዲዶ መንገዲ? ናይመን'ያ ዝኣተወት?

ካል/መኰንን፡- ናይ ኢያጎ ኢያ!እቲ ጊላ ናይ ጀነራል ኦቴሎ!

ቃስዮ፡- ግርም'ባ ሰሊጡዎ!ጽቡቕ መንገዲ'ባ ኮይኑሉ፣
ነውጺ ማዕበላዊ ባሕሪ፣ሓያላን መሸበባ ማያት ዘበሉ፣
ገንጫር ጽፍዒት ቀምበይበይ ባሕሪ እንኮላይ ሐደገኛ መንጠሎስ፣
ኣብ ባሕሪ ዝተቐብሩ ኮረቢት፣ኣካውሕን ሑጻታትን ዝባን ደንደስ፣
እቶም ኩሎም መኸወሊኦም ከይተፈልጠ፣ዝሐማሽሹ ዓበይቲ መራኽብ፣
ከም መስተንክር ዘለዎም እናመሰሉ፣ዳርጋ መቓፍሮም ከም ዘይርከብ፣
ነቲ ዘጨንቕ ግብርታቶም ራሕሪሖም ብትዕግስቲ ተዓብሊሎም ብጽሞና፣
ብህድኣት ኣሕሊፎምዋ ኣለው፣ነታ ንእድትን ውቅብትን ዴዝዴሞና፡፡

ሞንታኖ፡- እንታወይቲ እያ እዛ ተልዕላ ዘለኻ ሰበይቲ?

ቃስዮ፡- ዴዝዴሞና ሽም ናይታ ዓንተቦይ ዝነገርኩኹም ውርዝይቲ
ንጎይታና ጎይትኡ'ያ፣ኣማሓዳሪቱ'ያ ነቲ ፍሉጥ ዝኾነ ጀግና፣
ነቲ ንፋዕ ኢያጎ ተላብዩዎ ኔሩ፣ኢሉዎ'ውን ኣብ ክንዳይ ተኻናኸና፣
መንገዲ ካብ ዝጀምሩ፣ሐደ ሰሙን ይገብሩ'ዮም ኣብ ጉዕዞ፣
ፈጣሪ'ባ ንኹላቶም ሓልዩ፣ኣብዚኣ ንኽበጽሕ እንተዝሕግዞ፣
ብኃይሊ ትንፋሱ ነታ መርከቡ እንተዝደፍኣ'ሞ፣ቐልጢፉ እንተዝኣቱ ብሰላም፣
ነቲ ምቁር ፍቕሮም ብሓንሳእ እንተዝካፈሉ፣ኣብ ገዛ ይኹን ኣብ ግዳም፣
ተራኺቦም እንተንርእሲ፣ኣንሕና'ውን እዚ ቕሳነት ስኢኑ ዘሎ መንፈስና፣
ሰላም ምዓሰሎ፣ንመላእ ሕዝቢ ቆጵሮስ'ውን፣ጽቡቕ ኩነታት መውረደልና፣
(ዴ/ኤሚ/ ኢ/ ሮ/ዐጀብትን ይኣትው)
ተዳለው!እና መጸት!ናይታ መርከብ ክብርቲ ወረጃ ኣተወት!
ኦ!ሕዝቢ ቆጵሮስ!ንዓኣ ዘሕጉስ ብቑዕ ኣቃብብላ ገበሩላ፣
ብየማናን ብጸጋማን፣ብድሕሪኣን ብቕድሚኣን ብኽብሪ ዓጂቡዋ፣
ተሓጐሸኹም በዙሪያኣ ተኣከቡ ነዛ ወዛም ኣኽብሩዋ፣
ሰላም ለኪ እምበይተይ!ጸጋ ኣምላኽ ምሳኺ ይኹን!

ዴዝዴሞና፡- ኣሜን ይኹን ምስ ኩላትና!የቐንየለይ ሓወይ ኮርዲዳ!
ኣሎካዶ ገለ ደሃይ በዛዕባ ጎይታይ፣ንገረኒ'ንዶ ግዳ?

ቃስዮ፡- ክሳብ ሕጂ ኣይኣተወን፣ኣይፈለጥኩን ብዛዕባ ኩነታቱ፣
ብዙሕ ተስፋ ኣሎኒ፣ብደሓን ከምዝኣቱ፣

ዴዝዴሞና:- እዋይ ኣነ ተካሊት!ኣበይ ዲኹም ተፋላሊኹም?

ቃስዮ:- በርቱዕ ማዕበል ተላዒሉ ግብ ምስ በለ ባሕሪ ብናይ ጣቐት ዶሮና፣
ጽልግልግ ምስ በለት ምድሪ መስርዕና ፈሪሱ ፋሕ ብትን ኣተወና፣
ግን!ህ-እ!እስከ!ሕጂ'ውን ካልእ መርከብ ትኣቱ'ላ፣
(ካብ ደገ) መርከብ! መርከብ!መርከብ! *(መድፍዕ ይትኮስ)*

ካል/መኰንን:- እዚኣ ተኹሲ ሰላም'ያ! ሓንቲ ኢየን ምስታ ናይ ዓንተቦ፣
እዚኣቶም'ውን ናትና'ዮም፣ከምዚ ኣነ ዝሓስቦ፣

ቃስዮ:- ኪድ እስከ ርኢኻ ንገረና *(ካል/መኰ/ይወጽእ)* እንኳዕ ብደሓን ኣቶኻ ኢያጎ፣
እንኳዕ ደሓን ኣቶኺ ንስኺ'ውን ኢሚልያ፣
ኣታ ኢያጎ?እዚኣ ደኣ ምጭውቲ ወረጃ ወይዘሮ እንድያ
ኣምላኽ ሂቡካ በዓልቲ ግርማ፣ ደስ ክትብል ጉድ እያ::

ኢያጎ:- ኣየ ቃስዮ!መልከዓ ኢኻ ርኢኻ መኣስ ሰሚዕካያ መልሓሳ፣
ናይ ብሓቂ ምደንገጽካለይ፣እንተትሰምዖ ነቲ እትዛረቦ ንሳ፣
ኣንታ ዘይፈለጠ እንተትፈልጣሲ ምቐለትካኒ ብጣዕሳ፣

ዴዝዴሞና:- ሱቕ በል!እንታይ በሃሊት ኮይና ኢያ እዛ ኹላ ወቐሳ?

ኢያጎ:- መኣስ'ሞ ዘይናታ ሂበያ፣ዘይነበርኪ ኼንኪ'ምበር ሓቢርኪያ፣
ድቃ'ስ ምኽልኣትኪ ኔሩ፣በታ ለውላው መልሓሳ ምጸላእኪያ፣
ኣብዛ ቕድሜኺ ግና ከምዘን ሰብሞያ ጽፍፍቲ ወሓለ ኢያ::
ሥጋኺ ዴዝዴሞና!ካብዛ መልሓሳ ተቐንጢባ እንተትጥፍኣላ ኣብታ ልባ፣
መለበሚን መስተውዓልን ምኾነትላ፣እናስተረት ካብ ሃጠውቀጠው ዘረባ::

ኢሚያል:- ኣታ ኣነሲ!በል የቕንየለይ!ኣየናይ ኮን'ዩ ክንድዚ ዘዛርበካ?

ኢያጎ:- ተምጽኦ ኣለዋ!በሊ'ምበኣረይ ስምዒ ኣዋህልሊ ከይኮረኺ፣
ኣብ ከብዲ ገዛና'ምበር፣ኣብ ደገ ደኣ ጸብቐቲ ስእሊ እንዲኺ፣
እንጣጢዕ ኣብታ ንእዲ ገበላና፣የርያር ኣብታ ሕልፍኚና፣
ወለተ ሲኦል!ንካልኦት ገዲፍና፣ብኣኽሲ ይሳቐዩ ይኾኑ ቅዱሳትና
ሰይጣውንቲ የንጸርጽሩ'ዮም ብሰንከኺ፣ናትኪስ ኣይንውድኦኳ ተዛሪብና፣
ባሕ ዝበለኪ ምስ ተዛረብኪ፣ቃሕታኺ ምስ ፈጸምኪ፣
ከማኺ ትጥዕም የላን፣ስሚ ኾይና'ምበር እዛ መልሓስኪ::

ዴዝዴሞና:- ኣንታ ኽንደይ ትሕሱ?በሮኽሮኽ!ከተጸልማ ከሎኻ ድዩ ደስ ዝብለካ?

ኢሚልያ:- መኣስ ሎሚ ጥራሕ?ኣመሉ'ያ:: ሰሚዔዮ ኣይፈልጥን'ዩ ከመስግነኒ፣

ኢያጎ:- ሄ-ይ! እተንዝምስገና ኣበይ ከይደን?ንዓኺስ ናይምንትኒ?

ዴዝዴሞና:- ቶባ ተብል ሰብ ኢኻ ይስተረኒ፣ኣታ ከመይ ዝኣመሰሉኻ ጉዳም ኢኻ?

ኢያጎ:- ኣይገበርኩዎን ደኣ'ምበር እንተሐሰየሲ ዓገበኛ'የ ብሓቂ
ብርግጽ መዓረ ከንዲ ፍረ-ኣድሪ ወይ ከንድቲ ናታ ፍርቂ፣
ሓስዬ እንተኾይነሲ፣ኣይሓሸኩን ማለት'ዩ ካብ ኣረሚን ብእምነተይ፣
ነቲ ሽማ ብዘይግቡእ ስለ ዘጸለምኩዎ እናነኣድኩ ጥራሕ ናተይ
ኢሂ'ቲ?...ካብ ዓራትኪ ክትስኢ ሃጠውቀጠው፣
ናብ ዓራትኪ ክትድይቢ፣ኣመልኪዶ ከይኾነ ዓጀውጀው?

ዴዝዴሞና፡- ኣካእልኡ ይሃብኪ፣ይትረፍያ ሓጩጩሲ፣ናእድኡኳ የፍርሓኪ!
ኢያጎ፡- በጃኽን'ባ እምበይተይ ከምኡ ኣይትበላኒ? ጃህራ ከየጸልለኒ፣
ዴዝዴሞና፡- ካብ ጀመርካዮስ፣እንተትንዕደኒሲ፣እንታይ እናበልካ ምነኣድካኒ?
ኢያጎ፡- ኣረ በጃኽን ሕደጋኒ፣ተውሳኸይ ኣየናይ ከእለት ኣልዩኒ?
ዴዝዴሞና፡- ኣጆኻ ፈትን፣ ናይ ልብኺ ጀነራል ኣብቲ መርሶ ዘሎ ዘይትብል!
ኢያጎ፡- እዚኣሲ'ባ ኣይናተይን፣እምበይተኒ ኣይተጸግማኒ፣
ይትረፍያ ተወሲኹዎ'ሲ ብዘይ ንሱኳ ዕድል ዝበሃል የብለይኒ፣
ዴዝዴሞና፡- ፈትዬ ከይመስለካ ግድን'ዩ፣ ውሒጠያ'ምበር ተረቢጸ'ዬ ዘሎኹ ኢያጎ፣
ሃንቀው ኣይተብለኒ ንስኻኽ ነቲ ዘረባኻ ከንድዚ እንክብህጎ፣
ንጭንቅን ንጸበባን ኣይትኽውንን ዲኻ ኣንታ ኢያጎ?
ኢያጎ፡- እስከ በላ ሕራይ!እንተድኣ ከሳዕ ከንድዚ ምትብባዕ በዝሔትሲ፣
ካብዛ ቃልከን ከይወጽእ ኢለ'ምበር ሕንኳኽ የብለይኒ ብዛዕባ ከእለትሲ፣
ተውህቦ ቅኔ ግና ከም ዛዕዛዕታ ኣውሊ ኻብ መንበስበስታይ እናተላዕለ፣
ብሓሳረገደል'ዩ ዝፍልፍል፣ከምዚ ካብ ማዕሙቕ ምድሪ ዝድለ፣
ከውንጩፉ ኽለው ካብ ሓንጎለይ፣ተውህቦይ ዝፈልፈለቶም ቅኔታት፣
ብቕልውላው እዮም ዝውለዱ፣እቶም ዝርካቦም ሓደ-ክልተ ሓሳባት፣
ጽብቕትን ፈላጥን፣ጎራሕን ወሓለን፣እንተድኣ ኾነት፣
ኣብርእሲኡ ድማ በቲ ትሕዝቶኣ፣ካብ ሰብ እንተበለጸት፣
ነቲ ጽባቐኣ ረብሓ ዘይብሉ ኢሉ ኢየ ዝሰምዮ፣
ኩሎም፡- ይበል!ይበል!ግርም ጌርካ'ባ ክኢልካዮ፣
ዴዝዴሞና፡- ትኽእል'ባ ኢኻ!ወሓለ ኾይና ጸላም እንተኾነትከ?
ኢያጎ፡- እቲ ቆርበታ ጸሊም ኣብርእሲኡ እንተኾነት ወሓለ፣
ምስቲ ጽልማ ዘይገጥም ምስ ሓደ ጻዕዳ'ያ ትላለ፡፡
ዴዝዴሞና፡- ኽላ!ኽላ!ኣይትጠቅምን ኢኻ!
ኢሚልያ፡- እንታይኮን መልገብካላ ንጽብቕቲ ገስረጥ?
ኢያጎ፡- ጽብቅቲሲ፣ገስረጥ ክትባሃል ኣይሰማዕኩን ብዛንታ፣
እንተኾነት'ውን ከይትሳጣሕ ይስትራ'ዩ ዕሽነታ፣
ዴዝዴሞና፡- እዚ ዕላል ዓያሱ'ዩ መዕረብ መዓልቲ ፈቐዶ እንዳ ኮማሮ፣
ከም "የላኻ" ዝነበረን ዝኣረገን፣ማንም ንፉስ ባጥራን ዝዝክሮ፣
ንሕስምቲ ተካል መጋብራ፣ኣብርእሲኡ ዕሽነት ንዘለዋ፣
እንታይ ኢልካ ጠቒንካ፣ከመይ ጌርካ ኢኻ ብጭራቕ እተዕንዋ
ኢያጎ፡- እታ ገንጫርን ሃላይን፣እንተደልያ ናይ ሕልካስ ተግባራት፣
ንኽትፍጽም ዘይፍሉጥ ሐዲሽ ቅያታት፣የብላን ብቐደማ ተውህቦታት፣
ንሳ'ውን ከምታ ምልክዕቲ ጎራሕ'ያ፣ኣይወጸላን ኣበር ይኹን እንታታት፣
ዴዝዴሞና፡- ጊስ! ዓዋን ኢኻ ዓዋን!ነታ ኽትጽረፍ ዝግብኣሲ ክትንእዳ?
እዝስ ደሓን ከምሻሙ፣ግን፣ነታ መልክዔኛ ዝኾነት በላሕ፣
ነታ ጉድለት ዘይብላ ዝጸፈፈት፣ብግብሪ ኣኼስ ገለ ዘይገበረት ለዋሕ፣

ከካፍኡዋ ደለዩ'ሞ ግን እቲ ሰሮም ፈሺሉ ጽብልልቲ እንተገበራ፣
መጸገሚኣ ዝበሉዎ መሕጎሲኣ እንተኾነ፣ብኸመይ ምነኣድካያ በቲ ግብራ፣

ኢያጎ፡- እታ ለዋህ ምጭውቲ ቀልባዕባዕ ዘይትፈቱ ምልክዕቲ፣
ኣብ ጣቋ ጥራሕ እትርከብ፣ዋዕዋዕ ዘይትፈቱ ዕግስቲ፣
መዓር ዝጥዕም ሓሳባታ ኣብ ርእሲኡ ውሕልልቲ ወትኩርቲ፣
ተኣሪማ ዝዓበየት ጭዋ፣መሊኡዋ ኸሎ ዘይተማርጽ ወርቀ-መርቂ፣
እታ ብከንቱ-መንቱ ዘይተንጸርጽር፣ንሳ'ያ እታ ልዕሊ ኹለን ብልጽቲ፡፡
ከሸንብቡዋ ኸለው ብነገር፣ልባ ክሳዕ ዝምላሕ ብቑየቋ ብዛረባ፣
በቲ ዝሐለፈ ጉህያ፣ፍድያ ሐነ ዘይትደሊ፣ቂም ዘይትዓቁር ኣብ ልባ፣
ጌጋታታ ኣሚና ካብ ብዙሕ ዋዛታት ሒዶት ቁምነገራት እትሓሪ፣
ዝመዓዱዋ ዘይትርስዕ ምስጢረይና፣ንሳ'ያ ሕርይቲ ከም ዕንቊባሕሪ፣
ምእንቲ ረብሓኣ ብቐልዓለም ዘይትቅየድ ሕማቕ ነገራት ዘይትምዕሪ፣
ምስ ማንም ዓንጃልን ሃማምን ዘይትረአ ሕርፋን ግልጽምልጽ ዘይትፈቱ፣
ብዘይ ወልጠምጠም ተጻፊፉ እትሓድር፣ንዕቐት'ውን ዘይናታ ካብ ብጊሓቱ፣
ገለ ነገር ርእያ ሓነን ዘይትብል፣ጠሚታ ዘይትጽየን ነቲ ዝርኣየቶ
ንሳ ውሕልልትን ጽብቕትን'ያ፣ከምኣ እንተ'ሊየን'ውን ብዘይሕቶ፡፡

ዴዝዴሞና፡- እንታይ'ሞ ክዓብሰላ'ዩ እዚ ኹሉ? ንምንታይከ'ዩ ዝጠቕማ?

ኢያጎ፡- ይጠቕማ'ምበር! ንመጋብር ዓዋናት ብምፍላጥ፣ካብ ድንቁርናኦም ትኸስበሉ፡፡

ዴዝዴሞና፡- ተመንቀስ ንስኻሲ!ንስኺኸ ኤሚልያ ከመይ ዝኣመሰሉኺ ኢኺ?
ሰብኣይኪ እንክንሱ፣ምስኡ እናነበርኪ ነዛ ኹላ ተንኮሉ ከየጽናዕኪ፣

ኢያጎ፡- ኣይበልኩ'ንዶ እምበይተይ?ኣነስ መዐስ ጠፊኣትኒ እታ ለይተይ፣

ዴዝዴሞና፡- ንስኻኸ እንታይ ምበልካዮ ቃስዮ፣እስከ በል ፍረድ ካብ ሱሩ፣
ጭው ዝበለ ዓጃውዶ ኸይኮነ?ጠንቃም ብኹሉ ሙሉ መጋብሩ?

ቃስዮ፡- ኣይጠቅምን'ዩ!ኣይኽእልን'ዩ!እኖ'ን'ዶ ዘረብኡ ሰሚዕናዮ፣
ካብ ክኢላ ዘረባ ኢልኪ ትሰምዕዮ፣ኣብ መስርዕ'ባ እንተትርእይዮ፣
ኣብ ወፍሪ እንተትረኽብዮ ብወተሃደራዊ መንፈዓቱ መድነቕኪዮ፣

ኢያጎ፡- *(ፍንትት ኢሉ)* እዋይ ዘይሓፍር ዘይሓንኽ! በቲ ጉምቦ ኢዳ ሒዙዋ፣
ወይለኸይ!ግርም'ባ ሕሹኽሹኽ! ከምዛ በዓልቲ-ቤቱ ተጐዝጒዙዋ፣
ነቲ ዘፈር ቅናታ ሒዙ ድንን ምንን ከምዚ ብኹነታቱ ዝሐፈረ፣
ይጃሃር ድማ ነቲ ዝገበሮን ዘይገበሮን፣ብገዛእ ርእሱ እናመስከረ፣
ኣነ ኢያጎ! ነዚ ከምኡ ዝኣመሰለ ጽንጽያ፣መጻወዲያ እትኸውን መሐንኮሊ፣
ካብዛ ምስኡ ዘላ ንላዕሊ ካልእ ዓለባ ሳሬት ነይደሊ፣
ክምስታን ፍሽኽታን የጽግባ ኣሎ፣ከም ሒንጦይ፣
ባዕለይ'የ ወሲነ ዘራኽበኩም፣ኣብቲ ናይ መወዳእታ ፍርደይ፣
ምስታ ናትካ ገርሂ ልቢ፣ሓለፍለፍ እንተብዛሕኩ ምሳኻ፣
ዘርገመርጊ ሓሳስ መሲለካ ኣሎኹ፣መሃንነይ ዝጠፍአ ከማኻ፣
ነቲ ዘይነበሮን ዘይፈልጠን ጉብዝና፣ብበሎ በሎ ሂበዮ፣
ክልሕሳ ከሎ ከምታ ፈታዊኡ፣ከኳሽማ ፋሉል ገዲፈዮ፣

ዛንትኡ እናዘርዘረ ፈጸጽ ክብል ከሎ፣እንተረኸብኩዋ ኢለ ብባህጉ፣
ኣዴይ ኣይወለደትንን!እንተዘይመንጢለዮ ነዛ ናይ ጋሻ ዛግረ ማዕርጉ፣
ሰብኣይ ድማ ተኾይኑለይ፣ብደው ኹዒተ ከምዝደብዮ ኣይጠርጠረን፣
ኣንታ ዕንዱ!እስከ በል ተዋዘ!ነዘን ከናፍርካ አሕጉሰን፣
ንልብኻ ብታሕዳስ ኣተርክሳ!ክሳብ ዝመጽእ ካዕቦ ኣበሳ፣
ኣይፍለጠካን ድዩ!ኣጻብዕትኻ ብኾራርምትኻ ጽባሕ ከምዝንከሳ፣

(መለኸት ካብ ወጻኢ ይሰማዕ)

ኣሰና!ኦቴሎ መጸ!ዝኣቱ ዘሎ ንሱ'ዩ! እፈልጣ'ዬ ደሃይ ጻውዒቱ!

ቃስዮ፡- እወ ሓቂ'ዩ!ነታ ናቱ'ያ ትመስል!

ዴዝዴሞና፤- ተመስገንካ ኣምላኬ!እስከ ንውናይ ክንቅበሎ!

ቃስዮ፡- እወ ንሱ'ዩ እንህለ መጺኡ!ከምቲዝበሎ! *(ኦቴሎ ይኣቱ)*

ኦቴሎ፡- ኦ! ድራር ዓይነይ!

ዴዝዴሞና፡- ኣያኒ!ንዓኒ!መርሓባ ጎይታይ!

ኦቴሎ፡- ትኽ ትንፋሰይ ኢኽ ዴዝዴሞና!የማነይቲ ኢደይ ብሌን ዓይነይ፣
ኣዝዩ ዘገርም'ዩ፣እዚ ካብኺ ዝርከብ እልቢ ዘይብሉ ታሕዳሰይ፣
ብድሕሪ ዝኾነ ይኹን መከራ፣ወይ ናይ ባሕሪ ማዕበል፣
ከምዚ ከማኺ ሺሻይ ሰላም ክረከብ ከሎኹ ኣብዛ ልበይ እትውሕለል፣
ዝዕቆር እንተኾይኑ ኣብዛ ዓይነይ ናይ ቅሳነት ጥዑም ጸበል፣
ቀንጠመንጢ ገዲፍና፣እቲ ሞት ዝበሃል'ኳ ክሳብ ሰንቢዱ ዝባራበር፣
ማዕበል ቀላያትን፣ሆቦቡላ ንፋሳትን ኮርዩ፣ንሰማይ ገጹ እንተዝዕዘር፣
ካብኡ'ውን ተመሊሱ እንተዝራጸም ነዛ ምድሪ ጨዲዱ ክሳብ ዝቕበር፣
ብኣሸሓት ዝቑጸር ጸበባታት ኣብ ከባቢየይ እንተዝዕንድር፣
ኢድ ነሲዔ መእንገድከዎ'ምበር ኣንበይምበልኩን ገንጨርጨር፣
እወኒ ዴዝዴሞና!መንዋሕቲ ማዕበል ባሕሪ ከም እምባታት እንተለዓለ፣
ንሰማይ ጠንቍሩ፣ከም ምራን ድግምቲ ደብተራ እንተተተኸለ፣
ከም ደመና ኣብ ልዕለይ ዘንብዩ እንተረሐቐ ከም ማዕሙቕ ሲኦል፣
ንዓዘቕቲ ወሪዱ እንተፍርሀውን ከም ቅርዓት ሕሱም ጋኔል፣
ቅጭጭ ኣይብለንን ንዝኾነ ጸበባታት ተጸሚመ ንኽቕበል፣
ሕጂ በዛ እዋን እዚኣ ምስዛ ጺጋ ታሕዳሰይ ንበይነይ፣
ብመጸዋዕታ ሞት'ኳ እንተዝጽዋዕ፣ካባኺ ንኽፍለይ፣
ብዘይ ዒሚምታ ምተቐበልኩዋ፣በዛ ጽርይቲ እምነተይ፣
ከምዚኣ ዝኣመሰለት ታሕዳስ ኣይረክብን'ዬ ኣብ መላእ መዋዕለይ፣
ቕድም ሕጂ ትኹን ድሕር ሕጂ፣ከምዘይረኸብኩን ከምዘይረክብን፣
ከምዘይተንጓፈንን፣ከምዘየጋጠመንን ከምዘይነበረንን ከምዘይርስዖን፣
ኣዝዩ ርግጽ ከምዝኾነ እዛ ነባሪት ልበይ ነዚ ነገር'ዚ ኣይትስሕቶን፣
ስለዚ'የ እታ ዝበልጸት ኮኸበይ ኢለ፣ብሙሉእ ልበይ ዝሕበን፣

ዴዝዴሞና፡- ነዚ ታሕዳስ እዚ ንኸበርክተልካ ፈጣሪ ንዓይ እንተመሪጹልካ፣
ንስኻ'ውን ንዓይ ምሩጸይ ኢኻ፣እታ ናይ ልበይ ኣውጺኤ ኽነግረካ፣

ንበሎ ንፈጣሪና ካብ ክፉእ ሰውረና፣ሽሻይ ዕለትና ፍጠረልና፣

ኦቴሌ:- ኣሜን የጽልለልና! ዘረባኺ ትርሓሰና ዴዝዴሞና፣
ዘርዚረ ከረድእ ኣይከኣልኩን፣ነዚ ናይ ታሕጓስ ጊዜታተይ፣
መልሓሰይ ኮርታዕታዕ ኢላ ኣብያትኒ ነዚ ዘይተኣደነ ታሕጓሳተይ፣
እዚ ኸኣ'ዩ እቲ ልበይኒ ልብኽን ብቓልሲ ማእሪሩ ዝረኸቦ፣
ኸንገብሮን ከንፍጽሞን ዝግብኣና፣ብናይ ፍቕርና ጹሩይ ሓቦ፣
(ኣብ ልዕሊኣ ይጥምጠም)

ኢያጎ:- *(ፍንትት ኢሉ)* እእእ!ግርም'ባ ተሳንዮም፣ኣነ ኸኣ በዛ ወገነይ፣
ነዚ ጸሎቶም ኣዳኹዕ እንተዘይጌረዮ፣በቲ ፍረ ሰሪ ጥበበይ፣
ኣይኣነን'የ ኣነ ኢያጎ!ነዛ ሓጐሶም ፋሕ ብትን እንተዘየቢለያ፣
ለዋህ ተመሲለ ነዛ ድጉልቲ ፍቕሮም፣ጸሕተረ እንተዘየጥፊዔያ፣

ኦቴሎ:- ተመስገን'ዩ ተመስገን!ዓቢ ሐጐስ ይኹነልና ዝዓበና ዝነኣስና፣
ሓይሊ ባሕሪ ቱሪኪ ቀላይ ውሒጣቶ ዓወት ኮይና ኣላ ንዓና፣
ኣዕሩኸተይን ፈተውተይን ከመይ'ሎኹም ኩልኻትኩም?
(ንኢያጎ) ሃየ እስከ ኢያጎ፣ናብቲ ወደብ ኪድ'ሞ እናጐየኻ፣
ነቲ ኣቑሑተይ ከራግፉለይ ነቶም ሰባት ንገሮም ኢኻ፣
እቲ ጅግና መራሕ-መርከብ ኣብዚ ንኽመጽእ፣
ሓቢርካ ስደዶ፣ከምቲ ደረጅኡን ሞያኡን ብኽብሪ ጸውዕ፣
ንዕኒ ዴዝዴሞና ሓላለይ! ናባይ ቅረቢ ክብለኒ ደስ፣
ነዛ ዜና ዓወት ብሃንቀውታ'ዩ ዝጽበያ፣መላእ ህዝቢ ቬኒስ፣
(ብዘይካ ኢ/ ሮ/ ኩሎም ይወጹ)

ኢያጎ:- ስማዕ! ሕጂ ብቐልጡፍ ኬድካ ናብቲ ወደብ፣
የማነ ጸጋም ከየላገስካ፣ኣነን ንስኻን ኣብኣ ንራኸብ፣
ነዓ'ሞ!እንተድኣ ብሓቂ መዓንጣ ሰብኣይ ኣልያትካ ብልቢ፣
ፍቕሪ ንዓንጃላት እንተሓዘቶም፣እንተተንከፈቶም ብወዝቢ፣
ኣብ ሸው በጺሖም፣ዘይፈልጡዎ ዘበለ ግብሪ መንፈዓት፣
ድንገት ከምዝሕንገሮም፣ ተራጋጊጹን ተፈሊጡን'ሎ ብለባማት
ነዚ ድማ ብግቡእ ሰሚዔዮ ኣሎኹ፣ካብ እሙናት፣
ስምዓኒ'ሞ ነዚ ናይ ሎም ለይቲ ሓለዋ ዕርዲ ዝርእዮ፣
እናተቋጻጸረ ዝኾልል ጋሻ ዛግሪኡ'ዩ ሚካኤል ቃስዮ፣
ከመይኮን ግርም ምኹኑ፣ኸሎ ጌና ኣጸቢቕካ እንተተለልዮ፣
ፈሊጥካ ዶኸ?ዴዝዴሞና ሃነን ከምዝበለት በቲ ናቱ ፍቕሪ?

ሮድሪጎ:- መን? ዴዝዴሞና?ዘይመስል ዘረባ!ርብዒ'ኳ ዘይጸሪ

ኢያጎ:- ስማዕ ግዳ!ሃተውተው ኣየድልን'ዩ፣ሓንቲ ነገርኳ ከየራጋገጽካ
ንልቡናኻ'ምበር ንእዛንኻ ከይመስለካ፣እዚ ሕጂ ዝነግረካ፣
እስከ በል ስማዕ!ብቐደማ ብዓንተቦኣ ነቲ ሓርፋፍ ሻንቅላ፣
ንኽትፈትዎ ዜብቅዓ ምኽንያት ንኽተፍቅሮ ስርሀይ ኢላ፣

ብካልእ ሜላታት ከይመስለካ፣ብጃካ በቲ ዛንታ ሂወተይ እናበለ በብታራ፣
ሓሶት ወዲ ሓሶት ኣቃሚሙ፣ነቲ ኣሽሓት ጃህራታቱ'ምበር እናነገራ፣
ንሳውን ብተመስጦ ተሃኒና ከምዝሰምዓቶ፣ኣብ ኣኼባ ቤተ መንግስቲ፣
ኣብ ቅድሚ ዓበይትን ባይቶ ዓዲን፣ኣብ ቅድሚ ተዓዝብቲ፣
ቃለይ'ያ እናበለ ተናዚዙ ኔሩ፣ብዛዕባ ክልቲኦም በብሓንቲ
እስከ አስተንቲንካ ሕሰቦ ሮድሪጎ?ንስኻኸ ባዕልኻ፣
ምእንቲ ጃህርኡ ኣፍቂራቶ ኸትነብር'ያ ዲኻ ትብል ዘሎኻ?
ኣይፋልካን ከይትጋገ፣ነዝስ ጸቒጥካ ደኣ ኣስተውዕሎ፣
ካልእሲ ንግደፎ!እቲ ጠቐር ዝመስል ትርኢቱ ፊጊዕነዕ ኢሉዋ'ሎ፣
ስምዒታ ነቲ ኩነታቱ ምስ ፈንፈኖ፣እንደገና መሊሽካ ነቲ ድልየታ፣
መፍቀሪ ጌርካ ንምሕዳሱ ከይተጸንቀቐ ንምምልኡ እቲ ትዕግስታ፣
ድልየት ኣዒንታ ንምርዋይ፣ረኺቡ'ውን ንኺጋላገል ካብ ሃረርታ፣
መልክዔኛ መተዓብይቲ ምኳን ግድን'ዩ ዋናኒ ንቡር ትዝታ፣
ኣካዳድና ኣጸቢቕካ ሸናዕ ምባል፣ዋዛ ከይትመስለካ ሰበይታ፣
እቲ ኮርናፍ እዚ ኹሉ ተውህቦ የብሉን፣መንከ ከጫንዎ ክንድዚ ሜላ፣
ሕንቁቕ ኣታዓባብያኣ ነዚ ምስ ሰኣነ፣ፍሉጥ'ዩ ኣመና ቅር ከምዝብላ፣
ብስእነት እተፍቕሮ ድማ፣ስምዒታ ተሓንኩኻ ንፍቕሪ ምስ ቀበጸት፣
ብብዝሒ ጣዕሳ ክትሕመስ'ያ፣ዳርጋ ኮፍ'ዩ ኣብ ልዕሊ ሽላሕቲ ኵረት፣
ንሳን ብመልክዓ እናኹርኣት፣ንሱን ጺን እናመሰላ እዚ ሓርፋፍ ወተሃደር፣
በብቁሩብ ንዒቓ ክትጽየኖ'ያ፣ሰብ ነይመስላ ዘለዎኳ መበቆል ሃገር፣
እዚ ክትጽመሞ ዘይትኽእሎ ቀዝሒ'ዩ፣ዘይትስፍስፎ ባህሪያዊ ጾር፣
እዚታት ጓዕጺጹ ምስጠምዘዛ፣ ንምምራጽ ክትቅሰብ'ያ ካልእ ነገር፣
ዊን ንዝበላ ክትሓሪ'ያ፣ሃረርታ ዓይና ቀዲሙዋ'ዩ ዝብል ሽኽርከር፣
እምበእርከስ ጎይታና!እዚ ሓሳብ እዚ ካብ ኮነ ዘየካትዓና፣
ነዛ ዕድል እዚኣ ዝዓተረ፣ብምኽንያት ስርሑ ኣብ ቅድሜና፣
ወትሩ ዕውት ዕድለኛ!ብጃካ ቃስዮ ምስኣ ዝራኸብ ከም ድላዩ፣
ንሳ'ውን ናተይ ኢላ እተፍቅሮ ብጃካ ቃስዮ ካልእ ሰብኣይ መን ኣልዩ?
ቃስዮ ማለት ብኣምሳለ-ሰብ ተፈጢሩ ከም ሰብ ዝረአ ጥውይ መሳሊ፣
እቲ ቐዳማይ ሕልኩስ'ዩ!ትሕቲ ጉውር እከይ ተሓቢኡ ሰብ ዝመስል፣
ንሰብ ክዝንጥል ዘይሐንኽ ቀሊል!ንፉስ ውቃቢኡ ዝተገፈፈ ድሁል፣
ንርእሱ ጥራሕ ዝፈቱ ኣኼስ፣ካብ ሰብ ዘይተፈጥረ ናይ ብሓቂ፣
ብኽፍኣት ኣዝጊቡ ዘጥቅዕ ጕራሕ፣ኹለንተናኡ ብሓሶት ዝተለበጠ ብስርቂ፣
ዕድል እንተሓገዘት'ምበር ንሱሲ ብገዛእ ዓይኑ ርእዩ ምሰስተውዓለ፣
ንቖርጽኻን ኩለንተናኻን፣ብመዝጋቢት ልቡናኡ እናኾለለ፣
ውዒሉን ሓዲሩን'ዩ ዝሸጠካ፣ከም ሓደ ስእሊ በእምሮኡ እናሰኣለ፡፡
ነዚ ተካል ሰባብሲ ገለ ትበንቅሮ፣ጸደፍደፍ ኣቢላ ተንካራርዎ፣
ኣለዎ ኸኣ ሓደ ነገር ንቋሕማማት ዝቅስብ ጎይታይ መዓረይ ንኽብሎዎ፣
ብኹለንተንኡ መልክዔኛ በጽሒ'ዩ ኣድላዪ ጽባቐታት ዘለዎ፡፡

ኦቴሎ ብትግርኛ

ዋይ'ዚ ፈገር ሕማም ፌራ፣እታ ተግባራቱሲ መሰታ ኔብላ፣
ንዓዓ'ውን ኣጓኒፋዋ'ሎ ኣብታ ዓይና ሰፊሩ ሃነይነይ ዘብላ፡፡

ሮድሪጎ፡- ያያ!እዝሲ ዘይእመን ዘረባታት ኢዩ... ሎምስ ድማ ንሳስ ምስኡ?
ጽፍፍቲ ጭዋ'ያ!ቀንጠብጠብ ዘይትብል ምስ እኒ በዓል ከምኡ፣
ንጽህቲን ውሕልልትን'ያ ብፍጥረታ፣ነገረ ረኽሰት ዘይርከባ ወረጃ፣
ኣብ ምዕሩግ ስፍራ እትርከብ፣ዘይጋረደታ ናይ ግዕዝይና መጋረጃ፡፡

ኢያጎ፡- ዕደ ደኣ ንስኻሲ!ንጽህቲ ውሕልልቲዶ ድማ በልካያ?
ካብ ሥጋን ደምን ዝተፈጥረት ልክዕ ከምዚ ኸማና ተራ ሰብ'ያ!
ምዕርግቲ እንተትኸውን ደኣ፣ንጽህቲ'ውን ካብ ሰብ ሕላፍ፣
መኣስ መፍቀረቶ ነዚ ሳጥናኤል ዝመስል ሓርፋፍ?
ዒርካ ዲኻ? ዓንተቦይ ኣይርአኻያን ዲኻ ምስቲ ቃስዮ?
በእዳዋ ሒዙ ኣብ ቅድሜኻ፣ከምዛ ዱሙ ክላሓሕሱን ክትሓሳሰዮ?
ኣሉ ከይትብል ብሓንሳእ ኢና ነቲ ኲነታቶም ዝተዓዘብናዮ፣

ሮድሪጎ፡- እንታይ'ዩ'ሞ እንተርኤኹ!እወ ርእየ'ያ ኣሎኹ ምስኡ ኸላ፣
እሞ ብኣቃራረባ ጭውነት እንድኣላ፣ዳርጋ ከምዚ ሓዋ ከተሕጉሶ ኢላ፣

ኢያጎ፡- ኸተሕጉሶ ዲኻ ዝበልካ?እዚ ኢድ ንኢድ ተታሓሒዝካ ምድርራዝ፣
መንገዲ ርኹሰታዊ ርከብ'ዩ ብግብሪ እኪይ ዘብል ሓዝሓዝ፣
ከይርዔኻዶ?ጥቓ ንጥቓ ደው ኢሎም "ሥጋኺ-ሥጋኻ" ክበሃሃሉ፣
ከናፍሮም ብፍቕሪ ከንቀጥቅጥ ትንፋሶም እናተሻላበበ ቅዝዝ ከምዝበሉ፣
ቃስዮ'ኮ ብጣዕሚ ሰንካም ሰብኣይ'ዩ ኣታ ሮድሪጎ!
ድሕሪ እዝን ክንድዝን፣መቕድሞም ምስ ወድኡ ከም ጥዑም ጎን፣
ሥጋዊ ድልየትዩ ዝስዕብ፣ሕርፋን ኣካል ምስ ረሰነት ከም መጎን፣
ካብ ምርእኣይ እናተበገሰ'ዩ ብሰላሕታ ዝሰርጽ ናብ ኣካላት፣
ሰለይ እናበለ'ዩ ዝጉዓዝ፣ደፋእ ኢሉ ከም ኣካይዳ ዓረነታት፣
ኣታ ሮድሪጎ?በል'ንዶ ግዳ!ካብዛ ቓለይ ኣይትውጻእ፣
ካብ ቬነስያ ዘምጻእኹኻ ኣነ'የ'ሞ ነዛ ኹላ ምኽረይ ስማዕ፣
ቃስዮ ኸኣ ቕድም ሕጂ ስለዘይፈልጠካ፣
ከም ገለ ኢልካ ዝገበርካ ጌርካ፣ተኸኽ መበሊኡ ተጣቢብካ፣
ገንጨርጨር ኢሉ ከምዝሓርቕ፣ከምዝናደድ ግብሮ ከይፈራሕካ፣
እንተደሊኻ ጨርቕሉ፣ኡይ ኢልካ-ኣጽምሞ ከምድላይካ፣
እንተዘይኮነ ሸውንሸው ኣብዛ መልሓስካ ብዝመጸትልካ፣
ጽረፎ ኢኻ ኣዋርዶ፣ቃሕ ዝበለካ እናበልካ፣
ኣጸልል ኣቢልካ ኣሕርቐለይ ደኣ'ምበር፣ነገር ረኩዕካ ንስኻ፣
ኣብታ ድሕረኻ'የ ጠጠው ዝብል ኣይርህቕን'ዩ ካብታ ጥቓኻ፣
ካብኡ ዝግበር ዘበለ ክሕብረካ'ዩ እንተኸኣ ዝሰልጠነ መሲሉኒ፣

ሮድሪጎ፡- ካብኡኸ እሞ? እንታይ ግበር ኢኻ ክትብለኒ?

ኢያጎ፡- ኣታ ጎይታይ!ካብዚ ንላዕሊ ደኣ እንታይ ኢለ ኸነግረካ?

ንሱ ሃሳስ ዕቡድ'ዩ!መን ይፈልጥ?ወይ ተዛሪብካ ከይወዳእካ፣
ከይተሓሰበ ብሕርቕርቕት ተወንጪፉ ኣብዛ ርእሰኻ'ዩ ዝፍግጸካ፣
ኣየ'ባ እንተዝገብር! እንተዝውዕሎ!ዳርጋ ጽድቂ ምኾነትለይ፣
ነገር ጠውየ ጠዋውየ ብምትሕልላኽ በታ ፍልጥቲ ክእለተይ፣
ትእዛዝን ፈጽሚን መምጻእኩ፣ሓሶት ወዲ ሓሶት መሓሒዘ፣
ካብቲ ሡሩ ንምምንቃስ ጠቒሙ ሓሳባተይ ዱልዱል ሠረት ምሓዘ፣
ከምዛ ዝብለካ ዘሎኹ ጌርካ ንቃስዮ ኣበዛ ኢደይ እንተተዕትረኒ፣
ንእኡ በታ መጻወዲያይ ሐንኩለ ንዓይ ዓባይ መኽሰብ ምኾነትኒ፣
ነዚ ናትካ ዋኒን ፍቕሪ ኽሳልጠልካ ዘኽእለኒ ጽብሉል ሜላ፣
ናይዛ ሕጂ ንገብራ ዘሎና ሠራም ምኽሪ፣ፍርያታ እንደኣላ፣
ቅድሚ ኹሉ እዚ ቃስዮ ዝብሉዎ ሰንካም፣በዚኣ እንተዘይተመንቂሩ፣
ትምኒትና ከይተዛዘመት ሓሳባትና ክትዝረግ'ያ፣ምስጢርና ተቓሊዓ ንሓዋሩ፡፡
ቃስዮ ከሎሲ ነይሰልጠና፣ከም ገለ ጌርና እንተዘይ ኣዕሪብናዮ፣
ጻዕርና ዘበለ መኽሰብ ኣልባ ንግዲ'ዩ፣ዳርጋ ኽሲብና ዝኽሰርናዮ፣

ሮድሪጎ፡- እንተድኣ ከሳብ ክንድዚ ተስፋ ዘለዋ ኾይና እዛ ለዘብና፣
ብዘላ ዓቕመይ ከቃለስ'የ፣እንተድኣ ኾይና ትጠቕመና፣

ኢያጎ፡- ሃባ እዛ ኢድካ! ሮድሪጎ ሓወይ! *(ይጠቕዖ)* ንዓይ ንዓርኸኻ እመንኒ!
ደሓር ኣብቲ ዕርዲ ንራኽብ፣ሕጂ ግና ኣብቲ ወደብ ዕዮ ስለዘላትኒ፣
ጋዕ ገለጠሙ ኽንጅለሉ'ዩ'ም፣ደሓን ወዓል ከይቐትረኒ፡፡

ሮድሪጎ፡- በል ብደሓን የራኽበና!ኣነ'ውን ክኸይድ ዓርከኒ፣ *(ይወጽእ)*

ኢያጎ፡- እምበኣርከስ ኣነ፣ቃስዮ ንዴዝዴሞና የፍቅራ'ዩ እንተበልኩ፣
ንሳ'ውን ፈትያ ከምዘፍቀረቶ ጌረ ኣነ ባዕለይ እንተኣመንኩ፣
ዘእምን ጥራይ ዘይኮነስ፣እዝዩ ክሰልጠኒ'ዩ ዝገበርኩ እንተገበርኩ፣
ብሓቂ ዘገርም'ዩ፣ሽሕኳ ነቲ ሕንጅጅ ዝመስል ሓርፋፍ ኦቴሎ፣
ነዛ ዓይነይኳ እንተጸላዕኩዎ፣በቲ ቅጥዒ ኣፋጣጥራ ሒዙዎ ዘሎ፣
ቅኑዕ ዘይጋማጠል ጠባይ ዘለዎ፣በዓል ሓደ ልቢ ብምኻኑ፣
ንዴዝዴሞና ዘፍቅራ እሙን ሰብኣያ'ዩ፣ፈጣሪ ዝሃባ ኣስተንቲኑ፣
ኣነ'ውን ዓይነይ ኣውዲቐላ ኣሎኹ'ም፣ካብታ ኢዱ ክምንጥላ ባህጊ ኣሎኒ፣
ሽሕኳ ንሱ ከምዝጠቕማ እንተፈለጥኩ እዛ ሃረርታይሲ ኣይትተርፍኒ፣
ፍሉጥ ብዝኾነ ሓይሊ ክፍኣትን፣ብተንኮላዊ መጋብርንኳ እንተዘይኮነ፣
ምናልባትኳ እቲ መሪር ኣፋድያ ሒነይ፣ካብዚ ዝኸፍአ ሽም እንተሰኣነ፣
እንተዘይተረኽበሉ ንማለት'ምበር ትሪ ሓሳበይሲ መዐስ በዚ ምተወሰነ፣
'ምበር እዚ ሕልፈት"ሙር"እሙን ኢኻ እናበለ ነታ ሓሳቡ ምስ ልቡ፣
ኣብዛ ከብዲ ኢደይ እናጠንጠነን ምኻድ ካብ ኮነሲ ሰኣን ቀልቡ፣
ካልእ እንተተረፈ ሒነይኳ ንኽፈዲ፣ብዘላ ክእለተይ ናብኡ ገጸይ፣
ጽግዕ ልሕግ ምባለይ ዘይተርፍ'ዩ፣ንኽፍጽማ ትምኒተይ፣
ነዚ ሓሳባት'ዚ ሒዘ ብሎሚ ጽባሕ ውዒሉ እንተሓደረ፣
ከምሽሕር'ዩ ጸላዕላዕ ዘብለኒ፣ካብ ኣካለይ ጓህሪ ስቃይ እናጸሕተረ፡፡

ኣነ'ውን ብኡን ከንድኡን ዝተላዕለ ክሳዕ ነታ ሰበይቱ ሰበይተይ ዝገብራ፣
ንነፍሰይ ጥጡሕ ናብራ ኸሊኤ፣ብንፍገት ዕለታዊ ቐሳነት'ዬ ዘሸግራ፣
እዚ ነገራት'ዚ እንተዘይሰሊጡ፣ወይ ፋሕ እንተበለ መፈተንታይ፣
ብዘይ ተኣደነ ስሪ'ዬ ዝጥቀም፣ኣፋውስ ብዘየጥዕዮ ክሳብ ዳሕራይ፣
ዓምጺጸን ኣንካራርየን'ዬ ዝደብዮ፣ኣብ ህጉም ናይ ቅንዓት መቓብር፣
ተቓሊሽካ ናብዘይውጻእ እቶን፣ህሙኽ ኢሉ ብቅንኢ ንኽሓርር፣
ፍርዲ ሰብ ናብ ዘይፍውሶ ካብ ውሳነ ዳንነት ሓሊፉ ናብ ዝሰግር፣
ሓሞት ደቂ ሰብ እንተዝህልዎ፣እዚ ሮድሪጎ መዓንጣ ብዕራይ፣
ከምቲ ዝበልኩዎ ብነገር ወዲ ነገር፣ንቃስዮ እንተዘኸንድደለይ፣
ትምኒተይ ግርም ምሰመረትለይ፡፡ ሮድሪጎ ኸዓ ሓንሳእ ኣፉ እንተኸፊቱ፣
ክሳዕ ዓንቀሩ ትምዘዝ'ዩ ሌፍ ዝብል፣ከምዛ ዓጣሪት'ዩ በላኺየላኺ ዝፈቱ፣
ካብኡ ቃስዮ ወጠጥ ከትብል ከላ፣ከፍግጾ'ዬ እናበለት፣
ሓዊን ሓሰርን ምስገበርኩዎም፣እልይ ኢለ ወደ'ዲኡ ብሃንደበት፣
ቃስዮን ሮድሪጎን ብሰበይቱ ዝተላዕለ ከምዝተባኣሱ ክነግሮ ከሎኹ ዘርዚረ
ንእዑ'ውን ኣብዛ ጁባይ ኣእተኹዎ ማለት'ዩ ዝገበርኩ ገይረ፡፡
ምስ በዓልቲ እንዳይ እጥርጥሮ'ዬ፣ይመስለኒ'ዩ ገለ ርክብ ዝገበረ፣
በዚ'ውን ኣይኣኽለንን፣ህሉል ኣድጊ ከምዝኾነ ከረድኦ ከሎኹ ብጋህዲ፣
ምስኡ ክሳብ ዘሎኹ፣ብኽብርን ብሽመትን ኡፍ-ኡፍ ክብለኒ'ዩ ብግዲ፣
ክሳብ ዘሎና'ውን በታ ናይ ገዛእ ርእሱ ኣእምሮ፣ኣንፃር ሰላሙ ኮይነ፣
ተጻሊሉ ክሳብ ዝነፍጽ ውቃቤ ርሒቑዎ ሰብ ዘይኮነ፣
ፈሽ እናበልኩ ክሕስወሉ ከሎኹ ከም ጡብ ወላዲቱ'ዩ ዘፍቅረኒ፣
ምናልባት እዛ ናይ ሕጂ ሀተውተወይ ከምሓደ ዓሻ እንተምስለትኒ፣
ንግብሪ ዓዚማዊት ፍግሪ፣እንተተደርገሙዋ'ምበር ከይፈርሑዋ፣
ፍርያታ ክሳብ ዝሕፈሲ ብቑሊሉ ኣይትረኣይን'ያ'ዮም ዝብሉዋ፡፡ *(ይወጽእ)*

✡ ✡ ✡

ካልኣይ ትርኢት

/ሓደ ነጋሪ ኣዋጅ ሕዝቢ እናተኸተሎ ነዚ ዝስዕብ ይእውጅ)

ኣዋጂ፡- ኣዋጅ!ኣዋጅ!ሕረስ ሓረስታይ!ንገድ ነጋዳይ!ኣዛዚ ሓይሊ ባሕሪና ክቡር ጀነራል ኦቴሎ ጽቡቕ ፍቓዱን ድልየቱን ኮይኑ እንኮላይ ነቲ ኣብ ልዕሊ ሠራዊት ቱርኪ ዝተረኸበ ዓወትን ምሕምሻሽ መራክቦምን ምኽንያት ብምግባር ኩልኹም ኣብዚኣ ዘሎኹም ጀጋኑ፣ ሓጐስ ዝተመልአ በዓል ግበሩ፡፡ዳይላ ተኺልኩም፣ ሽግ ወሊዕኩም ተጻወቱ፡፡ንድልየታዊ ስምዒትኩም ብዘሕጉሶ ኩነታትን፣በብዘድልየኩም መንገድን ነዚ ዕለት እዚ ብሙሉእ ታሕጓስ ጸንብሉዎ ተባሂልኩም ኣሎኹም፡፡ብጀካ'ዚ ድማ እዛ ዕለት እዚኣ ዕለተ መርዕኡ ብምዃና ሓጐስ ኣብ ልዕሊ ሓጐስ ኢዩ'ሞ ንስኻትኩም'ውን ተኻፈልቲ ታሕጓሱ ኸትኮኑ ዓቢ ድልየቱን

ሃረርትኡን'ዩ፡፡እቲ እንዳ መርዓ ካብ ሕጂ ፍርቂ መዓልቲ ጀሚሩ ክሳዕ ዕራርቦ ንዝኾነ ይኹን ሰብ ክፉት ብምዃኑ ከም ድላይኩም ብናጻ ኸትጋበዙ ስለዝተፈቕደ ኩልኻትኩም ብዓቢ ኽብሪ ተዓዲኩም ኣሎኹም፡፡ኣምላኽ ፈጣሪና ንወደብ ቆጵሮስን ንክቡር ጀነራልናን ብሰላም የንብረልና! *(ይወጽእ)*

✡ ✡ ✡

ሳልሳይ ትርኢት

(ኣብ ሓደ ኣዳራሽ ዕርዲ)

(ኦቴሎ፣ ዴዝዴሞና፣ ቃስዮን ዐጀብትን ይኣትው)

ኦቴሎ፡- ሕድርኻ ሚኪኤለይ!ንዓኻ ኣሚነ'የ ዝላበወካ ነዛ ሓለዋ ሎሚ ለይቲ፣
ዕግርግር እንተጋጠመ ኣይፍለጥን'ዩ፣በዚ ከምዚ ናይ ውራይ መዓልቲ፣
ብመስተ ከይንድህለል ንጠንቀቕ፣ከይንኸውን ኣደዳ ጸላእቲ፣

ቃስዮ፡- ብዛዕባ ሓለዋ ኣይትሰከፉ ኣብ ልብኹም ሻቓሎት ኣይሕደር፣
ንኢያጎ'ውን ኣዚዝዮ ኣሎኹ፣እንታይን ከመይን ከምዝግበር፣
ኣብርእሲኡ ባዕለይ ኣሎኹ ኣድላዪ ንዝኾነ ነገር፣

ኦቴሎ፡- ግርም! ንሱ እሙንን ሓላልን'ዩ ከምኡ ግበር፣
ጽባሕ ኣንጊህካ ምጻእ'ሞ፣ዝነግረካ ጉዳይ ኣለኒ ብቑም-ነገር፣
በል ኣይትረስዕ ብደሓን ሕደር *(ንዴዝ)* ንዕኒ ፍቕረይ! ንዕናይ ዴዝዴሞና!
(ኦ/ዴ/ዓጀብትን ይወጹ/ኢያጎ/ይኣቱ)

ቃስዮ፡- መርሓባ ኢያጎ! እንቋዓኒ መጻእካ፣በል ነዓ ነቒሕና ሓለዋና ንጀምር፣

ኢያጎ፡- ሕጂ ጀሚርና ከመይ ኢሉ ከወግሓልና? ጌና እኮ'ዩ ጎይታይ ኮርዒዳ!
እዚ ብርሃን ዕራርቦ'ኳ ከይጠፍአ ጸሓይኳ ከይዓረበት ከም ልማዳ፣
ክቡር ጎይታይ'ኮ፣ተሓዊኹ ብሸዓ ዘዋፈረና፣
ጊዜ እንተኸሰብኩ ኢለ'ዩ ንዕላል ፍቕሪ ዴዝዴሞና፣
ከይመስለካ ዝደንገጸልና፣ነዓ ግዳ ኣንሕና'ውን ንጠቐመላ ንግዜና፣
ኣይትፈለጥን ዲኻ? ዜፍቀረ ሰብ ከምዝጉዓዝ ብከውታ ለይቲ፣
ሎሚ ኸዓ ፈለመይቲ ለይቶም'ያ ምስዛ ወዛም ጽብቕቲ፣

ቃስዮ፡- ሐቅኻ ወዛም'ያ፣ወረጃ እባ! ኣምላኽ ካብ ክፉእ ይሓልዋ፣

ኢያጎ፡- ኣብርእሲኡ ድማ፣ንእስነት ምስ ቁንጅና ዘለዋ፣

ቃስዮ፡- ወለላ'ያ! ገልገለ- መስቀል እትመስል ዕምብብቲ፣
ፈጣሪ ከጸብቃ'ዩ ወሪሑ ካብተን ብሉጻት ድማ ሕርይቲ፣

ኢያጎ፡- ርኢኻዮዶ ሽፋሽፍታ ነቲ ኰኾብ ዝመስል ኣዒንታ?
ኣነ'ሞ ሕውዝውዝ'ዩ ዝብለኒ፣ዘስደምምም'ዩ ኣፉጣጠራ ኣካላታ፣

ቃስዮ፡- ሓቅኻ ኢኻ! ብርግጽ ትመስል ከዓ ኣደብ ዘለዋ እርምቲ፣

ኢያጎ፡- ኣዬ እቲ ደሃያ ኽጥዕም! ላዛ ፍቕሪ'ዩ ከም ጭራዋጣ ዝስሕበካ፣

ቃስዮ፡- ደማ'ባ ከጸሪ! ኣበር የብላን ልዕሊ ኹለን'ያ'የ ዝብለካ፣

ኢያጎ:- ኤ-እ! እንታይ'ሞ ከንብል! ልዋም ለይቲ ይግበረሎም፡፡
ኣታ ጎይታይ ሓንቲ መንቀርቀር ወይኒ ኣላትኒ፣ዝሕልቲያ ልስልስቲ፣
ሃየ'ንዶ ምስቶም ጀጋኑ ንስተያ፣ምስቶም ናይ ቆጵሮስ መኳንንቲ፣
ንሸም ጀነራል ኦቴሎ እናሞገሱ ይትመነይሉ ኣለው ሙሉእ ጥዕና፣
ሓጐሶም ንሱ ካብ ኮነ፣ ኣብቲ ዕላሎም ተጸንቢርና ንዓናይ ንስተያ ሓቢርና፣
ቃስዮ:- ያያ! ሎሚ ምሸትሲ ኣይጥዕመንን'ዩ፣ናይ ሎምሲ ትትረፈና ዓርከይ፣
መስተ ኻኣ ኣይመባልዕተይን'ያ'ሞ በዚኣሲ ኣይትሓዘለይ፣
ፍቓድካ እንተኾይኑ፣ ኣብ ክንዲ መስተሲ ካልእ እንተትኾነለይ፡፡
ኢያጎ:- ፈተውትና'ኮ'የም እዞም ሰባት፣ምእንትኦም ኢልካ በለኒ ሕራይ፣
ሓንቲ ብርለ ትኣኽለካ'ያ፣ዋላ ጥዒምካ ግደፈለይ ንዓይ፣
ቃስዮ:- ዓንተቦይ ሓንቲ ብርለ ሰትየ ነይረ፣ግን'ታ ሓንቲ ምእንቲ ከተስከሩኒ፣
ንገለ ከፉዕ ሰሪታት፣ኣቃሚሞም ወሲኾምላ ይመስለኒ፣
ሕጂ ኣብዛ ርእሰይ ወጺኣ ትገብረኒ ዘላ ከመይጌረ ከረድኣካ?
ንስኻዶ ከይትስሕቶ ኢያጎ ሓወይ? ንዓኻዶ ከይጠፍኣካ፣
ሕጂ ኣብርእሲኣ እንተተወሰኸታ ሰፋሕ ከተብለኒ'ያ ልዕሊ ዓቕመይ፣
ሰቲኻ ንምስቓይ እንታይ ከዓብሰለይ፣ወሪዱኒ ተውሳኽይ፣
ኢያጎ:- ቧእ! ተለሚንካዶ ኣይትፈለጥን ኢኻ? ደሓር ከኣ ሎሚ መዓልቲ፣
ዓቢ ጽንብል ስለዝኾነ፣ይጽበዩኻ'ዮም እቶም ጀጋኑ መኳንንቲ፣
ቃስዮ:- ኣበይ'ለው?
ኢያጎ:- ኣብዛ ጥቓ ኣፍደገ! እተው'ንዶ በሎም በጃኻ፣
ቃስዮ:- ባህኳ ኣይበለንን፣ እስከ ይኹን ካብ በልካ፣ *(ይወጽእ)*
ኢያጎ:- ኣብ ልዕሊ እታ ናይ ዓንተቦይ፣ሓንቲ ዝተበረዘት ቕምምቲ፣
ዝገበርኩ ጌረ ኣጥብቕ እንተበልኩሉ፣ሓንቲ ደጊሙ እንተዝሰቲ፣
ብነገር ትዕደግ እናተጋራጨወ ምስ ዝኾነ ሰብ ዕግርግር ምፈጠረ፣
ካብኡ ከምታ ከልበይ ምኾብለለ ነገር ወዲ ነገር እናጻሕተረ፣
ሮድሪጎ ኸኣ እቲ ፍቕሪ መሃንኑ ደምሲሳ ኩለንተንኡ ዝገፈፈቶ፣
ኣብ ርእሲ ኣላታ ተወሰኸታ! ካብ ፍቕሪ ዴዝዴሞና እናመሰሎ ዘናገፈቶ፣
ምስቲ ጉጉይ ሓሳባቱ እናዓንደረ ብርሊኡ ዓቲሩ ከምሲ'ዩ ኣብቲ ዘለዎ፣
ደምበጃን ሜሱ ምስሓንፈፈ ድማ ናብዚኣ ምጻእ እዩ ዝበልኩዎ፣
እቶም ዝዓደምኩዎም ኣጓብዝ ኣብ ቆጵሮስ መን ከማና በሃልቲ፣
ትዕቢታዊ ጠባይ ዝፈረሰም፣በብዘለዎም ክብሪ ምብሪ ተጃሃርቲ፣
ትዕግስቶም ኣብ ኣፍንጮኦም ዝሰፈረት፣ጽፉዓት ዳወርቲ፣
በረኻታት ዝፍታዎም፣ደገ-ደገ ዝኣመሎም ከም ከተርቲ፣
ኣብ ሓለዋ ምሳና እዮም ዝሐድሩ ሎሚ ምልእቲ ለይቲ፣
ኣነ ኸኣ ንቃስዮ ናብዞም ጸለል መለል ዝብሉ ጃህረኛታት፣
ስሒብ ከሸምም'የ ነገር ጸሕቲረ ዘራጽም ምስ ደቀባት፣
ክርኩዓሎም ኢየ ዘናቑር ነገር ብዛዕባ ናይ ምሕደራ ጉዳያት፣

እነውለ መጺ፣እንተድኣ ምሕዞታተይ ጋህዲ ጌሩዋ ንትምነተይ፣
ንጃልባ ሓሳባተይ ጥዑይ ንፋስ ገጢሙዋ፣ምተሓንበበት ከምድልየተይ፡፡
(ቃ፣ ምስ ምንታኖን መኳንንትን፣ መስተ ብመቆርቆራትን ብርለታትን ምስ ዝሓዙ ሰባት ይኣቱ)

ቃስዮ፡- በጃኻትኩም ይኣኽለኒ? እታ ናይ ዓንተቦይ'ኳ ኣይተሰማምዓትንን፡፡

ምንታኖ፡- ኣነ'ውን ወተሃደር ብምዃነይ መስተሲ ባህ ኣይብለንን፣
ዝያዳ ሓንቲ ብርለ ኸኣ፣ፈጸመ ክሰቲ ኣይግብኣንን፡፡

ኢያጎ፡- ሃቡ'ንዶ! ቕድሑ'ንዶ! የሎን ድዩ ሜስ ወይ ድማ ወይኒ?
ምልኡዋ'ንዶ እዛ ብርለይ! ዲቕ ዲቕ ከብላ ሃቡኒ፣
ዲቕ-ዲቕ'ንዶ ትበል ቅድሑዋ! 'ሃቡ'ንዶ ኣቐብሉኒ!
ምስ ጸምእ እንዳኣሉ ወዲ ኣዳም ዝሰቲ፣
እምበር መኣስ ደኣ ኾይኑ መንግስተ ሰማይ ንኽኣቲ
ወተሃደር'ውን ሰብ'ዩ! ከም ደቂ-ሰባት ከም ሃገሩ፣
ሸሕኳ እተሓጸረት እታ መዋዕሉ እታ ዕምሩ ፣
ዲቕ ዲቕ ትበለለይ ቅድሑለይ፣ ኣብጽሕዋ ልዕሊ ፍርቂ፣
ሰብ ዘበለ ዝሰቲ፣ መኣስ ኮይኑ ንጽድቂ!
ሃየ'ንዶ ቕድሑ ኣቱም ደቂ፣

ቃስዮ፡- እንጌራኻ ትስፋሕ! እዚኣ ደኣ ከመይ ዝኣመሰለት ደርፊ እንድያ፣

ኢያጎ፡- ዓዲ እንግሊዝዩ ዜጽናዕኩዋ፣ኣብታ ሓጽቢ መስተ ዘለዋ!
ሕዝቢ ጀመርንን ዴንማርክን፣ሆላንዳውያን ነፍሲ ወከፍ ነበርቲ፣
ኣዩ ክሰትዩ ክሕንፍፉ! ሰትዮም ዘይረውዩ ለይቲ ኹሉ መዓልቲ፣
መን'ሞ ከዋዳደሮም ነዞም ናትካ ሰብ እንግሊዝ? ዋላኸ!ያያ!

ቃስዮ፡- እሞ እንግሊዛውያንሲ ሊ.ቃውንቲ'ዮም በለኒ በሳትያ!

ኢያጎ፡- ሊቃውንቲ ጥራሕ! እቲ እንግሊዛዊ ቕጭጭ ከይበሎ ከይዓጀበ፣
ነቲ ዴንማርካዊ፣ኣብዛ ምድሪ ተሰጢሑ ኢኻ እትረኽቦ፣
እቲ ጀርመናዊ ሰንከልከል ክብል ከሎ እናደለዩ ሓገዝቲ፣
ነታ ትንፋስ እንግሊዛዊ ትረኽባ ኢኻ፣ፉሕ እናበለት ርስንቲ፣
ሒቕ ሒቕ ክብል ከሎ እቲ ሆላንዳዊ፣
ሃባ'ንዶ ቕዳሕ'ዩ ዝብል እቲ እንግሊዛዊ፡፡

ቃስዮ፡- ዕድመን ጥዕናን ይሃበልና፣ንኽቡር ጀነራልና!

ምንታኖ፡- ኣነ'ውን ክሕግዘካ! ይቕደዎ! ይቕደወና!

ኢያጎ፡- ኣዩ ምቅርቲ ኢንግላንድ!..... ኢንግላንድ ጻዕዳ!
ፍሉጥ ሃብታም ኔሩ ንጉስ እስጢፋኖስ፣ዝተፈልጠ ዛንትኡ፣
ዓሰርተ ባጤራ'ዩ ዝዓደጋ፣ነታ ዝዕጠቓ ሸራርኡ፣
ክልተ ባጤራ ብዘይግቡእ ብምኽፋሉ ተባሳጭዩ እናጠየቐ፣
ነቲ ሰፋያይ ከም ሕሱም ቖጽዮ፣ልክዕ ከምዚ ዝሰረቐ፣
ወረጃ'ዩ ነይሩ፣ውርዙይ ዝተናእደ፣ንስኻ ግና ማንም ኣቶ፣
ትዕቢትካ ዓዲ ዘጥፍእ፣ዘይብሉኻ'ውን ነዓ እቶ፣

ንሃገር ዘድከያ ኲርዓት'ዩ፣ንዓኻ'ውን ንሱ'ዩ ፈጸጽ ዘበለካ፣
ኸላ ግዳ ኣጭርቕትኻ ጠቕሊልካ ድርዕቶኻ ተጒምጒምካ፣

ቃሰዮ፡- እዚኣ ትበልጽ ካብታ ዓንተቦይ ዘስማዕካና፣

ኢያጎ፡- እሞ ከስምዓኩምዶ እንደገና?

ቃሰዮ፡- ግደፎ! ፈሊጠዮ ኣሎኹ ከምዘይብሉ ፋይዳ፣
ካብ ሓንሳእ ንላዕሊሲ ናይ ምንትኒ ዕዳ
እትጸድቕን እትኹነንን ነፍሲ ፈጢሩ'ሉ ካብቀደሙ፣
ድሕሪ ሕጂ'ውን ከፈጥር'ዩ፣እቲ ኣቦ ጅጎ ዝሽሙ፣

ኢያጎ፡- ርግጽ'ዩ! ሓቕኻ ኢኻ ጎይታይ!

ቃሰዮ፡- እንተኣነ'ሞ በዛ ነፍሰይ ንከምጀነራልና ዝኣመሰለ ዓቢ ሰብ፣
መዘንጠሊ ምኽንያት የብለይን፣ብጀካ ስተረኒ ካብ ጠንቃም ሰበብ፣

ኢያጎ፡- ኣነ'ውን ልክዕ ከማኻ፣ካብ ክፉእ ሰውረኒ'ዬ ዝፊቱ ጎይታይ፣

ቃሰዮ፡- ኦይ! እንተደኣ ፍቓድካ ኮይኑ ኣይትሓዘለይ ደኣ'ምበር፣
እንተሰወረካ'ውን ቕድመይ ኣይስውረካን'ዩ፣ከይመስለካ ብኣኻ ዝጀመር፣
እቲ ቖሺ'ዩ ቕድሚ እቲ ዲያቆን ዝዝከር፣ከድሕን'ውን ዝግብኦ፣
እቲ ጎይታ'ውን ነቲ ቀዳማይ'ዩ ቅድሚ እቲ ዳሕራዋይ ዝረድኦ፣
ንግዜኡ ነዚ ከትዕ ግዲፍና፣ንመለስ ናብቲ ቀንዲ ውራይና፣
ብዝኣበስናዮ ፈጣሪ ይምሓረና፣ኣንሕና'ውን ንእቶ ነናብ ሥራሕና፣
በዛ ናይ ሕጂ ዘረባይ ድማ ዝሰኸርኩ ከይመስለኩም፣
ቀጥ ኢለ! ደው ኢለ! ኽዛረብ እኽእል'ዬ- እኒሃልኩም! *(ሓፍ ይብል)*

ኩሎም፡- ሐየት!-ኣገናዕ!

ቃሰዮ፡- ኣታ እዚኣቶምሲ እባ! ዝሰኸርኮ መሲሉኩምድ'ዬ ኣነ ንበይነይ፣
እዚ ኢያጎ'ዩ! እዚ መብልዓየይ! እዚ ኸኣ ሓኸላየይ!
ንምንታይ ከም ሳኽራን ትርእዩኒ? ኣይሰሓትኩን እኮ ውኖይ *(ይወጽእ)*

ሞንታኖ፡- ንዑናይ ጎበዝ ናብታ ዕርድና! ክንጅምር ሓለዋና!

ኢያጎ፡- እዚ ሕጂ በተግ ኢሉ ዝኸደ ሰብኣይ፣ኩል'ኻትኩም ዝርኤኹምዎ፣
ተራ ወተሃደር እንክንሱ፣ኣብ ቅድሚ ቄሳርኳ ክእዝዝ ብቕዓት ኣለዎ፣
እንታይ'ሞ! ርኢኹምዋዶ እታ ጸገሙ? ጒድለቱ ምስቲ ክእለቱ እንተተናጻጸረ፣
እቲ ጥዕየቱ ምስቲ ሕማሙ ምኾነ ነይሩ ዳርጋ ማዕረ-ማዕረ፣
ምስኪናይ! ኣብዛ መዓልቲ ሕንፍሽፍሽ ኦቴሎ'ውን ኣብዚሑ ኸሎ ለበዋ፣
በከምዝን ወዲ ከምዝን ነታ ሓደርኡ ብሸለልታ እንተዘንጊዑዋ፣
ብሰሩን ብሰንኩን ነዛ ደሴት እዚኣ፣ዘይተኣደነ መዓታት'ዩ ዘዕንዋ፡፡

ሞንታኖ፡- ከምዚድዩ ኩሉ ጊዜ? እዛ ኣመሉኸ ኣይተዋርድንዶ?

ኢያጎ፡- ወርትግ መዓልቲ፣መስተ እንተዘይትኸውን ድራሩ፣
ብመስተ እንተዘይርኹመሸሲ፣ዳውሪያ ውዒሉ ምሓደረ ኔሩ፣

ሞንታኖ፡- ከማይሲ ብዛዕባ እዛ ነገር እዚኣ ጀነራል እንተዝንገሩ፣
ለዋህ'ዮም'ሞ፣ዝፈልጡዎ ኣይመስለንን ነዚ ኹሉ መጋብሩ፣

ኣብ ክንዲ ሕመቓቱ ይሓስቡ ይኾኑ'ዮም ነተን ሒደት መንፈዓቱ፣
ኣመና ክሕባዕ ክሎ ጌጋ እዩ እቲ ናይ ወርትግ ተግባራቱ፣
እንተዝሰምዑ ደኣ ምሐሸ ኢሂታ ሐቀይዶ? *(ሮድ/ይኣቱ)*

ኢያጎ፡- *(ንሮድሪጎ ንበይኑ)* ኣባ ስበር ሮድሪጎ! ኪድ ሃየ! ንሓለቃ ሚእቲ ቃስዮ ሰዓቦ፣
ኪድ! ሰዓቦ! ኪድ ኣርክቦ! *(ሮድ/ ይወጽዕ)*

ሞንታኖ፡- ብሓቂ ጀነራል ኦቴሎ፣ ክቡርን ንፉዕን ሰብኣይ እንክንሱ በዓል ዓወት፣
ብትሕቲኡ ኣካያዲ ንኸኸውን፣ብፍላይ ኣብ መዝነታዊ ቦታ ሸሙት፣
ንከምዚ ዝኣመሰለ ዘርገመርጊ፣ከም ጽፉፍ ክኢላ ብምሻሙ፣
ብጣዕሚ ዘሕዝን ነገርዩ'ሞ መዓልቲ ኸይበልዔ ብኸም ሻሙ፣
ንኸፈልጦ ምጽዓር ቅንዕና'ዩ፣ንጀነራል ኳንካ ከም መህምሙ፣

ኢያጎ፡- ኢ! ይፍትሓላ! እንተ ኣነ'ሞ እንታይ ኣእትዩኒ!
ይበሃል'ዩ ንዘይበደለካ ኣይትጽልኣዮ፣
ዓርከይን ኣመና ፈታውየይን ከኣ'ዩ ሚካኤል ቃስዮ፣
ኣብ ዘይመንጠቢትክን ኣይተእትዋ ኢድክን'ዩ እንታይ ኢለዮ፣
እንተዝኾነለይሲ'ባ ምጸዓርኩሉ ካብዚ ሕማቕ ኣመሉ ንኽኣልዮ፣
ህ እ!እስከ'ሞ ጽናሕ! ይእወ'ሎ! ኡይ ይበሃል ኣሎ!

ሮድሪጎ፡- *(ካብ ወጻኢ)* ዝባን ሐፀይ!ዝባን መንግስቲ! ዝባን ዓራት!
ሓግዙኒ! ርድኡኒ!- ኡ ይ ይ ይ!
(ቃስዮ ንሮድሪጎ እናኳየየ ይኣትው)

ቃስዮ፡- ኣታ ረሳሕ! ጨናዊ! ድርባይ! በዓለገ!

ሞንታኖ፡- ኣታ እንታይ ወሪዱኩም! ውጽእ ኢልኩም ኣብዛ ደገ?

ቃስዮ፡- ዋይዚ ረሳሕ በትኪ! እዚ መ'ኹስ ገስረጥሲ ክምልሰለይ?
ኣበይ'ዲኡ ይፈልጠኒ! ነቲ ሙያይን ስርሔይን ክነግረኒ?
ኣደይ ኣይወለደትንን! ከምዘን ብርለታት እንተዘይሓማሺሽካ፣

ሮድሪጎ፡- ሆሽ! ጃህረኛ! መን ደኣ ሒዙካ፣ንመን ደኣ ፈሪሕካ?

ቃስዮ፡- ሱቕ'ንዶ በል ኣታ ጋዕጋዕ!! በዓለገ! *(ይወቕዖ)*

ሞንታኖ፡- ሕደጉ ደኣ ጎይታይ *(የጋላግሎም)* ርጉም ሸይጣንዶ ኣትዩና?
ነ'ዚሲ እንታይ ኢልኩምዎ? ግደፉዎ ንዒቕኩም፣
ብዘይትጠቅም ቀንጠመንጢ ካልእ ጋዕዚ ከይገጥመኩም!

ቃስዮ፡- *(ንምንታኖ)* ክላ! ኣልግሰለይ ኣይትሓዘኒ!
እንተዘየሎ ንዓኻ'ውን ክፍግጸካ'የ! ኣልግሰለይ ግደፈኒ!

ሞንታኖ፡- በል ይኣኽለካ! ዙሩግ! ኔሶ እንድኣላ እዚ ኹሉ ትገብር ዘላ!

ቃስዮ፡- ንመን? ንዓይ? ንዓይሲ ሳኽራን ክትብለኒ? *(ባእሲ ይጅምሩ)*

ኢያጎ፡- *(ንሮድ/)* ኪድ ውጻእ ኡ-ይ በል! ኡይበል ደጋጊምካ! ኪድ ኡይ በል!
ተሓናኹቶም ተቓቲሎም እናበልካ! *(ሮድሪጎ ይወጽእ)* ግደፉ'ባ ጎይታይ?
ከም ህጻውንትን ከም ቀለውዕን ብቐንጠመንጢ ነገራት?
ሕደግ ትሕሸካ ሞንታኖ?! ትሕሽኩም ኣቱም ሰባት፣
(ንምን/ብድሕሪት ተሓቢኡ ይወግኦ)

ቃስዮ!ሞንታኖ! ሕደጉ'ባ መፍኮሲኹም'ዩ እዚ ኹሉ ተግባራት፣
እናሃለ'ባ ግርም ሓለዋ! እነውለ'ባ ዝነዓዱ ዓቀይቶት፣ *(ደወል ይሰማዕ)*
እንታዋይከ'ዩ ደወል ዝወቅዕ፣ዝነፍሕ ዘሎ ጥሩምባታት?
(ደወል ይድወል) ገለ ተዕርቦም ገለ!- ሽይጣውንቲ ጋኔናት!!
መላእ ዓዲ ብስንባድ ክብህርር'ዩ፣ዕጉግ ኢሉ ክመጽእ'ዩ ሕዝቢ፣
ትሕሽኩም ግደፉ! ወርትግ ክትሓፍሩ ኢኹም፣ሰኣን ቁሩብ ህዱእ ቀልቢ፣
(ኦቴሎን ዐጀብትን ይኣትው)

ኦቴሎ :- እንታይ'ዩ እዚ ኹሉ ጫውጫው!

ሞንታኖ:- ዋይ ኣነ ግዲ! ዝገደፈለይ የብሉን! ተባላሽኹ!
ተሓስየ ኣሎኹ! ደመይ ተጸንቂቓ ትንፋሰይ ክትሐልፍ'ያ! *(ይወድቕ)*

ኦቴሎ:- ፍሕት የላ! ምንቕ የላ! ነንገዛእ ርእስኹም ሕሰቡላ!
ኣብ ዘይመከራኹም ከይትኣትው፣ እዛ ኢድኩም ወስኢላ፣

ኢያጎ :- ግደፉ'ንዶ ኣንታ? ቃስዮ!ሞንታኖ!መኳንንቲ!
ኣንታ ረሲያምዎ ግዲ'ዮም እዞም ሰባት፣ከምዝኾኑ ወራዙትን ዓበይቲ?
ኣነዶ! ሰብ'ባ ይኽበድኩም! ግደፉ'ኮ'ዩ ዝብል ዘሎ ጀነራልና ብቐንዱ፣
ሸይጣን ኳንኩም ኣይትጽንሑዎ መጸወዲያ ኣይትግበሩ ኣብዛ መገዱ፣

ኦቴሎ:- ናይ ምንታይ ዕግርግር'ዩ? መንከ'ዩ ዝጸሕተራ ካብ መንጎኹም?
እዝሲ እንታይ ይበሃል? ቱርካውያንዶ ኳንኩም ነንሕድሕድኩም?
ንዓታቶምኳ ፈጣሪ ተዓሪቑዎም ኣሎ፣ገጹ መሊሹሉም ኩነታቶም ተመልኪቱ፣
ናባናዶ ኽወርድ ጌርኩምዎ? እቲ ዕድልና ካብቲ ዕድሎም ትሒቱ፣
እዚ ስራሕ ኣረማውያን ካበይ መጸ? እዚ ወልፊ ግብሪ ተካላት ተኺሉ?
ካብዞም የማነ ጸጋመይ ዘሎኹም፣ካብ መንጎኹም ሕርቃኑ ኽወጸሉ፣
ዘይዝረብ ተዛሪቡ ነገር ዘሳውር፣ኢን ኣእዳው ዘማጣጥር ክዓትራሉ፣
ተቓዳዲሙ ወስ ዝብል፣ቕድሚ እታ ትንዕ-ምንዐ ምባሉ፣
ሞት'ያ እታ መፈጸምትኡ፣ዕረበቱ እንተድልያቶ እኒሃትሉ፣
ሱቕ ኣብሉዎ! ነቲ ናር ናር ዝብል መለኸት፣
ንባእስን ንከርከባን ዝመጸእና'ዩ ዝመስል፣ከነዕገርግር ኣብዛ ደሴት፣
ንገሩኒ እንታይ ኢዩ ናይ'ዚ ኹሉ ሕንፍሽፍሽ ምኽንያቱ፣
ኢያጎ ቅኑዕ ኢኻ'ሞ፣ፈሪሃ እግዚኣብሄር ዘሐደረካ ምስ እምነቱ፣
ነዚ ጽዩን ግብሪ ኣኼስ፣በዚ እዋን'ዚ መን ከምዘላዓሎ፣
በታ ፍቕርናን ዕርክነትናን፣ እምህጸነካ ኣሎኹ ሃ-የ ንገረኒ ቶ-ሎ!

ኢያጎ:- ተውሳኸይ! ብቕደሞም መሓዙት፣ሕጂ'ውን ዝጸንሑ ብዕርክነት፣
ኣፍ ንኣፍ ገጢሞም ከውግዑ ዝነበሩ፣ከም ዓዕሩኽ ኣብ ሕጽኖት፣
እዚ'ዩ ብዘይባሃል መበገስታ፣እንታይ ከምዘራኸቦም ከይተረድኣኒ፣
ወይ ካብ ካልእ ዓለም ተወንጫፉ ከምዝዓለቦም ሕሱም ግኒ፣
ጽላሎት ሸይጣን ከምዘንጸላለዎም፣ከዳጓደጉ ከለው ብሃንደበት፣
ኣሳይፎም መሲቶም ክቋራቖሱ ብነድሪ ብሕርቕርቕት፣
ብሓዞ ኣርከቦ እናተጓየዩ፣ዝቐደመ ኣብ ኣፍ ልቡ ክወግእ ብፍጥነት፣

ኣብዚ ደም ዝጸምኦ ጠንቃም ስፍራ ሂንኪ ከበሃሃሉ ብምርኣየይ፣
ኣብዚ ንኩላህና ዘዋረደ ብዕልግናን ጸይቃዊ ነገራትን ብምጵንሀይ፣
ካልእዶ ኾይኑ ከቡር ጎይታይ? ብጃኻ ነዛ ዘምጵኣትኒ ቅርስስቲ እግረይ፣
ከሎ ጌና ብዓንተቦ፣ሐሸም ኣቢሉዋ'ባ እንተዝኸውን ፈጣሪየይ፣
ስለዚ ብዘይካ እዛ ዝበልኩዋ፣ነዚ ሕምሽምሽ ዝበለ ስንካም ባእሲ፣
እዚ'ዩ ኔሩ መላዓሊኡ ኢለ ዝገልጸሉ የብለይኒ ፍሉይ መልሲ፡፡

ኦቴሎ፡- ንስኻኸ ሚኪኤለይ፣ንምንታይ ኢኻ ከሳዕ ከንድ'ዚ ንርእስኻ ዘዋረድካያ?

ቃስዮ ፡- በጃኻ ጎይታይ ኣይትሓዘለይ፣ኣብያትኒ'ያ እዛ መልሓሰይ፣

ኦቴሎ፡- ኣብ ጊዜ ጉበዝናኻ ዝነበረ ጠባይካ፣እቲ ንኡድ መንፈዓትካ፣
ናበይ ጠፊኡ ሞንታኖ? እቲ መንኣዲኻ ዝነበረ ጭውነትካ፣
ሃገር ብሃገር'ዩ ዝድነቕ ኔሩ፣እቲ ዝሰምዖን ዝፈለጦን ንሽምካ፣
ብጵቡቕ ኣብነት'ዮም ኣየ ሞንታኖ እናበሉ፣ከሳብ ሎሚ ዝምስክሩልካ፣
አረ እንታይ'ዩ ነገራቱ? ነቲ ጸጋ ከብርኻ መን እዩ መንዚዑካ?
ንምንታይከ ኢኻ ነቲ ቕድሚ ኹሉ ዝርቋሕ ዝነበረ ምዕሩግ ሽምካ፣
ብናይ ሓንቲ ምሸት ባእሲ፣ዘዋረድካዮ ዓጠምጠም ኣቢልካ?
ሃየ'ንዶ ኣረድኣኒ!.... በል ተዛረብ ዕጻይ ምጸጻይ ከየብዛሕካ?

ሞንታኖ፡- ኦቴሎ! ተሓስየ'ዩ ዘሎኹ! መከራ ወሪዱኒ'ሎ ኣብዛ ርእሰይ፣
ከይሓለፈት ከላ እዛ ትልኽ ትልኽ ትብል ዘላ ትንፋሰይ፣
ከየዳለወ ከረድኣካ ይኽእል'ዩ፣እዚ ኣብ ጥቓኻ ዘሎ ኢያጎ ዓርከይ፣
በፍላይ ኣብዛ ጊዜ መከራ ይግብኣኒ'ዩ ነዛ ነፋሰይ ከጥንቀቕላ፣
ፈታው ነፍሰይ ኮይነ ከይዛረብ'ሞ ነዛ ጥርዓነይ ኃጢኣት ከይትዕብልላ፣
ድሕሪ ገለ ጌጋን ሓደጋን፣እንተብዛሕኩ ኣየኸ ወይለይ ወይለይ፣
ንርእሱ ዝፈቱ ገበነኛ በዓል ክፋእ ሰረ-መሪ'ዩ ዘምስለለይ፣

ኦቴሎ፡- ሕጅሲ ነግፈረግ የላን፣ይቕረ ይበለለይ ብዝግበር ኮነ ብዝኾነ፣
ፈልፋሊት ትዕግስተይ ተጸንቂቑ፣ዒላ ደመይ ከጥሕለኒ ስለዝኾነ፣
ኣቕለይ ጠቐር መሲላ ከትሕንኮኸ'ያ፣ከማኻትኩም ሓሳበተይ'ዩ ዝመልከኒ፣
ደጊም ድልየትን ስምዒተይን'ዩ ዝእዝዝኒ፣ኩልኻትኩም ተዓዘቡኒ፣
እንድተኣ ካብዛ ዝረገጽኩዋ ባይታ ተወር ኣበልኩምኒ፣ኢን በዛ ኢደይ፣
ትንዕ ንኽብል ኣገደድኩምኒ በዛ ሰይፈይ፣ብግዲ ብዘይ ፍታወይ፣
ሰላሊዔ ከሕምትለኩም'የ ከርፍትተኩም'ዩ ትሕቲ ሳእነይ፣
ንገሩኒ! ኣይትሕብኡኒ! እዛ እምባጓሮ ብኸመይ ከምዝተጸሕረት ኣረድኡኒ
ነዚ ስርዓት ዝጎደሎ ጵዩቕ ግብሪ መን'ዩ ዝጀመሮ ተላይ ንገሩኒ!!
በዛ ገበን እዚኣ ሽሙ ዝርቋሕ ኣኼስ፣ ወይገለ ሻርነት ዘለዎ፣
ማንታይ'ኳ እንተኾነ፣ካብ ሓደ ማሕጸን ወጺእና ወዲ'ኖይ ዝበልኩዎ፣
ዓዲ ሓዲጉ ከሕየርን፣በዛ ተንኮሉ'ውን ካበይ ክፍለ ኣለዎ፣
ዓገብ'ዩ! ዓገብ! ናዕቢ ከይጠፈዔ ኣብዛ ከተማ፣ሰብ ዘበለ እናኣንፈጥፈጠ፣
ጌና ቕሳነት ከይረኸበ፣ብፍርሕን ጥርጣረን ተሓሚሹ እናዕለበጠ፣

በብዝነበረካ ቁምታን ቅርሕንትን ኣብ ዘይዓድኻዶ ሒነ ይፍደ?
እሞ ኸኣ በዚ ጸልማት'ዚ፣እናበልና ከሎና ኹሉ ሰስርሑ ይገብር ኣሎ፣
ነዛ ሰይጣናዊት እኪት ዝኣጎዳ ኣኼሰ'ዩ'ምበር እንታይ ከንብሎ?
ንገረኒ ኢያጎ? መኖም'ዩ ተቓዳዲሙ ነዚ ነገራት እዚ ዘላዓሎ?

ሞንታኖ:- ብፍሉይ ዕርክነታዊ ፍታው ብም኿ን መቕርሕ መሳርሕቲ፣
ብዝኾነት ዓይነት ምኽንያት ከየዳሎኻ ኣቕርባ እታ ሓቂ ጽርይቲ፣
ከይነከኻን ከይወሰኽካን፣ሰማይ ዝሃገረይ ኢልካ ንኽትነግር፣
ኣምላኽ ውትህድርና ይሓሉኻ፣ነፍስኻ ሓኺኽካ ንኽትምስክር፣

ኢያጎ:- ዋይ ጸዊዕካ ጽልኢ! ኣብዝን ኣብትን ኣይትርገጽ ኣይትበል ክስቶ ምስቶ፣
ከይመኮን ደስ መበለኒ ቕድሚ ንሚኪኤል ቃስዮ ተዛሪባ ከየቕመቶ፣
እዛ መልሓሰይ ብዓንተቦ፣ተመቲራ እንተትኸውን ከምሕሙቶ፣
ዝኾነ ኸይኑ፣በዚ ከም መንጎይና ኮይነ ምእንቲ ሓቂ ብዝምስክሮ፣
ከምዘይቅየመኒ እፈልጥ'የ፣ወይ ዘረባይ ከምዘየቕሕሮ፣
እምበኣርከስ ክቡር ጀነራል፣እና ከምስክር'የ ካብ ኮንኩ ሐደ ነባራይ፣
ኣነን ሞንታኖን ከነዕልል ከሎና ካብዚ መጸ ከይበልናዮ ሓደ ሰብኣይ፣
ኡይ! እናበለን እናጎየየን ርድኡኒ ብምባል ከኣቱ ኸሎ ዘሊሉ፣
ቃስዮ ዓዒንቱ ደም ሰሪበን መስመስ ዝብል ሰይፉ መሲቱ፣
ንኽቐትሎ እናዋጣወጠ፣እናጓየዮ ድቕድቕ ኢሎም፡፡
ሽው እዚ ሞንታኖ ፍር ኢሉ ኣትዩ ኣብ መንጎኦም፣
ነቲ ኡይ እናበለ ዝሃድም ሰብኣይ፣ብምኽንያት ናቱ ኣውያት፣
ዓዲ ብስንባድ ከይበዓድ ህዝቢ'ውን ከይሕመስ በዚ ጸልማት፣
ሱቕ ኢሉ ክጉዓዝ ነገሮ ንሱ ግና ከየቋረጸ ነቲ ኣውያቱ፣
ኡይ እናበለ ጉዕዝኡ ቀጸለ ዓዲ ከሸብር በሐድኣፊቱ፣
ሽው ንደጌ ገጸይ ቅልቅል ኢለ፣ተመሊሰ እትው እንተበልኩ፣
ዘሰክሕ ድምጺ ሐጨውጨው ብርቱዕ ደሃይ ኣሳይፍ ሰማዕኩ፡፡
እቲ ብጽፈቱ ዝተፈልጠ ወረጃ፣እቲ ንኡድ ቃስዮ ከምዘይንሱ፣
ሌፍ ኢሉ ብብዕልግና ክጻረፍ ሰማዕኩዎ፣እናለፍለፈት መልሐሱ፣
ብዘይካ ሎሚ'ኳ ሰሚዔዮ ነይፈልጥ ከምዚኣ ክገብር ከሎ ንሱ፣
ካብኡ ብሴፍ ክማናኸሉ'የ ዝኣቶኹ፣ከምዚ ንስኻ ዝርዔኻዮ፣
ድሕሪኡ ባዕልኻ ኢኻ ዝገላገልካዮም'ሞ ዝውሰኽ ነብለይ፣
ካብዚኣ ንላዕሊ እዝነይ ነይሰምዔት ነይርዔት'ውን እዛ ዓይነይ፣
ደቂ ሰብ ግና ዋላኳ'ቶም ሕሩያቶም፣ኩሉ ሳዕ ከምኡ ብምኺኖም፣
ዘይተርፍ'ዩ ነቲ ዝፈልጡዎ ነገራትኳ ብዘይግቡእ ምግጋዮም፣
ሽሕኳ በቲ ዝተዓዘብኩዎ ብዘይጠቅም ጌጋታት እዚ ቃስዮ እንተበደሎ፣
ፍሉጥ'ዩ ወዲ ሰብሲ፣ነቲ ዘፍቅሮኳ ሳሕቲ ሓሪቑ ከምዝቐትሎ፣
ግን ሕማቕ ውዒሉ፣ንምንታይ'ዩ ዝሓርሞ እንተበልና በብግምትና፣
ደምካ ብዘፍልሕ በዓለገ ዘረባ ከምዘዋረዶሲ ነይጠፍኣና፣

ኦቴሎ፡- ዘይርድኣኒ ከይመስለካ ኢያጎ! ንቃስዮ እሙን ፈታዊኡ ብምዃንካ፣
ናብ ነገርን ዋጢጥን ንኸይኣቱ፣ብኣዛራርባኻ ሕልውይውይ ከምዝበልካ፡፡
ዝኾነ ኾይኑ በቲ ዘሎኒ ጹኑዕ ርክብ፣ከፍቅሮ'የ ከም ፈታዊየይ፣
ድሕሪ ደጊም ግና ይኣክል፣ጊልያይ ኣይኸውንን'ዩ ጋሻ ዛግረይ፣
እስከ በዓልቲ ቤተይ ደቂሳ እንተኾይና ዴዝዴሞና፣
መን ኣሎ ርእዩ ዝነግረና? ንሳ ጥራሕ ንመረዳእታ ትኣኽለና፣
ኦ! ግርም'ባ እና መጸት ከነልዕላ ከሎና! *(ዴ/ ምስ ኣጀቢታ ትኣቱ)*

ዴዝዴሞና፡- ኢሂ ደኣ! ኣይደሓን እንዲኻትኩም?

ኦቴሎ፡- ሕጅሲ ደሓን ኢና ዴዝዴሞና! በሊ ንዕናይ ንገዛና! *(ንምንታኖ)*
ኣጆኻ ሞንታኖ! በዚ ሕስያኻን ቑስልኻን ኣይትሰቀቕ፣
ኣነ ባዕለይ ኣሎኹልካ ግድ የብልካን ኣይትጨነቕ፣
ባዕለይ'ዩ ጹቡቕ ጌረ ዝካናኽነካ፣ በሉ ወሰዱዎ!
(ንኢያጎ) ነዛ ከተማ ተጠንቀቕካ ሓልዋ፣ደሓር ከኣ ድማ፣
ነዞም በዚ ኣውያት ተረቢሾም ዘለው ሰብ እዚ ከተማ፣
ከይርበጹ ኣዕግሶም ካብ ቀንጠመንጢ ታራ ወረ ኣውጺእካ፣
ንዕናይ ዓይነይ! ከምዚኣ'ያ ኣብ ሂወት ወተሃደራት እትርከብ መተርኣሲ፣
ነቲ ሓዲኡ ዝነበረ ሰላማዊ ሰፈሮም ብወዝቢ'ዩ ዘናውጾ ዘይተሐስበ ባእሲ፣
(ብዘይካ ቃስዮን ኢያጎን ኩለም ወጺኦም ይኸዱ)

ኢያጎ፡- ኢሂ ደኣ ሐለቓ ሚእቲ ቃስዮ!ተሓሲኻ ዲኻ?

ቃስዮ፡- ኣተሓሳስያ እንተበሉኻኸ፣....ፈውሲ'ኳ ነይርከበሉ፡፡

ኢያጎ፡- ኦይ! ኣምላኽ እባ ካብ ክፉእ ይሰውረና፣ ኣታ ከመይ ድዩ?

ቃስዮ፡- ዋይ ኣነ ግዲ! ሽመይ!ሽመይ!ክብረይ ተበሊላ!ነዛ ሽመይ ኣሕሰስኩዋ፣
ነታ ዘይትመውት ሽመይ ኣሕሲረ፣ነታ መዋቲት ኣካላይ'ዩ ዝሓዝኩዋ፣
ድሕሪ ደጊም የሎኹን፣እንካብ ሽመይ ጠፍኣትን ባዕለይ'ውን ኣብረስኩዋ፣

ኢጎያ፡- ኽላ-ዋ! እዚ ድዩ ኽንድዚ ኡይ መበሊኻ?ኢያጎ ዓሻሲ'ባ ካልእ መሲሉኒ፣
ተወጊእካ ኣካላትካ ዝሰንከለ፣ኢን ዝጋጠመካ ንቑረት ዓይኒ፣
እንታይ ድዩ ሽም?ካብ ክብሪ ምብሪንላዕሊ!ሂወትካ'ንዶ ኣይትበልጽኒ፣
ሽም መጀሃሪ ትምክሕቲ'ዩ ብሓሶት ዝንደቕ እናላኻዕካ መናበሪ፣
መብዛሕትኡ ጊዜ ብዘይግቡእ ዝርከብ ብዘይ ገለ ጻዕሪ ማዕሪ፣
ብዘይ ጌጋ ኸኣ ዝቕንጠጥ፣ገሓጽሓጽ ኢሉ ዝቕሕም ከም ዓህሪ፣
ዝሓባእካያ እንተልያትካ ደኣ'ምበር፣ካልእ መማሳመሲ እንተኔሩካ፣
እዝሲ ነየዛርብ፣ትም ኢልካ ሽመይ ሓሰሰት ነየጥዕመልካ፣
ኣይትጠቅምኒ'ባ ኢኻ?እስከ ሕድእ ኢልካ ኣስተንቲንካ ኣስተውዕሎ፣
ነጺጉ ነይነጽገካ!ንጥዑይ መንገዲ ይቕረታ፣ጌና ብዙሕ ሜላታት ኣሎ፣
ምእንቲ ንኣንበሳ ከተፋራርሕ ኢልካ፣ግን ነቲ ኻልእ ጸግዒ ዘይብሉ ሓላል፣
ነቲ ገለ ጌጋኺ ዘይገበረ ከልብኻ፣ትዘብጦ ኢኻ ከምዝበሃል፣
ኣብ ኣፍ ጀነራል ኣቲኻ፣ኣብ ታኼላ እንጽርጽሮቱ እንተተሸመምካ፣
ከይሓሰብካዮ በጋጣም ብምቅላዕካ፣ብሳዕቤና'ውን በዛ እንኮ በደልካ፣

መርኣያ ኹሉኡ ንኽትከውን ገኒሑካ'ሎ፣ንስኻ ግን ነታ ሽምካ ከይቀበጽካ፣
ደጋጊምካ እንተትልምኖ፣ሕጂ'ውን ናትካ'ዩ ገጽ ከሊኡ ነይኽልኣካ፣
ጸሊኡ ነይጸልኣካ'ም፣ሽለል ኣይትበላ ነዛ ሓዳስ ጸገምካ፣

ቃስዮ፡- ብሰሪ ሐደ ሰራም ሳኽራን ዝተላዕለ፣ኣነ ኸኣ ንኸም ኦቴሎ፣
ዝኣመሰለ ወረጃ ሰብኣይ ኣቐይመ፣ኣብ ክንዲ ጎይታይ መሓረኒ ዝብሎ፣
ነታ መርገሙ ክተኹበለይ ይልምኖ'ምበር ከምስል ኢለሲ ነየታልሎ፣
እስከ ሕሰቦ! ሳኽራን፣ዋንጫ ድራሩ!መላስ መቓልሕ ከም ሓደ ጸድፊ፣
መልሓስካ ጕልጕልካ ዓጀውጀው፣ሰብ ብዝጽየኖ ነውራም ጸርፊ?
ክብርኻ ቐንጢጥካ ከም ዕቡድ፣ሰብ ብዝጸልአ ግብሪ ተካላት፣
ሃንደፍደፍ ኢልካ ንዝረኽብካዮ ምውራድ፣ምስ ክብርኻ ዘይመዓራረዩ ሰባት፣
ንባእሲ? ንረጽሚ!?ዋይ ኣነግዲ!መዓንጣኻ ዝበትኽ ጣዕሳታት!!
ኣቲ ስውርቲ ኃይሊ!ርግምቲ ጽማቕ ወይኒ!ኤህ! ገለ ደኣ ተጽንትኪ!
እንተድኣ በታ ጽይቕቲ መጋብርኪ፣ፍልጥቲ መጸዋዕታ ዘየብልኪ፣
እዛ ሰንካም መጣቖሲት!ጅልሕቲ ፈሽኳል ኢልና ንሰይምኪ፣

ኢያጎ፡- እንታዋይ'ዩ እቲ ብሴፍ ተኳይዮ ዝነበርካ?እንታይ'ዩ ጌሩካ?

ቃስዮ፡- እንድዕላ ኣዲኡ!እንታይ ፈሊጠሉ?

ኢያጎ፡- እንድዕላ ኣዲኡ?ገለኸ ኣይዝከረካን ካብቲ ኹሉ ነገራት?

ቃስዮ፡- ኣታ ኣየናይ ክብሎ?ብዙሕ'ዩ በብሓደ ግና ኣይዝከረንን፣
ባእስን ቆየቛን ኔሩ፣እንታይ እዋን ከምዝነበረ ግና ኣይፍለጠንን፣
ኣታ ፈጣሪ! ውኖኻ ዘስሕት ጸላኢ ኣብ ውሽጢ ኣፍና ኣንቢርካልና?
ከነዕልልን ክንዋዘን ከም ልብና ክንጻወት ጸኒሕና፣
ደሓር ድማ በብቐሰይ ኣማስያና፣ናብ ኣራዊትነት ምቕያርና፣
እንታይ ክንብሎ ንኽእል?ኣረ ኣንሕናሲ እንታይ ኢና?

ኢያጎ፡- ሕጂ ደኣ ደሓን እንዲኻ፣እንታይ እዋኑ ደኣ ሒሹካ?

ቃስዮ፡- እታ ሰይጣን ናይ መስተ ንሰይጣናዊት ኳሂ እንተድኣ ምግዳፍ ቦታ፣
ዘሕጉሳ ኮይኑ ብድልየታ፣እታ ዝቐደመት ነውረይ እናውረሰት መተካእታ፣
ጸላዕላዕ ከብለኒ ከሎ ስቅያታ፣ባዕለይ ተዓዚበያ ኣሎኹ ንውርደተይ፣
እሞ ከም ዓቢ ነገር ቆጺርካዮ?እንተፈንፈንኩዋ ነዛ ነፍሰይ፣
ጺቕ ኢለ እንተተጸየንኩዋ ነዛ ተካሊት ሂወተይ፣

ኢያጎ፡- በል ደኣ ትምበል!ገባር-ሠናይ ተመራማሪ ምስጢራት ኣይትኹነልና!
እዚ ኹሉ ጸገም ብወዝቢ ወሪዱ ዘይተኣደነ ዕላጅ ስለዘጋጠመና፣
ኣነ'ሞ ብጣዕሚ'ዩ ጉህዩ ዘሎኹ፣ግን ነቲ ኩነታት ኣስተንቲንና እንተገምገምናዮ፣
ጣዕሳታት ዝዓብሰልካ የብሉን'ሞ፣ነዚ ጉዳይ በዓልኻ ኣጠጥዮ፣

ቃስዮ፡- ምሕታትሲ ምለስኒ ኢለ ምሓተትኩዎ፣ግን ሳኽራን ኢኻ እንተበለኒ፣
ኒኖ ክፉት ቤቱ፣ንፉስ ዘርገመርጊ ኢሉ ገጽ እንተኸልኣኒ፣
ክንዲ ኣፍ ጣእት ሃይድራኳ እንተዝህልዋኒ ብብዝሓንትን፣
እታ ሓንቲ ቃሉ ጥራይ፣ነተን ናተይ ቃላት ፋሕ ብትን መበለተን

ሕጂ ፍጹም ጥዑይ፣ብኡንብኡ ድማ ህልም ናብ ዝበለ ዕሽነት፣
ድሕሪ ቕሩብ ድማ እናብኣስካ ናብ ኣልቦ ሕሊና ኣራዊትነት?
እዚ ንባዕሉ መዓት'ዩ፣መስተ ልዕሊ ዓቐን'ውን ርኽስቲ'ያ!
እቲ መቃመሚኣ ደም ሰይጣን'ዩ፣ምስኣ ተጸንቢሩ ዝኸውን መሳተያ፣
ኢያጎ፡- ኣየ'ሸየ! ስማዕ ግዳ ኽነግረካ! ምቁር ወይኒ ኣዝዩ ጥዑም መስተ፣
ዕርክንኡ ፈጺምካ ኣይምኖን'ዩ እንተድኣ ብህዱእ ዓቕሊ ተሰተ፣
ክሳዕ ክንድዚ ኣይተቃልሎ ኣንጻሩ ኺንካ ኣይተናሸዎ በጃኻ፣
ጎይታይ ቃስዮ?ሓቀይ ድዩ?ኢያጎ የፍቅረኒ'ዩ ትብል እንዲኻ?
ቃስዮ፡- ነዚ ደኣ ቅድሚ ስኽራን ኣጸቢቐዶ ኽይገለጽኩልካ፣
ኢያጎ፡- ንስኻ፣ ከምኡ'ውን ኩሎም ብሂወት ዘለው ሰባት፣
ከምዚ ኣነ ዝፈልጦ ሳሕቲ ይሰኽሩ'ዮም፣ብዝተፋላለዩ መስተታት፣
ስማዕ ግዳ! እንታይን ከመይን ከምእትገብር እንካኒ ምኽሪ ተቐበል፣
ሕጂ ኣብዛ እዋን እዚኣ እታ ቐንዲ ኣዛዚት ናይ ጀነራልና ጀነራል፣
በዓልቲ ቤቱ ኮይና ኣላ፣ካብ ልዕሌናን ልዕሊኡን ንላዕሊ በዓልቲ ጽላል፣
ኣፈይ መሊኣ ከምኡ ዘበለኒ ኸኣ፣ከምዚ ከማይ ጌሩ ንዘስተውዓሎ፣
ኩነለይን ግበረለይን እንተበለቶ ምእንቲ ፍቕራ እሙን ብምዃኑ ኦቴሎ፣
ንማዕርጋዊ ኽብራን ናብራኣን ክብል ንገዛእ ርእሱ ኣሕሊፉ፣
ቃሕ ከምዝበላ ከምዝሰውኣላ ርግጽ'ዩ፣ነቲ ኻልእ ማልእ ገዲፉ፣
ነቲ ንሳ ዝበልቶ ከምዝገብረላሲ ሰሚዔያ ኣለኹ ካብታ ኣፉ፣
ስለዚ ከይወዓልካ ከይሓደርካ፣በዓልኻ ለምና ፈፈው ኢልካ፣
ጠንቀላዕላዕ በል ከይፈራሕካ፤ በግልጺ ንገራ ከምዝዓገብካ፣
ዘለካ ዘበለ ወፍየላ፣ክሳብ ናብታ ሥራሕካ እተምልሰካ፣
ወግሀት ጸብሔት እናኸድካ ብልማኖ ኣረብርባ ሻላማላ ከይበልካ፣
ገርሂ ልቢ ዘለዋ ሕያወይቲ'ያ፣ፍጥር ክትብል ርህርህቲ፣
ብርኽትን ፈታዊት ሰብን'ያ ዝበለቶ ዝሰልጣ ምርቕቲ፣
ጽፍፍቲ ጓል ወረጃ ኢያ'ሞ፣ካብ ጥርዓንካ ንላዕሊ እንተዘይጌራትልካ፣
መሲሉ ከምዝስምዓሲ ፍሉጥ'ዩ፣ከምዚ ኮነ ኢላ ዝበደለትካ፣
ነቲ ኣብ መንጎ ንስኻን ንሱን ዝነበረ፣ሕጂ ግና ተገምዩ ዘሎ ፍቕሪ፣
በቲ ብልሓታ ከተጥዕዮ ሕተታ፣ተቐበል'ውን ከይሰልከኻ ናታ ምኽሪ፣
እንተድኣ ነዚኣ ጌርካ፤እቲ መስተንክር ዝነበረ ናይ ፍቅርኹም ሃልሃልታ፣
ካብቲ ዝነበረ ንላዕሊ እንተዘይደሚቑ፣እንተዘይገጢሙካ ጽቡቕ ደስታ፣
ዘሎኒ ዘበለ ጥሪተይ ልቆ ይኹን፣ናይ ንብረተይ'ውን መጸንቀቕታ፡፡
ቃስዮ፡- ዕውት እንዲኻ ብቐደምካ!ጽቡቕ ጌርካ ኢኻ ዝመዓድካኒ!
ኢያጎ፡- ስጋኻ ቃስዮ ዓርከይ!ብፍቕርን ብቕንዕናን፣ብሓቂን'ዩ ዝምሕለልካ፣
ቃስዮ፡- በል እስከ ኣምላኽ ይፈለጥ!ከምኡ'ያ ሃንቀውታ ልበይ፣
ንግሆ'ውን ብድድ ኢለ፣ብሩኽ መዓልቲ እንተገበረለይ፣
ነታ ብርኽቲ ዴዝዴሞና ከነግራ'ዩ እዛ ኩላ ጸገመይ፣

እንተሰለጠኒ ግርም፣እንተዘየሎ ነዛ ኩነታት ተስፋ ዕድለይ፣
ከሳብ መወዳእታ ርእየ ሓዲኡ እገብር ተፍልጥ'ውን'ዛ ቅርስስቲ ዕርበተይ፣

ኢያጎ:- ሕጂ ኢኻ ዝለበምካ፣ብዙሕ ተስፋ ኣሎኒ ከምዝሰልጠካ፣
ኣምላኽ ኣሎ! ደሓን ሕደር ጎይታይ! ኣነ'ውን ክኸይድ ናብታ ሓለዋይ!

ቃስዮ:- እስከ በል ኣታ ጡሉል፣ደሓን ሕደር ኣንታ ሕያዋይ! *(ይወጽእ)*

ኢያጎ:- እንተድኣ በዛ ነገር እዚኣ፣ርጉም መጣቕሲ ዝብለኒ ኾይኑ ንበይኑ፣
ንሱኸ ብቕንዱ ባዕሉ በዓል ኣየናይ ግብሪ ኾይኑ?
እዚ ሕጂ ኣቕሪበዮ ዘለኹ ጽቡቕ ምኽሪ ብመገዲ ቕንዕና፣
ኣማስያኡ ክሰምር'ዩ፣ንኦቴሎ'ውን ብዕርቂ ኣብዛ ከብዲ ኢድና!
ኣዝዩ ቀሊል'ዩ፣ብግልጺ መንገዲ ምስታ ዴዝዴሞና ለጊብና፣
ድልየትና ዝበለ ክሰልጥ'ዩ ነቲ ንሳ እትብሎ እናሰዓብና፣
ከም ዘጒላዕልዕ ዕምበባ ሰውሒ፣ከም ጹሩይ ፀጋ ከቡር ማእድናት፣
ሃነን ከተብል ዝተፈጥረት'ያ፣ብምስጢራዊ ናይ ጽባቐ ቀመማት፣
ኦቴሎ ኸኣ ግበር ዝበለቶ እናገበረ ኩን ንዝበለቶ ኣንተኹነላ፣
ካብቲ መናፍቓዊ እምነቱን ኣረማዊ ግብርታቱን ገላጊላቶ'ላ፡፡
ሳላኣ ንስሃ ኣትዩ እቲ ንቡር ናይ ኃጢኣቱ ማሕተም መመስከሪ፣
ዳርጋ ተበሊሉ ሓሲሱሉ'ሎ እቲ ናይ ቀደሙ ተካል ግብሪ፣
እዚ ከኸውን ከሎ ትንፋሱ ምስ መንፈሱ፣ተዓምጺጻ ምስኣመሉ፣
ኣብታ መጻወዲያ ፍቕራ ብምእታዋ ብዝማዕመአ ስልቲ እንተተጠቕመትሉ፣
ሙሉእ መሰልን ሓይልን ኣለዋ፣ኣብ ልዕሊኡ ዝድላያ ክትፍጽመሉ፣
ኣዳዕዲዓ ትኽእል ድማ'ያ፣ሐለቓኻን ፈጣሪኻን'ዩ ኢላ ኽትእውጀሉ፣
እሞ ምእንቲ ንቃስዮ ንምትዕራቕ ነዚ መንገዲ ቕንዕና ብምድላየይ፣ ትምኒተ
ኽትፍጸመሉ ብምጽዓረይ፣ሰንካም ዘብል ድዬ እዚ ግብረይ? ኣመሓደርቲ
ገሃነመ-እሳት፣ናይ ረመጽ ታኼላ ገዛእቲ፣
ከጎልብቡ ከለው መፎዝ ጠቐር ዝቕምጥኦ ብናይ ኃጢኣት ከዳውንቲ፣
ፈለማ ከምዚ ናተይ መንገዲ ጽድቂ'ዮም ዝሕብሩ፣ባዕላቶም'ኳ ኣጋንንቲ፣
ቃስዮ ዓሻ ገርሂ ልቢ! ክትምለሰሉ እታ ሹመቱ፣
ኣብ እግሪ ዴዝዴሞና ክንፈፋ'ዩ፣ንሳ'ያ እታ ትዕድልቱ፣
ንሳ ሒኹ ክትብል ከላ፣ኣሰልኪያ ሕራይ ከተብል ነቲ ሻንቅላ፣
መላኽዒ እትኸውን ጠንቃም ነገር፣ኣብታ እዝኒ ኦቴሎ'የ ዝስግደላ፣
ኢለ ኸኣ ኽነግሮ'የ፣ብፍቕርን በፍትወተ ስጋን ንቃሰዮ ተመኒያቶ'ላ፣
ካብኡ ኸኣ ምእንቲ ነቲ ሻንቅላ፣ፈንፊና ክትጽየኖ ነዛ ዓይና፣
ኣብ ክንድኡ'ውን ካልእ ከምዝምነያ እንተነገርኩዋ ብትሕትና፣
መዓረ እቲ ንቃስዮ እትጽዕረሉ ዝነበረት፣እትደኽሙሉ ንይቕረታ፣
ዱዋዕዋዕ ኣቢላ ክትዘርዋ'ያ ነታ ናይ ጹኑዕ ፍቕሪ ሓውልታ፣
ነቲ ንሳ እትገብሮ ገርሀኛ ጻዕሪ ናብ ግብሪ እኪት እንተለወጥኩዎ፣
ምኽኑ'ዩ ነቲ ንዓዓ ዝኸውን መጻወዲያ ካብቲ ውሽጣ ከሰብኩዎ፣

በቲ ካብኣ ዝርከብ ልውህና፣ነቲ ዝተሓቐነ ንጥዑይ ግብሪ፣
ግርምቢጥ ኮነት ማለት'ዩ፣ንኹላቶም ኣጽኒተ ኣብ ሓደ ጊዜ ክልተ ወፍሪ
(ሮድ/ይኣቱ) ንዓኒ ሮድሪጎ! መርሓባ!

ሮድሪጎ፡- ያሆ ግደፈኒ በጃኻ! ዘረባ የብላን ናተይ ናብራ!
ኣብዚ ሃድን እዚ እታ ዕጫይ፣ ኣብ ክንዲ ዘሳጉግ ከም ሃዳናይ፣
መላስ ኣውያት ኮይነ ኣሎኹ፣ ዳርጋ መኸሰብ ዘይብሉ ጎያያይ፣
ገንዘበይ ዳርጋ ተነጊፉ'ዩ፣ተሓንኩኹ ካብዛ ጅባይ፣
ነዛ ናይ ሎሚ ኣይተልዕላ፣ ተዓሪፋኣ የብለይን ከም ለማናይ፣
ነታ ኽትነግረኒ ዝሓሰብካያ ኔው በላ! ፈሊጠያ ኣለኹ ሓሳባትካ፣
ድሕሪ ብዙሕ ገድልን መከራን'ዩ፣ ድልየት ልብኻ ዝፍጸመልካ፣
ዓቢ ፍልጠት ብጸበባታት ዝርከብ ትምህርቲ'ዩ እናበልካ፣
ዓጀውጀው ከምእትብል እፈልጥ ኢየ፣ሮድሪጎ ዓርከይ እናበልካ፣
ንዓዓ ኣይረኸብኩ፣ገንዘበይ ኣይሓዝኩ፣እናጣቓዕኩ ጥራሕ፣
ኢደይ፣ ምህሮ ጸበባታት ኣጽኒዓ፣ዐንዘርዘር እናበልኩ ንዓደይ፣
ካልእደኣ እንታይ'ሎ?ንቬኒስያይ'ምበር ምስዘን በለልይ ኣጭርቐተይ፣

ኢያጎ፡- ቅርስስቲ ጭሩሲ ክርም ከሪማ ጥቅምቲ ትዓውር!ዲዮም ዝብሉ?
እዞም ትዕግስቲ ዘይብሎም፣ ክንደይ ኮን ኣምላኽ ጸሊኡሎም?
በብቐሰይ ደኣ'ምበር፣ደፋእ ኢልካ ደሪዝካ ፈዋዊሽካ፣
ኔራትካዶ ትፈልጥ'ያ ገለ ቑስሊ? ብሓንቲ ለይቲ ዝሐወየትልካ?
ንገብሮ ዘሎና ጻዕሪ፣ ብብልሒ'ምበር መኣስ ኮይኑ ብጥንቆላ?
ትርኢን ትዕዘብን ከዓ ኣሎኻ፣ ስጉምቲ ኣእምሮና ክትዕንብብ ከላ፣
እናኸኣ ተፍሪ'ላ፣ንጊዜ ተመርኩዛ ብጥበብና ሰላሕ ኢላ፣
ንምንታይ ኢኻ ዘይትሐስብ፣ ንምንታይ ኢኻ ዘይትማራመር፣
እቲ ዓንተቦይ ንቃስዮ ኣስኪርና፣ተኺቲኹና ብነገር፣
ሓሪቑ ኽጽለል ብዝገበርናዮ፣ኣነን ንስኻን ተጣቢብና፣
ኣብ ምንታይ ነቑታቶ ከምዘላ፣እነሆ ንርኢ ኣሎና፣
ሽሕኳ ፈለማ ዝሰለጠ እንተመስለ እቲ ናቱ ነገራት፣
እታ ቕድሚ ኹሉን እትዕንብብ፣ ቀልጢፉ ስለ እትህብ ፍርያት፣
ንሳ'ያ ፈለማ እትቕንጸል፣ ኣቕዲማ ብምብሳላ ብብጊሓት፣
ትሰምዕ ደሎኻ? ንርእስኻ ኣብዳ ንሳ'ያ እታ ዓባይ መንፈዓት!
እዛ ጭንቂ ትሓልፍ ኢያ፣ኣይትጀጁ ኣይትፍራሕ!
ወትሩ ሓርኮትኮት በል፣ ተሓጐስ! ብላዕ! ስተ! ጥዑም ተመሳሕ፣
እዚ እዋናት ከይተፈለጠካ'ዩ ዝሓልፍ፣እዚ'ዩ እቲ ጽቡቕ ሜላ፣
ኪድ ከይተሃከኻ ኣብ ዝግብኣካ ተረኸብ፣ኣይተዕገንግን ብሻላ ማላ፣
ንእሙን ብልሂ ልኢኽካ ኣይትስጋእ፣ነዛ ምዕዶይ ኣብ ግብሪ ኣውዕላ
ንስኻ እኮ ለባም ኢኻ፣ሥጋኻ! ኣምላኽ ሂቡካ'ሎ ፈጣሪ፣
ንዓኻዶ ከይጠፍኣካ፣እዚ ኹሉ ምኽሪ ዝኽሪ፣
ኪድ በል ኣጆኻ!ክትወግሐልካ'ያ እዛ ምድሪ፣ *(ሮድ/ ይወጽእ)*

ቅድሚ ኹሉ ክልተ ዓበይቲ ነገራት፣ክዕመማ ኣለወን ክሕዛ ቦታ፣
ኤሚልያ ዓንጋሊት ዴዝዴሞና ብምዃና፣ ንቃስዮ ከተራኽቦ'ያ ምስ እምበይታ፣
እዚ ብኣኣ ክዕመም ኣለዎ ብለዘብታ፤ባዕለይ'ዩ ዝካታተላ ክሳብ መወዳእታ፣
ንሳ ንዓታቶም ከተራኽቦም ከላ፣ኣነ እልይ ክብል'ዩ ሒዘዮ ንኦቴሎ፣
ኣግልል ኣቢለ ከዳናጉ'ዮ'ዩ ከምዚ ብቐም ነገር ዘዕልሎ፣
ሽዑ ሚኪኤል ቃስዮ በጃኺ እዚ ሓፍተይ፣ክደንኒ ኣማልድኒ ክብላ ከሎ፣
ካብታ ዝነበርናላ ስፍራ፣ናብኣቶም'የ ጠበሽ ዘበሎ ብወዝቢ ንኦቴሎ፣
ነዛ ከምዚኣ ዝኣመሰለት ጉዳም ሰሪ፣ኣይግባእን'ዩ ብሎሚ ጽባሕ ከዛሕትላ፣
ሰጋዕጋዕ ድሕር-ምሕር፣ኣይተዋጽእን'ያ ኣብዚ በጺሓትለይ ከላ፣

(ይወጽእ)

ሳልሳይ ገቢር

ቀዳማይ ትርኢት

(ኣብ ዕርዲ)

ቃስዮ፡- ኢሂ ደአ ኢያጎ? ኣለካዶ ገለ ደሃይ?

ኢያጎ፡- ወይለይ! ኣታ? 'ምርበዶ ደቂሽካ!ኣይደቀስካን ኢኻ ግዲ?

ቃስዮ፡- ኣንታ እንታይ ድቃሱ!ኣይ ብኡንብኡ እንድዩ ወጊሑ፣
ኣታ ኢያጎ?ንስኻ ኢኻ ዘሎኻኒ'ም ሓንሳእዶ ከሽግረካ፣
እስከ ቀልጢፍካ ናባይ ስደዳ ነታ በዓልቲቤትካ፣
ምእንቲ ናብ ዴዝዴሞና ክትወስደኒ፣ባዕልኻ ነጊርካ፣
ከይደ ጸገመይ ከገልጸላ'የ፣ናትካ'ውን ኣይፈለየኒ ሓገዝካ፡፡

ኢያጎ፡- ድንቂ'ምበር!ሕጂ ኣብዚኣ ከሎኻ! ቐልጢፈ'የ ዝሰደልካ፣
ምእንቲ ክሰልጠካን ክቐንዓካን፣ንኽትጋለል ደፋእ ኢልካ፣
ናብ ገለ ገጾይ ሒዘዮ ክእለ'ዩ እቲ ሓርፋፍ ከይርእየካ፣

ቃስዮ፡- ኣዬ ብሩኽ!!ለዋሕ ሰብ እኮ ኢኻ!የቐንየለይ! *(ኢያጎ ይወጽእ)*
ኣይርኣኹን ኣይሰማዕኩን ከምዚ ዝኣመሰለ ቑኑዕ ቬኒስያዊ፣

(ጽንሕ ኢላ ኤሚ/ትአቱ)

ኢሚልያ፡- ሓደርካ ጎይታይ?ኣታ እንታይ መከርኡ ወሪዱካ?
ኣነሲ ጣዕ'ዩ ዝበልኩ፣ኣምላክ ባዕሉ የጸብቐልካ፣
ብዛዕባኻ'ዮም ዝዛረቡ ዘለው፣ጀነራል ምስ በዓልቲ ቤቶም፣
ንሳ'ውን ምእንታኻ ትጽዕር ኣላ ኣፍ ኣውጺኣ'ያ ትምጉቶም፣
ዝኾነ ኾይኑ ብመበቀልካን ዓሌትካን ፍሉጥ ብምኧንካ፣
ኣብዚ ሃገር እዚ'ውን ብዙሕ ርክብ ስለዘሎካ፣
ከምእትዕረቑሲ ርግጽ'ዩ ኣነ'ውን ኣይመስለንን ዝነጽገካ፣
ባዕሉ ድማ መስኪሩ ኣሎ፣ንዓኻ ከምዘፍቅረካ፣
ካልእ ጋሻ ዛግረ ነይደሊ፣ዝሓሰብ'ውን ኣይመስለንን ብዘይካኻ፣
ነታ ስራሕካ ንኻልእ ኣይህባን'ዩ፣ፍሉጥ'ዩ ከምዝመልሰካ ንዓኻ

ቃስዮ፡- በጃኺ'ንዶ ዓይነይ፣ሓንሳእ ጥራይ ሓግዝኒ፣ፍታውኪ ትኹነለይ፣
እንተኸኣ ዝጥዕም መሲሉኪ እዛ ሓብተይ፣
እንተተራኽብኒ ምስ እምበይተይ ምነገርኩዋ ነታ ጭንቀይ፣
ነዚኣሲ ወዓልለይ ደኣ፣ወዓልለይ!

ኢሚሊያ፡- ባዕለይከ! ኣጆኻ ደሓን! ነዚ ድዩ እዚ ኹሉ ሸገርገር፣
ኣብ ባህ ዝብለካ ቦታን ጊዜን ከራኽበካ'ዩ፣ብዘይ ወዓል-ሕደር፣
ሽዑ ከም ቃሕታኻ ትነግራ ነታ ኣብ ልብኻ ዘላ ነገር፣

ቃስዮ፡- ኣቲ ብርኽቲ! እስከ ኣብ ካሕሳኺ የውዕለኒ! *(ይወጹ)*

✡ ✡ ✡

ካልኣይ ትርኢት

(ኣብ ዕርዲ)

ዴዝዴሞና፦- ኣጆካ ኣይትጒሓ ቃስዮ ሓወይ፣ዝዓብሰልካ የብሉን ምሕዝንዛን፣
ብዘላህኒ ዓቕመይ ክሕግዘካ'የ፣ኣይትረበጽ ግድ የብልካን፣

ኢሚልያ፦- ሓደራኺ እምበይተነ፣ ሕራይ ኢዮም ዝብሉኺ እንተለመንክሉ፣
በዓል-ቤተይ'ውን ከምዛ ናይ ገዛእ ርእሱ ጉዳይ'ዩ ዝጭነቐሉ፣

ዴዝዴሞና፦- ኣጆኻ! ዓይኒ ኣባይኩም ይድፈነልኩም! ግድ የብልካን!
ከሳብ ዓቕመይ ትጽንቀቕ ጽዒረ፣
ኣተዓሪቐ ከሳንየኩም'የ፣ኣነ ባዕለይ ዝገበርኩ ገይረ፣
ብሰላም ከላዝበኩም'የ፣ንልበይ ኣብ ክንዲ ልብኻ ኣሸጊረ፣

ቃስዮ :- ክብርቲ እምበይተይ....
ዝወዓልኪ እንተወዓልክሉ ነዚ ምስኪናይ ሚካኤል ቃስዮ፣
ካበይ ከምጽኦ ኢሉ መዓረ እዚ ጽቡቕ ሞሳኺ ዝፈድዮ፣
ብጀካ ምእዙዝን ትሑትን ጊልያኺ ምኳን፣ኣሚንኪ እትእዝዝዮ፣

ዴዝዴሞና :- ወሪዱካ እንታይ ጌረልካ፣ይርድኣኒ'ዩ ቕንዕነትካ፣
ኣዳዕዲዔ እፈልጥ'ዩ፣ንጎይታይሲ ተፍቅሮ ከምዝኾንካ፣
ካብ ዘይትራኸቡካ ክንደይ ኮይኑ?ኣነዶ ንዓኻ ኽነግረካ፣
ንሱ'ውን ካባኻ ዝጥቁ ሰብ፣ሃለው እንተዝብል ንኸረክብ፣
ብስራሕ ብመንፈዓት፣ወይ ድማ ብጠባይ ምስኡ ዝለግብ፣
ከምዘይረክብሲ ፍሉጥ'ዩ፣ኣብ ቅድሚ ዓይኑ ብጉብዝንኡ ዝቐርብ፣
ንጊዜኡ ደኣ'ዩ'ምበር፣ኣጽቂጡ ነየጽቅጥ፣ ጸሊኡ'ውን ነይጸልኣካ፣
ትም እንተበለ ንትዕዝብቲ'ዩ'ምበር፣ኣግሊሉ ነየግልለካ፣

ቃስዮ፦- ሓቂኺ!ብወዓል ሕድር እዛ ነፍሰይ ካብ ውሽጢ ልቡ እንተረሓቐት
ብቆጸራታት ተደብዲባ ብሸኾና ጊዜ እንተተረግሒት፣
ኣብ ደምበ ዝንጋዔ ተሰጢሓ፣ኣብ ናሕሲ ወዓል ሕደር እንተሓኹረት፣
ኣብ ምድሪ ቤት ሻላ ማላ ኣንገርጊራ፣ብቖጸራ-ወዲ ቖጸራ እንተወርሀት፣
ኣነ ኣብዘየሎኹሉ እታ ሰርሐይን ሞያይን ብኻልኦት እተተወርሰት፣
ብሰንኪ ምድንጓይ መልሲ እዛ ጥርዓነይ ንሶም'ውን እንተረስዑኒ፣
ካብ ዓይኒ ዝገለለ ካብ ልቢ ገለለ ኢዩ'ሞ እንድዒኸ--እምበይተነ፣

ዴዝዴሞና፦- ናይ ምንታይ ምውራሕ! ኣጆኻ ብዓቕሊ ጽበት ኣይተሰቈርቈር፣
እና ኣብዛ ቕድሚ ኢሚልያ፣ድሕሪ "ሥጋኻ" ኣይትጠርጥር፣
ሽመትካን ሥራሕካን ኣብዛ ኢድካ፣ውዒለኳ ኣይትሓድር፣
ለበዋኻ ሒዘያ ኣሎኹ፣እኔኹ ብልበይ ተቐቢለካ፣
ኣነ ነቲ መቕርብ'ዩ ዝብሎ ሰብ፣ሓንሳእ ቃል እንትኣትየሉ፣
ክሳዕ ሓንቲኣ ተፍልጥ ለይትን መዓልትን'ዩ ዝጽዕረሉ፣
ኣጆኻ!ድቃስ ኣይህቦን'ዩ፣ከነግሮ'ዩ ፍሕትሕት ከየበልኩ፣
ዓራቱ ቤት ትምህርቲ ቀለውዕ'ዩ ዝገብራ፣ሰሚዕካዶ ኣያኒ? እናበልኩ፣

ክሳዕ ቁርጺ ናይ ጥርዓንካ ቃል ትኹነልኪ ካብታ ኣፉ ዘይረኸብኩ፣
ብቖጸራታት'ዬ ዘሰልኪዮ፣ኣይገድፎን'ዬ በሊ ሕራይ ከየበልኩ፣
ኣብ ስራሕ ኮነ ኣብ ዕረፍቱ፣ክሰቲ ይኹን ኢን ኬቁርሶ፣
ነዛ ጥርዓን ናይ ቃስዮ ፊትፊተን ጠቅሊለን'የ ዜኹልሶ፣
ስለዚ ኣይትረበጽ፣እዛ ልኡኽካ ኣይትርብርብንያ፣
ነዛ ሕቶኻ ከየስለጠት ሰለምታ እኳ ኣይትወስዳን'ያ፣

ኢሚልያ፡- ዴዝዴሞና፣ኣነውለ ይመጹ ኣለው ጎይታና!

ቃስዮ፡- ዶ?እምበይተይ!?እምበኣረይ ክኸይድ ይኣኽለኒ!

ዴዝዴሞና፡- ጽናሕ! ኣብዛ ቅድሜኻ ክነግሮ ከሎኹ ክትሰምዓኒ፣

ቃስዮ፡- ኣይፋለይ እምበይተይኒ፣ኣነ ምስከድኩ ትይሕሸኒ?
ኣብዚኣ ከሎኹሲ ፍርሒ'ዩ ዝሓቑነኒ፣
ንናይ ገዛእ ርእሰይ ጉዳይ ፈራሕ'ዬ፣እምበይተይ ግደፍኒ፣

ዴዝዴሞና፡- በል'ምበአር ደሓን፣ከምድላይካ ፣

(ኦቴሎን ኢያጎን ከኣትው ከለው፣ቃስዮ እናቐልጠፈ ይወጽእ)

ኢያጎ፡- ኤደድ! እዛ ከምዚኣስ'ባ ክትጽለኣኒ!

ኦቴሎ፡- እንታይ ኢኻ ዝበልካ?

ኢያጎ፡- ዝበልኩ ይብለይኒ ጎይታይ፣እንታይ ማለተይ ከምዝኾነ እንድዕለይ!

ኦቴሎ፡- ቃስዮዶ ከይኮነ እዚ ሕጂ መሽኮት ኢሉ ዝወጸ ካብዛ ጥቓ በዓልቲ ቤተይ?

ኢያጎ : ኦኦዩ!እዛ ከምዚኣሲ እባ ክትጽልኣኒ!
ቃሲዮ ዲኹም ዝበልኩም ጎይታይ?ከይትጋገዩ ደኣ ዝገብሮስ ኣይመስለንን፣
ክትመጹ ከሎኹም እናረኣየ ከም ዓገበኛ ኣይከይድን፣

ኦቴሎ፡- ካልእ ሰብ ኣይርኤኹን፣ቃስዮዶ ጠፊኡኒ?!

ዴዝዴሞና፡- መርሓባ ኣያኒ፣ካባኻ ዘይትሕባእ ሓንቲ ምስጢር ኣላትኒ፣
ሓደ ክፉእካ ዘይፈቱ ሰብ'ዩ ኣብዚኣ ዝጸንሀ ጥርዓኑ እናነገረኒ፣

ኦቴሎ :- እንታዋይ'ዩ?መን'ዩ ንሱ?

ዴዝዴሞና፡- ሐለቓ ሚእቲ ቃስዮ'ዩ፣ካልእ ደኣ እንታዋይ ኣታ ጎይታይ?
ንሱ'ዩ ንደገ ጽንዓት ዝመጸ ምእንቲ ክሕግዞ' ከምሕጸነኒ ንዓይ፣
ኣታ ዓይነይ? ደኺሙኒ ከይበልካ ሓንቲ ነገር'ንዶ ወዓለለይ፣
ምእንቲ እዛ ጽንዕቲ ፍቕርና፣እዛ ልብኻ ትራህርሃለይ፣ ንፍቕርኻ
ደልዩ ተጣዒሱ'ሎ'ሞ ተኣሪሙ ክጸፍፍ'ዩ ንዳሕራይ፣ ይቕረ በሎ
ስለይኢልካ፣መሓሮ ደኣ ክቡር ጎይታይ፣
ዘየፍቅረካ እንተመሰለ፣ንስኻውን ከምኡ እንተሓሰብካ፣
ብሰሪ ስሕታን'ዩ'ምበር፣ ብተንኮልን ብተጉላባን ከይመስልካ፣
ከምዚ ኣነ ዝተዓዘብኩዎ ግና፣ካብ ብልቡ'ዩ ዜፍቅረካ፣
ነቲ ዘይበደለ ዓገበኛ ኣይብሎን'የ፣ ከየራጋገጸኩ'ውን ነይፈርዶ
ንሰብ ከይበደለ ፈሪድና፣ሓቂ ከይጨበጥና ኣይነቀርዶ፣
በጃኻ ነዓ ተመለስ ኢልካ ነታ ይቕረታኻ ሃቦ'ንዶ?

ኦቴሎ፡- እሞኣበ'ሎ ደኣ?ናበይ ገጹ ኸይዱ?

ዴዝዴሞና፡- ይዋኣዩ! ምስኪናይ!ለዋህን ትሑትን ኢዩ ኣኽባር ሰብ፣
ካብቲ ዓሂኡን ጣዕስኡን ቁሩብትለይ ነጊሩኒ ኣሎ፣ ኣዬ
ጭንቂ! ወሪድ!በጃኻ'ባ ጸውዓዮ....ንዓ በሎ፣ ምእንቲ
ባህ ክብለኒ....ጎይታይሲ ሕራይ በለኒ፣

ኦቴሎ፡- ሕራይ ይኹነልኪ!ግን ቁሩብ ጽንሕ ዘይትብሊ፣
ብሓደ ኢና ዘሎና፣ናበይ ክንከይድ ኢልና ኣይትሸኩሊ!

ዴዝዴሞና፡- ንመዓስ'ሞ? ከይተደንጒያ ኣታ ጎይታይ፣

ኦቴሎ :- ኣይትድጉን'ያ ቐልጢፈ ክፍጽመልኪ'ዩ ወለላይ!

ዴዝዴሞና፡- ሎሚ ምሸት ኣጋ ድራር ሕራይ ዶኒ?

ኦቴሎ፡- ኣይፋል! ንሎሚ ምሸትሲ ኣይተሕሰውኒ

ዴዝዴሞና፡- ጽባሕሲ መዓስ ርሒቑ እዋን ምሳሕ ትኹንዶኒ?

ኦቴሎ፡- ጽባሕ ንገዛ ኣይኣቱን'ዩ ኣብ ጊዜ ምሳሕ፣
ኣብ ዕርዲ ምስ መኳንንቲ ክንዛራረብ ኢና ብዛዕባ ስራሕ፣

ዴዝዴሞና፡- እሞ መዓስ?ጽባሕ ምሸት ኢን ሰሉስ ንግሆ ጸውዓዮ፣
እንተዘየሎ ኣጋ ፋዱስ ኢን ምሸት፣ወይ ረቡዕ ንግሆ ከደሃዮ፣
ጥራሕ በዛ መዓልቲ እዚኣ በለኒ፣ቐጸራ ሓበኒ ከጠንቅቕ፣
ግን ሕድርኻ፣ካብ ሰለስተ መዐልቲ ንንየው ኣይተርሕቆ፣
እንተ ንሱ'ሞ እሙን'ዩ፣ሽሕኳ በዲሉ'ዩ እንተበልካዮ ንስኻ፣
ዘይጋገ የልቦን'ሞ፣ተጋግዩ ይኸውን'ዩ ብናይ ባዕሉ ማሕለኻ፣
ነዚ'ውን ከም ቀሊል ንቑጸሮ፣ይቕረታ እናገበርና፣
ንኣብነትኳ ብጠንቂ ኹናት፣እንተተገብረ ኃያሎይ ብድኣታት፣
ሙብዛሕቱ ጌጋ ኣይኮነን'ሞ ብውጽኢቱ'ዩ ዝውሰን እቲ ኩነታት፣
እሞኸ! ኣየናይ'ዩ እቲ ጌግኡ?ንርእሱ ወቒሱ እናዋረደ ብጣዕሳታት፣
ንዓ ንኽብሎሲ መዓስ'ዩ ዝጥዕመካ?ንገረኒ ኦቴሎ?ንገረኒ ሓላለይ፣
እንታይኮን ይምልሰለይ እናበለት ትጭነቕ'ያ ዘላ እዛ ነፍሰይ፣
ሕጂ'ውን ተዓዚብካኒ ትኸውን ኢኻ በዛ ጨረምረመይ፣
እንተተዓዘብካኒ'ውን ደሓነይ፣ግን ግደፍ ደኣ ጎይታይ፣
ንሚኪኤል ቃስዮ?ነቲ ጥዑምን ካብታ ጥቓኻ ዘይፍለ ሕያዋይ፣
ብሕማቅ ከልዕለካ ከሎኹኳ ዘይፈቱ፣ኣብ ከንዳኻ ዝጣበቕ ከም ሐሙተይ፣
በዛ ክጽውዖዶ ክንድዚ ከተለምነኒ?መዓረ'ዚ ከተድከመኒ፣
እምካሕ ደኣ ነበርኩ!ካልእኳ ንፍጻም ጃሕራ ልቢ እናሓዘትኒ፡፡

ኦቴሎ፡- በጃኺ'ባ ሞኽ ኣይተብልኒ?ኣብ ዝማእመእ'ንዶ ይምጻእ ግደፍኒ፣
ከይኣብየኪ ዲኺ ፈሪሕኪ?ካባኺ ዝብቀቕ እንታይ ኣሎኒ?

ዴዝዴሞና፡- ኣታ ጎይታይ!እዚ ደኣ መዓስ ርጉዲ ልቢ ይህብ ኮይኑ?
እዚ ከም ፈርግኻ ተጎምንም፣ ኢደ ጸባብካ ቀይሮ'ዩ እቲ ዓቕኑ፣
ካብቲ ደጋጊመ ዘኹልስካ፣ካብቲ ንኽይትቕርር ዝገብሮ፣
ወይካብቲ ንጥቕምኻን ንረብሓኻን ብፍላይ ንዓኻ ካብ ዝጽዕሮ፣
ወሰኽ ዘለዎ መሲሉካ ከም ዓቢ ነገር ኣይትቑጸሮ ፣

ክፋታተነካ ድላይ እንተዝህልወኒ፣ንኣቐን ናይ ፍቕርኻ ንኽፈልጦ፣
ብልብኻ እተፍቅረኒ ንምኧንካ ብተጉላባ ሕቶ ንኽስልጦ፣
መዓስ ምኾነ ብሃጠውቀጠው፣ብሓደ ንኡሽቶ ቁም ነገር፣
ይመስለካዶ እቲ ሓሳባተይ በዚ ኸምዚ ዝጀመር? እንተዝደልስ'ባ
ካልእ ኔሩ፣እዚ ብዘይበሃል ብርቱዕ ጋዕዚ፣ ሃዲምካ
ኣይተምልጠንን ካብቲ ኣነ ዝህበካ እዚ፣
ኣነ'ውን ኣዝዩ ዜፍርሕ ምኾንኩ ሜላታተይ ዝገደደ ካብዚ፡፡

ኦቴሎ፡- ኣንቲ ኣይኣብየኪን'የ፣ከፍጸማ ኢየን ኩለን ሕቶታትኪ፣
ዝኾነ ኾይኑ ግና፣ሓንሳእ ገለል በልለይ ሕራይ ኢልኪ፣

ዴዝዴሞና፡- ሕራይዶ ክብል ኣይፋል?ደሓን ልብኻ ይዓቢ!
ጎይታይ ደሓን ወዓል!

ኦቴሎ፡- ደሓን ወዓሊ እምበይተይ፣ ሕጂ ክምለስ'የ'ሞ፣ ኣብዛ ገዛ ጽንሕኒ፣

ዴዝዴሞና፡- ንዕናይ ኢሚልያ!በል ይኹነልካ ከምድላይካ፣
ኣብ ዝኸድካ እንተኸድካ፣ ኣይወጽእን'ዩ ካብዛ ቃልካ፣ *(ዴ/ኤ/ይወጻ)*

ኦቴሎ፡- ወሃ እዛ ስልጥንቲ ቁጥሚ! ብቐንዳ መጣፍኢት እኮ ኢያ!!
ነፍሰይ'ባ ዓነውነው እንተትብል፣መዓታት'ባ እንተዝወርደኒ ንኽይርእያ፣
እንታይ'ሞ፣እፈትዋ ኸኣ'ዩ ብዘይመጠን'ዩ ዜፍቅራ፣
ሓንሳእኳ ሽለል እንተበልኩዋ ይዕምጽጸኒ'ዩ ዘይተኣደነ መከራ፣

ኢያጎ፡- ክቡር ጎይታይ?

ኦቴሎ፡- ኣቤት! እንታይ ደሊኻ ኢያጎ?

ኢያጎ፡- እዚ ሚካኤል ቃስዮ?ቅድሚ ሓዳር ምግባርኩም ምስዘን 'ምበይተይ፣
ይፈልጠንዶ ኔሩ ሓቀይ?ዶ?ኣብዛ ቀረባ'ዩ ከምዚ ናተይ?

ኦቴሎ፡- ከመይ ድኣ!ኣዳዕዲኡ ይፈልጣ'ምበር ካብ መፈለምታ፣ ኢሂ?

ኢያጎ፡- ዋላ! ልቡናይ ክፍትሽ ኢለ 'ምበር፣ናይ ካልእ ኣይኮነን፣
ኣብዛ ውሽጢ ልበይ ገለ ሓሳብ ዓፊኑ እናሐምሰነ፣

ኦቴሎ፡- እንታይ ሓሳቡ'ዩ ዝሕምሰካ ኣንታ ኢያጎ?

ኢያጎ፡- ናይ ካልእ ከይመስለኩም ጎይታይ፣ኣነ ግና በዛ ነፍሰይ፣
ቃስዮ ዝፈልጠን ኣይመስለንን ኔሩ ነዘን እምበይተይ፣

ኦቴሎ፡- ኣፍልጦ እንተበሉ'ኻኸ!ኣጸቢቑ'ዩ ዝፈልጣ! ኣረ ይላኣኣኻና ኔሩ

ኢያጎ፡- ኢዶ?ክሳዕ ክንድዚ?ነዊሕ'ባ'ዩ ሱሩ!

ኦቴሎ፡- እወ ክሳዕ ክንድኡ፣ኢሂ?ዓሠርተ ሳዕ'ምበር ደጋጊምካያ፣
ኣይእመንን ዲዩ? ገለዶ ሰሚዕካ ኢኻ?ወይ ካብኡ ዝርኤኻያ?

ኢያጎ፡- ኣይእመንን ድዩ ዲኹም ዝበልኩምኒ? ለዋህ እባ ደኣ ጎይታይ!

ኦቴሎ፡- በል ደኣ ከምታ ዝጀመርካያ ኣምጽኣያ፣ኣይእመንን ድዩ?

ኢያጎ፡- ተውሳኺተይ፣ ኣነ ደኣ ከመይ ጌረ ክፈልጦ ጎይታይ? እምነት ደኣ፣

ኦቴሎ፡- ቁሩብ ከተስተንትኖ ከሎኻኸ?ከመይከ እዩ ሓሳባትካ?

ኢያጎ፡- "ሓሳባትካ"ዲኹም ዝበልኩምኒ ጎይታይ?

ኦቴሎ፡- ወይለየኸይ! እወ ሓሳባትካ? እናሓተትኩኻሲ መሊሽካ ትሐተኒ?
ወይ ኣምላኽ!መላስ መቓልሕ'ምበር ኮይኑ ኣቱም ሰባት!
ከም ኣብ ውሽጢ ሓሳባትካ ዝገንሓካ፣ዝጥልቐልካ ጨካን ኣራዊት፣
ከም ተጸቒጣ እትጭርቐልካ ዘላ፣ሓናኽ ናይ ሓሳባት መንዛዒት፣
ገለሲ ሓቢእካኒ ኣሎኻ ትጒስማ'ውን ከትነግረኒ እናደለኻ፣
ኣነ'ውን ኣይሰሓትኩዋን፣ነገር ኣላ ባህ ዘይበለትካ ንዓኻ፣
ዓንተቦ ካብ ጥቓ ዴዝዴሞና በተግ ኢሉ ክወጽእ ከሎ፣
"እዛ ከምዚኣሲ እባ ክትጽለኣኒ" በልካ፣ዝሓባእካኒ ነገር ኣሎ፣
ኣረ እንታይ ማለት'ያ?እታ"እዛ ከምዚኣሲ'ባ"ዝበልካያ?
ይላኣኣኽና ኔሩ ምስ በልኩ"ኢዶ?"ክሳዕ ክንድዚ? ወሰኽካላ፣
ሽዑ'ውን ገጽካ ተጸዊጋ ኔራ፣ከም ሕሱም ዝረኣየት ዕጥርጥር ኢላ፣
ኣብ ውሽጢ ሓንጎልካ ግና ዓቢ ጉድ ኣሎ ዘይተነግረ ዝተቐብረ፣
ብሓቂ ተፍቅረኒ እንተ'ኼንካ ንገረኒ፣እዚ ነገር እዚ ከይሳዕረረ፣
ኣይትሕብኣኒ ኣስምዓኒ፣ዝዓብሰልካ የብሉን ውዒሉ ናይ ዝሓደረ፣

ኢያጎ፡- ኣቱም ጎይታይ፣ ሓቀይዶ? ትፈልጡ እንዲኹም ኣነ ከምዘፍቅረኩም!

ኦቴሎ፡- ነዚ ደኣ ክትሓተኒ? ዐሻዶ ጌርካኒ?እፈልጥ እወ!
ደሓር ከኣ ንስኻ ሰብ ከምእትፈቱ ቕኑዕ መፍቀሪ ከምዝኾንካ፣
ኣነ ባዕለይ እፈልጥ'ዩ፣ከምኡ ዝኣመሰለ ተውህቦ ከምዘለካ፣
ቕድሚ ምዝራብካ ካብ ኣፍካ ከይወጸ ከለዋ ቃላትካ፣
ዓቂንካን ሓሲኻን ትቖርጥመን ኣሎኻ፣ቅድሚ ምዝራብካ፣
መልሓስካ ሸርተፍ ከይተብል ምጥንቃቕካ፣ኣመና'ዩ ዝሕምሰኒ ክነግረካ፣
ምኽንያቱ፣ እዚ ቕንዕና ዝጎደሎ ነገራት፣ሕንትኽትኽ ዘበለ ብሓሶት፣
ብተንኰል ዝጽነስ ሕሱም ወልፊ'ዩ፣ብልምዲ ዝውለድ ጸፋር ዕየት፣
ነቲ ሓቂ ዝድራሩ ዝኾነ ሰብ፣እዚ ከምዚ ዝኣመሰለ ግብሪ፣
ዓቢ ቁም-ነገራዊ ሓገዝ'ዩ፣ዘተኣሳሰር ብዘይብለል ጹኑዕ ፍቕሪ፣ ንሱ'ውን
ካብ ማሕጸን ፍቕርን ካብ ቅርዓት ፍትወትን እናነቐለ፣
ካብ ዒላ ደም'ዩ ዝፍልፍል ብሰሪ ጉርሒ ከይነጸፈ፣ከይተበከለ፣

ኢያጎ፡- እንተ ብዛዕባ ሚካኤል ቃስዮ'ም፣ኣይተሕጥኡኒ፣
ይምሕለሉ'ዩ ሓቀኛ ሰብ ከምዝኾነ ተኣማኒ፣

ኦቴሎ፡- ካብ በልካስ ኣነ'ውን ከምኡ'ዩ ዝመስለኒ፣

ኢያጎ፡- ሰባት ዘበሉ ክኾኑ ይኽእሉ'ዮም ከከም ዝርኣዩታ፣
ግን ነቶም ከምታ ትርእዮም ዝነበርካ ዘይኮኑታ፣
ከመይ ጌርካ ኢኻ ትመምዮም? እንታዎት ከምዝኾኑ በየናይ መራዳእታ፣

ኦቴሎ፡- እዝስ እወ፡፡ ግን ኣለው'ኮ ከብዶም እትርከብን ዘይትርከብን ሰባት፣

ኢያጎ፡- ሕጂ'ባ ድንቂ!እሞ በዚ ዓይነት እዚ ደኣኒ፡፡
ከመይ ኢለ'የ፣ንቃስዮ ክብሎ ዝኽእል ተኣማኒ?

ኦቴሎ፡- ኣነ ኦቴሎ ኣነዶ! እዛ ነገር እዚኣ ብዙሕ ዋጢጥ ኣለዋ፣

ንገረኒ'ንዶ ከይሓባዕካ? ነቲ ዝደጎልካዮ ሓሳባትካ፣
ሃ--የ'ንዶ ተውሽሐዮ ከምድላይካ፣ኣቕርቦ'ንዶ እናሓፈስካ፣
ተላይ'ንዶ ጡፍ በሎ!ነቲ ጽዩን ዝመስል ምስጢራትካ፣
መንቁሶ ነቲ ዝዕንቅጸካ ዘሎ ቃላትካ፣በርብሮ ነቲ ርኽሰት ከይፈራሕካ፡፡

ኢያጎ፡- ክቡር ጎይታይ፣ዘይጋገ የልቦን'ሞ፣ ተጋግየ'ሎኹ ኣይትሓዙለይ፣
ወይ ኣምላኽ! ሽሕኳ ተኣዛዝን ቁሩብን እንተኾንኩ በቲ ስርሔይ፣
ብከምድላይካ ኣይጸዓትን'ዩ ፋሉል ኣይለቃን'ዩ ሓሳባተይ፣
ከምድላይካ ዲኹም ዝበልኩምኒ?ርኽሰት ኣለዋ'ውን ንቃላተይ?
ክጻረን ክማጻረን እንተዝውዕል፣ሓሳብ ሐደ ሰብሲ ብቑዕ ነይኽውን፣
መዓልታ በጺሓ ክሳዕ ትቕላዕ'ምበር፣ርኽሰት ዘይብላ ልብሲ ኣይትርከብን፣
እንተ ኣነ'ሞ ተውሳኽይ፣ንርእሰይ ዝጠቅም ጕርሒኳ ነይብለይ፣
ብጀካ ዘዘው ቀንፈዘው፣ምስ'ዛ ኣብ ልበይ ዘላ ሕልመይ፣
ቅጥፊ ስንቂ ኣይትኽውንን'ያ፣ሓሶት ኣይትርከብን'ያ ኣብዛ ነፍሰይ፣

ኦቴሎ፡- እዝስ ግፍዒ'ዩ ኢያጎ፣ንፈታዊኻ ድማ እታ ሱቕታኻን እምብለይካ፣
ተሻቕሎ'ያ፣እንተድኣ ነታ ንስኻ ዝፈለጥካያ ንኽይፈልጣ እንተጌርካ፣
ነእዛኑ ከም እዝኒ ጓና ቆጺርካየን ማለት'ዩ፣በቲ ዘይፍሉጥ ሓሳባትካ፣

ኢያጎ፡- በጃኹም'ባ ጎይታይ፣እዝስ ዘዛርብ ኣይኮነን ክሳዕ ክንድ'ዚ፣
እቶም ፈርጊ ውርደት ዝጉምጎሙ፣ኣሰር ምስጢሮም ንኽትርከብ፣
ባህሪያዊት ወልፈይ ኮይና ኣላ፣ነቲ ግብሮም ተኻታቲልካ ምስላይ ናተይ ጥበብ፣
ገርሂ፣ፈታው ሓቂ ብምኳነይ፣ኣብ ርእሲኡ ብዙሕ ነገራት እናተዓዘብኩ፣
ሳሕቲ እጋገ እኽውን'ዩ፣ብኡ ኽዓ ከመጋጣም ገለ ሽረፍ እንተበልኩ፣
በቲ ለባምን መስተውዓልን ዝኾነ ብልሂ ልቦናኹም አስተውዒልኩም፣
በዚ ናተይ ቀንጠመንጢ ምኽንያት፣ኢን ነዚ ሕሱር ዘረባይ ሰሚዕኩም፣
ሐደራኩም ከይትጋገዩ፣ናብ ግብሪ ኽፍኣት'ውን ከይሸመኩም፣
እዚ እርይራይ ነገራት ካየጋራጭዎ ነዚ ክቡር ወረጃ ኣካልኩም፣
በዚ ኣፍልጦ ዘጸምኦ ሓንጎለይ ተመሪሕኩም፣ ብጽልኢ ከይትጽመዱ ሓደራኹም፣
ምእንቲ ረብሓኹምን ልባዊ እፎይታን ኢለ ኢን ድማ ንመንነተይ፣
ለዋህ ምኳነይ ንኽፍልጥ ምእንቲ ከተፍቅሩኒ መላእ-መዋእለይ፣
እዛ ነፍሰይ እምንቲ ምኳና ኣረዲኤሲ፣ንኽፍቱ'ውን ንዓኹም፣
ኢለን ሓሲበን ከይመስለኩም፣በዛ ግርህቲ ሓሳባተይ ዝመርሓኩም፣

ኦቴሎ፡- ዋእ! እሞ እንታይ ማለትካ ኢኻ?ሸንኮለል'ባ ኣይተብለኒ?

ኢያጎ፡- ክቡር ጎይታይ፣ጽብቕቲ ሽም ንሰብኣይ ትኹን ንሰበይቲ፣
ከም መስመስ እትብል ክብርቲ ዕንቍ'ያ ኣብ ውሽጢ ሕሊናኦም ዕቑርቲ፣
ባጤራይ ዝሰርቐኒ ሰብ፣ቀንጠመንጢ'ዩ ዝመንጠለኒ'ሞ ጎዲኡ ነይጐድኣኒ፣
ናተይን ናቱን ኔራ ናይ ኣሽሓት ድማኒ፣ገንዘብኩም ገንዘበይ ኮይና ዘገልገለትኒ፣
እቲ፣ነታ ብፍላይ ምሳይ ዝነበረት፣ ክብርትን ጽብቕትን ሽመይ ግና ዝመንዝዓኒ፣
ናብ ንድየት ደቕዲቑኒ ማለት'ዩ በተኽ ጥውይ-ጨርቁ ጌሩኒ፣
እንተድኣ ነታ ዘይረብሓላ ሽመይ ተቃዳዲሙ ሰሪቑኒ፣

ኦቴሎ፡- ስጋ ኣበይ! ፈሊጠያ'ሎኹ ሓሳባትካ፣ ዘይተረዳእኩኻ ከይመስለካ!

ኢያጎ፡- ያ-ያ! ነዚኣሲ ኣይትሕለሙ ጎይታይ!
ይትረፍያ ዳጕነያን፣ደብዲበያን ከሎኹ ኣብዛ ውሽጢ ነፍሰይ፣
ኣምበይምፈለጥኩምዋን ኣብ ኢድኩም'ኳ እንተትኣቱ እዛ ልበይ፣

ኦቴሎ፡- ኢ!

ኢያጎ፡- ኤእ! ካብ ሕማቕ ቅንኢ ተሓለው፣ከይትሽመሙ ናብ ሕሱም ተርባጽ፣
ርጉም ጸረ-ፍጡራን'ዩ፣ወትሩ ዝፈቱ ብዝሒኹ ሥጋ ምልጋጽ፣
ተኹላ ንገንሸል ትቕትላ'ሞ ቐሩብ መናጪታ ምስ ጸገበታ፣
ጠምያ ሃለው ከምዘይበለት ተንፈፍዋ'ያ፣ከምዘይማሰነት በሓረርታ፣
ግፍዒ'ውን ነይመስላ፣እንተድኣ ካብ ተፈጥሮ ኃይሊ ረኸበት፣
ደጊማ ምምዕራራ ግን ዘይተርፍ'ዩ፣ብሓለንጊ ጥሜት ምስተቖጽአት፣
እቲ እምንቲ ሰበይቲ ዘይብሉ ሕጉስ'ዩ ወይለኦም ደኣ ንባሮት ፍቕሪ፣
ብዘፍቅሩዎ እናላገጹ ንዝጣራጠሩ፣ብሓንቲ እምነት ንዘይረግጹዋ ነዛ ምድሪ፣
እናፈለጡ ንዘጋገዩ፣ንዝምርሑ'ውን ብዝመሽመሸ ሕማቕ ምኽሪ፣

ኦቴሎ፡- እዋይ ግፍዒ! ኣን ታ እንታይ ጉዱ!

ኢያጎ፡- ሽሕ'ኳ ድኽነት ከይትኣቱ ሃብታም እንተዝገበ ሒዞ ጎመዱ፣
ሳላ ገንዘቡ ቐልጢፉ ነይደኪ፣ኣጸቢቓ ብምሕፋሳ እታ ኢዱ፣
ጥዒሙዎ'ውን በጥ ኢሉ ይናበር፣እናዘፍጠጠት እታ ከብዱ፣
ከተድሕጾ ኸሎ ግና ይምካሕ'ዩ በታ ተራር ጎመዱ፣
ኣቱም መናፍስቲ ናይ ቀዳሞት ኣዝማደይን ዓሌተይኒ፣
ካብ ካልእ ማልእ ዘይኮነስ፣ካብ ቅንኢ ዝብሉዎ ጠንቃም ሰሪ ሰውሩኒ፣

ኦቴሎ፡- ኤደድ! እንታይ ደኣ ተንጸርጽር!?
ትመስለካዲያ፣እዛ ህይወተይ ሕማቕ ነገር ዘዳንፋ ብሰንኪ ቅንኢ፣
ዕለተ ባሕቲ ተጸቢያ እትኽወል፣ሓዲሽ ጥርጣረ እናሰዓበት እትርኢ?
የለን! ሓንሳእ'ሞ ተጸሚምካ ትጣራጠር፣ፍኹስ'ዩ ዝብለካ ካብኡ ንደሓር፣
እንተድኣ ብዘይብቑዕ ምኽንያት ተናዲደ፣ከምሓደ ገንጫር፣
መሰረት ብዘይሓዘ ትዕቢትን፣ሱር ብዘይብሉ ሓሳብ እንተተመራሕኩ፣
ቁጸረኒ ኢኻ ከም ንነፍሳ ምእንቲ ቖጽሊ እትውፊ ጤል ከምዝኾንኩ፣
ዘይጽመም እንተኾይነ ኸኣ ስረ ሰብኣይ ዝብለዋ ነይዓጠቕኩ፣
በዓልቲ ቤትካ ጽብቕቲ'ያ ኣብርእሲኡ ድማ ወሓለያ እንተበልካኒ፣
ሕውስትን ተዋዛይትን፣ንኹሉ እተፈቱን እተፍቅርን፣
ኣዬ'ባ እቲ ደሃያ ከጥዕም እንተበልካ፣ከይመስለካ ኣኾርዩ ዘነድረኒ፣
ኣብ ዳይላ ትደርፍን ትስዕስዕን፣ተኹድድን'ያ እንተትብለኒ፣
ኣነ'ውን ከምዝፈልጥሲ ትፈልጥ ኢኻ፣እዩ ድማ ክእለትን ዕድሎትን፣
ወይ ድማ በዚ ኣካላተይ፣ከምኡ'ውን በዚ ትርኢት መልክዕ ገጸይ፣
ትጠልመኒ ዶኾን ትኸውን?ብምባል ኢለያ ከሎኹ ፍጹም ናተይ፣
ዝስቀቕን ዝሸቑረርን ከይመስለካ፣ወይ እተንፈጥፍጥ እዛ ልበይ፣
እቲ ምንታይ፣እቲ ከትመርጸኒ ከላ ርእያን ተዓዚባን'ያ ነዚ ቕርጸይ፣

ከይትዕሾ ኢያጎ! ኣነሲ ኣልዒለ ኣይጣራጠርን'ዩ በዛ ዓይነይ ከይርኤኹ
ከየጋጥመኒ'ውን ኣይሰግእን'የ፣እንታይ ሒዘን ንየናይከ'ዩ ዜራጋግጽኩ፣
ብእንካኣዝግነኒ ክጉዓዝ ነየጸብቐለይ፣ብበለካ-ለኽዓካ እናተመራሕኩ፣
ርግጸኛ እንተኾይነ ግና፣ ካልእ መጸንቀቕታን መወዳእታን ነይርከበሉ፣
ብጀካ ንፍቕሪ ዓኹሊልካን ሽብሊልካን፣ብቕንኢ ተባሪርካ ደሓን ወዓሉ፣

ኢያጎ፡- ከምዚ ጽን ኢልኩም ብልብኹም ክትሰምዑኒ፣ኣመናዩ ደስ ዝብለኒ፣
ደጊም ሓሳባተይ እንተገለጸኩ፣ብቑዕ ምኽንያት እዩ ዝህልወኒ፣
ብጀካ ንዓኹም ዘሎኒ ፍቑሪ ድማ፣እቲ ስርሔይ'ዩ ዘገድደኒ፣
ብህዱእ ልቡና ተጊሀ ንኽሓስብ፣እዚ ተስፋኹም'ዩ ሓጋዚ ዝኾነኒ፣
'ምበኣረይ ሃየ ተቐበሉ፣እዚ ጉዳይ'ዚ፣እዚ ሕጂ ዝነግረኩም፣
ንግዚኡ ዕቱር መረዳእታ የብሉን፣ግን ውዒሉን ሓዲሩን'ዩ ዝጠቕመኩም፣
እስከ ንበዓልቲ ቤትኩም ተጻናጸኑውን፣ምስ ቃስዮ እንታይ ርክብ ከምዘለዎን፣
ስርሀይ ኢልኩም ተኻታቲልኩም፣ከኣትዋን ክወጻን ተዓዘቡወን፣
ነዚ ክትገብሩ ከሎኹም ግና ብቕንኢ ከይኸውን ብንጽርጽሮት፣
ሓደራኹም ተጸሚምኩም ተጠንቀቑ፣ውርዝውና ብዘለዎ ዕብየት፣
ካብ ኣስተውዕሎት እሩም ከይትዛናበሉ፣ክብርኹም ብዘረባታት ከይተቃልሉ፣
ካብ ቃላት ብዕልግና ተሓለው፣ሓደራኹም ጎይታይ ከይትታለሉ፣
ለብሙ ደኣ፣ብሕርቕርቕታዊ ስምዒት ነዛ ነፍስኹም ከይትብደሉ፣
ተጠንቂቕኩም ተዓዘቡ!ንጠባይ ደቂ ዓደይን ንዝኾነ ይኹን ኣካያይዳኦም
እፈልጣ'ዩ ካብ ቀጽሮም ከሳብ ውሻጢኦም፡፡ ኣነ ግና ሕጂ ዘበስረኩም፣
ኣብዛ ከብዲ ቬኒስያና፣ነቲ ክሕባእ ዝግብኦ ብጋህዲ እናፈጸምኦ፣
ነቲ ኣኼሳዊ ግብረን እየን፣ዝገበራ ገይረን ካብ ሰባኡተን ዝሓብኦኦ፣
እቲ ድልየተን ግና ነቲ ጸያፍ ርኽሰታዊ ስርሀን ንምግዳፉ ዘይኮነስ፣
ብሃንደበት ከይቃልዓ'የን ዝጥንቀቓ፣ከይርከባ ብምስጢራዊ ሃሰስ፣

ኦቴሎ፡- ወይለየኸይ!ኣንታ ንስኻውን ነዚ ከምዚ ትፈልጦ ዲኻ?

ኢያጎ፡- እምበይተይ፣ንዓኹም ክምርዓዋ ኸለዋ፣ኣታሊለን ተባኢሰን ኔረን ምስ ወላዲኣን፣
ርእይ ከብላኹም ከለዋ'ውን፣ የፍርሐኒ'ዩ መልክዑ ይብላ ኔረን፣
ጸኒሀን ግን ተሃኒነን ፈተዋኹም ኣፍቀራኹም'ውን ብልበን፣

ኦቴሎ፡- ኣነ'ውን እፍለጠኒ'ዩ፣ከምኡ ኾይና ከምዝነበረት፣

ኢያጎ፡- ንምንታይ ደኣ ኣየን ምስኦም ክዕረቓ ዝደለያ?
በታ ናይ ንእስነት መዋዕለን፣እቲ ሽው ከምኡ ብምዃነን፣
ብዓዚምን ብመስተፋቅርን መሲሉዎም ኔሩ፣ኣቦኣን ወላዲኣን፣
ነዚ ነገር እዚ ምንጋረይ ግን ጌጋ'ዩ፣ከምኡ'ውን ዘይግብኣኒ፣
ኣነ ግና ብትህትና'ዩ ዝልምነኩም፣ፍቕርኹም'ዩ ክንድዚ ሌፍ ዘበለኒ፣
ዝመሰለኒ ተዛሪበ ኣሎኹ'ሞ፣ጎይታይ ካብ ይቕረታኹም ከይትነፍጉኒ፣

ኦቴሎ፡- ነዚኣስ ወዲኖይ እኳ ኣይገብረለይን፣ኣብ ካሕሳኻ የውዕለኒ፣

ኢያጎ፡- እዋይ! በዛ ዘይትጠቅም ስምዒትኩም ተተንኪፋ'ያ ይመስለኒ፣

ኦቴሎ፡- ውይ-ውይ! በዚኣሲ ድንብርጽ ኣይብልን'ዩ! ዋላ'ኳ ቅጫጭ፣

ኢያጎ፡- እንድዒኸ!! ኣነሲእባ ተንፈጥፍጥ'ያ ዘላ እዛ ልበይ፣
ተስፋ ኣሎኒ ጎይታይ፣ብፍቕርኹም ከምዝኾና እዘን ኩለን ዘረባይታተይ፣
ኣጸቢቕኩም ከም እትርድኡለይ፣ፈንጢሰናኒ ከምዝወጻ ካብዛ ልበይ፣
ከምዚ ዝዕዘበኩም ዘሎኹ ግን፣ርእየኩም ኣሎኹ ተናዲድኩም፣
ኣነ ኸአ ተፍርሓኒ'ያ እታ ኩራኹም፣በዛ ዘረባይ ድማ ተመሪሕኩም፣
በዚ ጭቡጥ ነገራት ዘይብሉ፣ካብ ጥርጣረ ብዘይሓልፍ ንግዚያቱ፣
ከይትጋገዩ ጎይታይ፣ልቡናኹም ተዘኒቡ ከይትስሕቱ፣

ኦቴሎ፡- ደሓን-ደሓን ኣይጋገን ኢየ፣ ዓሻዶ ጌርካኒ ብሓድኣፊቱ፣

ኢያጎ፡- ምኽንያቱ፣ኣንተድኣ ነዚ ናተይ ነገራት ተኻታቲልኩም፣
ካብዚ ግምተይ ንላዕሊ ናብ ሕማቕ ኩነታት'ዩ ዝሸመኩም፣
ቃስዮ'ውን እንተኾነ ዓርከይ'ዩ ፈታዊየይ፣...ኦይ!
ኣቱም ጎይታይ ሓሪቕኩም'ምበር ኣብዛ ቕድመይ?

ኦቴሎ፡- ያያ! ኣታ ደሓን'ዬ ዘሰክፍ ኣይኮነን፣ንሳ'ውን ጠላም ንምኧና
እንታይ ኢለኸ ሓሲበዮ፣ቕንዕቲ ኸኣ'ያ በዓልቲ ቤተይ ዴዝዴሞና

ኢያጎ፡- የቐንየለይ ነዚ ነገር እዚ ብምሕሳብኩም፣
መውስቦኹም መውስቦ ብሩኻትን ለዋሃትን ይግበረልኩም፡፡

ኦቴሎ፡- ግን ከይመ'ም! እንታይ'ሞ!ተፈጥሮ'ንዶ'ሞኒ ብጌጋ፣

ኢያጎ፡- ደፊርካኒ ከይትብለኒ ደአ'ምበር፣ብእኡ ዝተላዕለሲ ሓቂ ኣሎኩም፣
ባህ ዘይትብለኒ ነገርሲ ኣላ፣ምናዳ ከምዚ ናተን ማዕርጋዊ ናብራ ንዝነብራ፣
ብመልክዕን ብሕብርን፣ብባህሊን፣ንዔዔኤን ዝመስላ ብኣፋጣጥራ፣
ኣምላኽ ኣጸፈታ ሂቡውን ኣሎ እናበልኩ ክሓስብ ከሎኹ እናዓጀበኒ፣
ሓደ ዘንጻላልወኒ ሕልኩስ መንፈስ ኣሎ፣ተተፍኒኑ ዝጣማመተኒ፣
መሊሹ ድማ ቅጥዒ ዘይብሉ ሓሳባት፣ብእከይ ተመሊኡ'ዩ ዝጸቕጠኒ፣
ሓደራኹም ጎይታይ፣በዛ ዘረባይ እዚኣ ከይትቕየሙኒ፣
ንእምበይተይ ጥራይ ከምዘይኮነ'ውን፣ኣራጢጥኩም እመኑኒ፣
እባ ደአ ረሲዔ፣ለባም እየን'ሞ በቲ ብሩህ ፍርዲ ልቡናኤን፣
ፈጣሪ ብዝሃብኩም ስጡም ፍቕሪ ተመሪሀን፣
ካብዚ ኹሉ ሰሓቦ ጓትቶ ጸይቂ፣ይሰትራኹም ይኹና'የን፣
በቲ ጹጹይ ናይ ሓሳባተን መንገዲ፣ካብ ከፋእ ብዝርሓቐ ልምዲ፣
ኣማስያኡ ዘሕጉስ ነገራት ኮይኑ፣መወዳእትኡ ይቐዱ ግዲ፣

ኦቴሎ፡- በል ደሓን ወዓል!
እንተድኣ ነዚኣን ዝኣመሰላ ነገራት ትፈልጥ ኴንካ፣ነገረኒ ንኽፈልጦ፣
በዓልቲ እንዳኻ ተጊሓ ክትጻናጸነለይ ንገራ፣ምእንቲ ክርከብ ኣሳልጦ፣
ምክትታል ብጣዕሚ ኣድላዪ'ዩ፣ሕጂ ግን ንግዜኡ ደሓን ወዓል!

ኢያጎ፡- *(እናተበገሠ)* በሉ ብደሓን ወዓል ጎይታይ፣

ኦቴሎ፡- ቅርስስቲ መዓልቲ!ዜገርም'ዩ!እኔኻ'ባ ኣብዚ ቅኑዕ ገርሂ ልቢ፣
ዝፈልጦን ዝረኣዮንሲ መሊኡ'ሉ፣ብኩለንተንኡ ካብዚ ናይ ሕጂ ዝዓቢ፣

ኢያጎ:- *(ምልስ ኢሉ)* ኣቱም ጎይታይ?ከይለምንኩኹምዶ ኣንጸርጺርኩም ከይትርበጹ፣
ሕጂ ንግዚኡ ሸለል በሉዎ ጊዜ ባዕሉ ይሕሰበሉ፣ተዓገሡ፣
እባ ደኣ ቐድሚ ምኻደይ፣ተዘኪራትኒ ሓንቲ ጽብቕቲ ሜላ፣
እቲ በሊሕ ሕሊናኹም፣ብተንኮላዊ ጉርሒ'ዩ እንተዘይበላ፣
ሽሕኳ ሒዙዎ ዘሎ ሥራሕ፣ዝግብኦ እንተኾነ ብመንፈዓቱ፣
ስጋኹም ጎይታይ!ዘካይዶ'ውን እንተኾነ በቲ ብዙሕ ክእለቱ፣
ቃሰዮ ንግዚኡ ካብ ስርሑ ተቀዪሩ፣ናብ ርሑቕ ቦታ እንተዝለኣኽ፣
እምበይተይ ልበን ተመሊሐ፣ብጋህዲ ከዕገርግራ መርኣየና ኣምላኽ፣
ዝገብርኦ ጠፊኡወን ክርበጻ ኣብ ምድሪ ቤተን ብምውድኽዳኽ፣
ንሱ ድማ ብወገኑ ምስዔን ንኽራኸብ ሕርዲግ እናበለ ክጽዕር፣
ንሰብን ብደብዳበን ከይገለጸ ነይተርፍ፣ካብቲ ዘለዎ ብዙሕ ምስጢር፣
ንሰን ድማ ተመሊሹ ንኽመጸለን፣ብልማኖ'የን ዘሰልክያኹም ብስውር፣
ብጀካዚ ድማ ጎይታይ ብቕንዕና እንተትፈቕዱለይ ንግዚኡ፣
ኣነ ድማ ንእምበይተይ፣ደጊመ ደጋጊመ እንተዘዕልለለን ብዛዕብኡ፣
ሰብ ኩሉ ጊዜ ሰብ ኢዩ'ሞ ጽግዕ ኢለ ብዛዕብኡ እንተዘዋግዔን፣
ሽተፍ ምበለተን ሓንቲ ቃል፣ገለ ስሒታ እታ መልሓሰን፣
'ዚ ብምባለይ ግና ከመይ ዝኣመሰሉዎ'ዩ ኢልኩም ከይትዕዘቡኒ፣
ሕንከት እናዓፈነትኒ'ዮ ዝተዛረብኩ፣ውሽጣ ውሽጢ ራዕዲ እናሓቖነትኒ፣
ኦቴሎ:- ናይ ምንታይ ሕንከትን ራዕድን'ዩ?ኣጆኻ!ዝበልካኒ ዘበለ'ዩ ዝግበር፣
ብኣኻ ዝተላዕለ ገለዶኾን ይፍጠር ኢልካ፣ፈጺምካ ከይትጣራጠር!
ኢያጎ:- እዚኣ ጥቅውቲ ዘረባ'ያ ጎይታይ!በሉ'ምበር ደሓን ወዓሉ፣ *(ይወጽእ)*
ኦቴሎ:- ወይ ኣምላኽ!እኖ'ባ ከመይ ዝኣመሰለ ቅኑዕ ሕያዋይ ፍጥረት
ነቲ ድልየትን ሓሳባትን ናይ ሰብ፣ብዘደንቕ ግሩም ክእለት፣
ዘርዚሩ ከረድእ ዝኽእል ስምረት ብዘለዎ ጽቡቕ ፍልጠት፣
እንተኣነ'ሞ ብዘጻወደትለይ መፈንጥራ፣መትኒ ልበይ'ያ ክብላ ከሎኹ
ነቲ ኩነታታን ርእይቶኣን ከም ግቡእ መምዩ እናረአኹ፣
ንሳ ግን ጠላም እንተኾነት ብሓንደበት ከይትሓስበ'ውን ከድዒ ጥለሚ እንተበላ፣
ቀሊል'ዩ ከም ድንኩል ገደና'ዬ ዝርፍታታ፣ ፋሕ ብትን'ዩ ዘብላ፣
መናጪተ ንሓሳኹ'የ ዝዘርዋ ከም ምራን መርገም'ዬ ዝዝልዝላ፣
ሓራቕ ስምዒተይ መሪር'ዩ፣ ቅጭጭ ዘይብለኒ ቀብጠርጠር፣ ምምስሳልን
ስብከትን ኣይተውህቦይን'ያ ወይ እናቃባጠርካ ሽከርከር፣ ከምቶም
መውደኽደኽቲ ጻዕዱ ኣይኮንኩን፣ተረሚሰ ብመከራ ዝሸቑረር፣ ብዘይንሱ'ውን
ተመርቂፋ'ላ መዋእለይ፣ ከቢባትኒ ኣላ እርጋነይ፣
በጺሓ ኸላ ከምዛ ማሽላ ምጉናየይ፣ ኣይተፍርሓንን'ያ ጠቃር ሞተይ፣
ምኽንሲ ደሓን ይኹን፣ግን ብውርደት ተኣሊኸ ከምዚኣ ብምኽነይ፣
ሂባ ንዝበቐቐትኒ፣ኣርእያ ንዝኸልኣትኒ ፍቕሪ፣መሊስካ ጺቕ'ያ እታ ግደይ፣
ፎእ! ኣታ ኣንሕናሲ፣ለከ ነቲ ቈርበተን ኢና ክንብሎ እንነብር ናትና፣
ልበን ምስ ካልእ ከሎ፣ውቃቢኦን ተቓንጢጡ፣ሰብ ፍሉይ ፀጋ እናኾናልና፣

ወዮ! ቕሳነት ዜብሉ ናብራ!ለከ ሓዳር ብርከይ ብርከኻ መርገም'ዩ ዝኾነና፣
እንካብ ካብቲ ኣዳራሽ ዘፍቅራ ሰበይቲ፣ዓሲሶም መንጽር ክትራኣ ዝኣስሩኒ፣
እንካብ ነቲ ሕልፍኘይ'ውን እኒ ዘርምዘርሞ ዘግድፉኒ፣
ምሓሸኒ ደኣ ከም ኣብ ጤረር ጻድፊ በቖላ፣ብትካሊት ትዕድልቲ፣
ንሓንቲ መዐልቲ ጥራሕ ተራእያ ከምእትሓርር ኣታኽልቲ፣
ከም ጸምልያ እትቅምጽል ዕንባባ ኮይነ ተፈጢረ እንተዝኸውን ጥንቲ፣
እዚ ጽሕፍቶ ዕድለኛታት'ዩ፣ናተይ ግና ኣመና ረዚን'ዩ ዘይስፍሰፍ፣
ኣነ'ውን ናይ ዘርሞታት በዓል መዚ ሓሳባተይ ናይ ዙሩጋት ሃተፍተፍ፣
መወዳእትኡ ካብ ምፍላሙ ኸገድድ'ዩ፣መዛዘሚኡ ድማ ክተርፍ ዘይኽእል፣
እዚ ጸገም እዚ ኣይፋል ንእከለሲ ከየበለ'ዩ፣ ብድብድቡ ዝቕንጽል፣
እናረፍተተ'ዩ ዝዘሩ ነቲ ዳሕራዋይ ብኽንድቲ ቀዳማይ ዝኣክል፣
እና መጸት ዴዝዴሞና፣ *(ዴዝ/ኤሚ/ ይኣትዋ/)*
ጠሊማትኒ እንተኾይና ወሪድ'ዩ፣ከም ጋኔን ብሽይጣን ክኽሰተን፣
ኣይትገብሮን! ኣይትውዕሎን ግዲ!ኣነ'ውን ነዚ ነገር እዚ ኣይኣምኖን፣ ቃል-
ቃል ኢለ ሓሪረ ኣሎኹ ኣብቲ ናታ ናይ ፍቕሪ እቶን፣

ዴዝዴሞና፡- ኢሂ ደኣ መዓር ኣዲኡ፣ከመይ ኢኻ ጎይታ ኦቴሎ?
እቶም ዝዓደምካዮም ኢጋይሽ፣ከካብ ደሴቶም ኣትዮም፣ ቅድሚ
ምውራድ መዓዲ፣ሃንቀው ዝብሉ ዘለው ንዓኻ እዮም፣

ኦቴሎ፡- ኣትዮም'ዶ?... ኣዬ ጌጋ!

ዴዝዴሞና፡- ኣታ ጎይታይ?እንታይ ደኣ ጎሮሮኻ ሳሕሊሉ?ኣይደሓንን ዲኻ?

ኦቴሎ፡- እወ ተጸሊኣትኒ'ላ ኣብዛ ርእሰይ፣ኣብዛ ማእኸል መንበስበስታይ፣

ዴዝዴሞና፡- ናይቲ ብዘይ ድቃስ ዝስራሕ ዳውሪያ'ዩ፣ናይ ካልእ ከይመስለካ፣
ብርግጽ ንሱ'ዩ፣እዚ ርእሰይ መንበስበስታይ ዘብለካ፣
ነዓኒ'ሞ ሃየ፣በዛ መንዲለይ ቀጠው አቢለ ክኣስረልካ፣
ብኡንብኡ ኸገድፈካ'ዩ፣ሕጂ ብሕጂ ኸኣ'ዩ ዝሕሸካ፣

ኦቴሎ፡- ክሊ ግዳ!እዛ መንዲልኪ ኣይትኣኽለንን'ያ *(ነታ መንዲል ይድርብያ)*
ደሓን ደሓን ግደፍኒ! እንታይ ኣላታ! ጭራም እንድኣላ
ንዕናይ ደኣ ምሳይ፣ ንዕናይ ንእቶ *(ነታ መንዲል ኣየልዓለታን-ትርስዓ)*

ዴዝደሞና፡- ኣታ እንታይ ደኣየ ዝገብረልካ?እንታይ'ሞ ኣልዩኒ? ክጽልኣካ
ኸሎ እዛ ዓቕለይ'ያ ትጸበኒ፣ *(ኦቴሎን ዴዝ/ ይወጹ)*

ኢሚሊያ፡- ኣዬ ብርኽቲ መዐልቲ!እንቋዓኒ ነዛ መንዲል ረኺብኩዋ፣ (ተለዕላ)
ብዙሕ ጊዜ'ዩ እቲ ናግራም ሰብኣየይ ስረቕለይ ዝበለኒ ብለበዋ፣
እቲ ኽላለዩ መጀመርታ፣ንሰም'ዮም ዝሃቡዋ ተላብዮም ንመዘከርታ፣
ከማይ ትኹንኪ፣ተኻናኸኒያ ኢሎም ክሳብ መወዳእታ፣
እንታይ ዘኒቡዋ ሎም መዐልቲ?ከመይ ኢላኸ ካብ ኢዳ ሞለቕታ?
ከምታ መርዓት ዓይና እናፍቀረታ፣ክንዲ ነፍሳ እናፈተውታ፣
ነዚ ንድፍታታን ዝምዝማታን፣ቀዲሔን ኣጽኒዔን'ዬ ዝህቦ ንኢያጎ፣
እንታይኮን ክትዓብሰሉን ከጣፋፍእን'ዩ ክንድዚ ዝኣክል ብህጕ?

ኣነ'ሞ እንታይ ገዲሱኒ'ዩ ዝጭነቕ ልዕሊ ዓቕመይ?
ሰብኡት ጉዳማት!በቲ ሓደ ይምንዝው በቲ ኻልእ ስረቓለይ!
(ኢያጎ ይኣቱ)

ኢያጎ፡- ኣቲ በይንኺ ደኣ እንታይ ትገብሪ?ሎምስ ድማ በይንኺ ትዛረቢ፣

ኢሚልያ፡- መልሐስካ ግዳ ዘይትእክብ፣ንምንታይ ኢኻ ትጻረፍ?
ረኺብኩዋ ደኣ ነታ ርኢኻያ ዘይትጽገብ፣ ዘበለትካ ሃተፍተፍ፣
እታ ንልብኻ ሃነን ኣቢላታ ዝነበረት ሕሊናኻ ክሳዕ ዝጽንፈፍ፣

ኢያጎ፡- ንስኺሲ ቁም ነገር ዘላታ ኣቕሓ ረኺብክለይ?ዶ?ገለ ውዳቕ!

ኢሚልያ፡- ኢ!ፈፊው እናበልካ ክትልምን ደኣ ከይትርከብ?

ኢያጎ፡- ክሊ ግዳ!ሃላይ ሰበይትን ገጫብ ኣድጊን የጥፍእ!

ኤሚሊያ፡- ካልእኸ?ጸርፊ ጥራሕ ድያ ትፈቱ እዛ መልሓስካ?
እንታይ ኮን ምበለ በዓለገ ሓንጐልካ?ነታ መንዲል እንተዘህበካ፣

ኢያጎ፡- ናይ ምንታይ መንዲል?ካበይ ዝመጸት?

ኢሚልያ፡- "ናይ ምንታይ መንዲል"?ዙኑብ!ረሲዕካያ ዲኻ?
እታ መጀመርታ ጎይታይ ንእምበይተይ ዝሃቡዋ ግዲ!
ሞኽ ኣቢልካኒዶ ኣይነበርካን፣ዘይትሰርቅለይ እናበልካ ብግዲ?

ኢያጎ፡- ካብኣ ዲኺ መንዲብኪያ?

ኢሚልያ፡- ሰራቒት ኣይኮንኩን! ኣልዓልኩዋ'ምበር ከመጋጣም ምስ ወደቐታ፣
ምስኣ ስለዝነበርኩ ኣይጸገመንን ንምልዓላ፤እኒሃትልካ ተመልከታ፣

ኢያጎ፡- ሰራም ሓያም!በሊ ደኣ ሃቢ፣ወሓለ ጓል ኣዲኣ፣

ኢሚልያ፡- ኣረ እንታይ ክትዓብሰልካያ፣ ከምዛ ነገር መብጽዓ ትሕንጠወላ ዝነበርካ?
ስረቕለይ እናበልካ መከራይ ዘብላዕካኒ፣ቡግ ዘይተብልያ እናበልካ?

ኢያጎ፡- *(ይምንጥላ)* ኣቲ እንታይ ገደሰኪ፣ሃቢ ደኣ ጨረምረም ኣይትበሊ!

ኢሚልያ፡- ንቁም-ነገር እንተዘይኮይኑ ነዛ መንዲል እዚኣ ዝወሰድካያ፣
ብድዔን ኃጢኣትን ከይኮነካ፣ሓደራኻ መሊሽካ ኣምጽኣያ፣
እታ ምስኪነይቲ ምስሰኣነታ ኣብዘይእትው ኣትያ ደልያ ደልያ፣
ውኖኣ ስሒታ ክትህውትት'ያ፣ኣጭርቕታ ቖዲዳ ክትጽለል'ያ፣

ኢያጎ፡- እንታይ ኣእተወኪ!ወይ እዛ ኣፍ ኣርክቡ ለውላው!
ባዕለይ'ዩ ጥቕማ ዝፈልጦ፣ኺድለይ! ውጽለይ! *(ትወጽእ)*
እዛ መንዲል ኣብ ውሽጢ ገዛ ቃስዮ ክድርብያ'ዩ፣ኣብታ ምድሪ ቤቱ፣
ከምዝረኽባ ርግጸኛ'ዩ ክወጽእ ከሎ ይኹን ክኣቱ፣
ደቃቕ ክንዲ ቁልዒ እትኸውን ነገር፣ቅንዒ ኣንጻላሊዩዎ ንዘሎ፣
ክንዲ ገዚፍ እምባ'ያ፣ርግጸኛ'ዩ እዚኣሲ ነዚ ዓዋን ጸላዕላዕ ከም'ተብሎ፣
ከም ዓቢይ ዛንታን ቃለ ለበዋታት ቅዱስ መጽሐፍ እናመሰሎ፣
ከም መሓረናን ኣይትተሓደገናን ኣሜን እናበለ'ዩ ለስ ኢሉ ዝቕበሎ፣
ኦቴሎ'ሞ በታ ዝነገርኩዎ ጥራሕ ዳርጋ ከም ሓደ ልኹፍ ኮይኑ'ሎ፣
ሓደገኛ ዝኾነ እምነታዊ ሓሳብ ጠንቃም'ዩ፣ብስሚ ተፈጥሮ ተቓሚሙ፣
ፈለማኳ መቐረቱ ዘይጥዑም ንምፍላጡ'ውን ዝድንጹ እቲ ጣዕሙ፣

ካብታ ስሚ ቁሩብ እንተተጸንበረት ኣብ መትኒ፣እንተነጠበት ኣብ ሰረውር፣
ከም ኣምዓ ማርማር ኣቢላ፣ከም ጎሞር'ያ ትነቱግ፣ካብ ኣካል ጓህሪ ክትጽሕትር፣
ካብኡ ዕብድብድ'ዩ ዘብል፣ቅስንቲ ንዝነበረት ሕሊና ክሕንክር፣
ነዛ ነገር እዚኣ ኣነ ባዕለይ ኢለያ ኣሎኹ፣እኖኸኣ ንሰም መጹ፣
ጽብቕቲ ዕምባባ፣ስሚ ዘለዋ ፍረ፣ፈውሲ ካብ መላእ ዓለም ተመሪጹ፣
ዝመረረ ይኹን ዝመቀረ ቆጽለ-መጽሊ እንተዝቐርበልና ተበጽቢጹ፣
ሓዲሽ ዝዓይነቱ ኣፋውስ እንተዝርከብ ወይ ፈቐድኡ እንተዝበቁል፣
ሓንሳእ ንዝተዓንቀፈት ጥዕምቲ ድቃስሲ፣ኬምልሰልና ነይኽእል፣ *(እ/ይአቱ)*

ኦቴሎ፡- ሃ!ሃ!ሃ!ሃ!ንሳሲ ከተጣፋፍኣኒ?ንዓይ ንኦቴሎሲ ከተታልለኒ?

ኢያጎ፡- ዓገብ! በጃኹም'ባ ጀኔራል?ከሳዕ ክንድዚ እንታይ ይበሃል?

ኦቴሎ፡- ኪደለይ!ውጸለይ!ገጽካ ትርሓቕ!ሕማም ኢኻ ዝሃብካኒ!!
ክንዲ ቁራጽ ጽፍረይ ዘይትኸውን እንቶሽ ባዶሽ ትነግረኒ፣
ገፈጥ መፈጥ ዘረባታት ኣስሚዕካ ዘይሓሰብኩዎ ተሕስበኒ፣
ስጋ ኣቦይ!ካብዚ ዘይተኣደነ ስቓይሲ ኣደዳ መከራታት ምሓሽኒ፣

ኢያጎ፡- ሕጂ ደኣ እንታይ ወሪዱኩም ኣቱም ጎይታይ?

ኦቴሎ፡- እቲ ከሳዕ ክንድዚ ዘብጽሓኒ ነዛ ሕሊናይ ዝሓመሳ እቲ ነገሩ፣
እተን ንምውልፋጥ ብዝሰረቐተን ሰዓታት እንተኾይኑ እቲ ምስጢሩ፣
ዘስደምም ኢዩ!ኣይውዳእን'ዩ እቲ ጉዱ ተዘርዚሩ፣
እስከ ሕሰቦ፣ኣይርአኹዎ፣ኣይሓሰብኩዎ፣ኣይጎድኣንን እቲ መጋብሩ፣
ንጽባሒቱ በጥ ኢለ'የ ዝሓደርኩ፣ተፈሲሔ'ዬ ዘውጋሕኩዎ፣
ቃስዮ ከምዝሰዓማሲ ነቲ ኣሻራ ከናፍሩ ኣብቲ ከናፍራ ኣይረኸብኩዎ፣
ሓደ ዘይጠቕም ኣቕሓ ካብ ዋንኡ ተሰሪቑ እንተተሸጠ፣
ጠፊኡኒ ኢሉ ተረቢጹ ኣይደልን'ዩ፣እንተድኣ ኣራጋጊጹ ዘይፈለጠ፣
ዳርጋ ከምዘይጠፍአ'ዩ ዝቖጸር፣ብሰራቒ'ውን ከም ዘይተመልጠጠ፣

ኢያጎ፡- ዓገብ'ዩ ዓገብ!ካላእ ትስማዓዮ!ከምዚ ኸኣ ክትብሉኒ?
ብሴፍ ነገር ክትቅንጽሉኒ?ውህብቶ ዕድለይ ኮይናትኒ!

ኦቴሎ፡- ተኣለዩ!ድሕሪ ደጊም ደሓንኩኑ ኣልግሱለይ!!
ምልሙላትን ምሩጻትን ብኩልኹም ሰራዊተይ!
ዓበይትኹም ናኡሽትኹም፣መዋፍርተይ መዋዕልተይ!
ካብቲ ምቁርን ልስሉስን ኣካላ ጥዒሞም እንተኾይኖም ከምዚ ናተይ፣
ከምኡ ምግባሮም እንተዘይተነጊሩኒ፣እንተዘይሰሚዔዮ በዛ እዝነይ፣
ከም ቀደመይ ብሕጉሰይ ምነበርኩ ከምኣ ኢለ'ውን ንሓዋረይ፣
ግን ደሓን ኩኒ ጥዕናይ፣ቅስንቲ ኣእምሮይ ምስ ልቡናይ!
ልባዊት ታሕጓስ ደሓን ኩኒ፣ተመርቀፊ ቅስንቲ ናብራይ፣
ጽርይቲ ፍረ፣ጽብቕቲ ግብራ ኢለ ተመኪሔ ነይረ ብኣኺ፣
ነዛ ሕሊናይ ከየህውተትኪያ ስልምቲ ዝኾነት ጀግና ከሎኺ፣
ሕጂ ግና ደሓን ኩኒ!

ደሓን ቀንዱ ፍልይቲ ዝኾንኪ ዕልልታ፣
ናይ ስልጡን ኣምበላይ ፈረስ ሰኹና ደሃይ መለኸተ... እምቢልታ፣
ህርመት ነጋሪት ከምጉልበትካ የማነ-ጸጋም ገማጢልካ፣
ክሳዕ እምባን ኩርባን ሰጊሩ ዘቓልሕ ሃየበል በሎ እናበልካ፣
ከበሮን መጽመም ኣእዛን ቱቱላን፣ኣጻድፍ ስንጭሮታት ዝሰግር ደሃይካ፣
ዒላማ ሰንደቕ ምስ ቃለ-ኣዋጅ ሕርፍርፎት ዓይኒ ዘርዊ ትርዒቱ፣
ኩናት!በተኸ መዓንጣ ሰብኣይ!ዓቕሊ ጽበት ኣብ ኮረቢት ምስ መዓታቱ፣
ደሓን ኩኑ!በቃ!ናይ መዳፍኣይን ኣጻውረይን ሹዱዳት ጎሮሮ፣
ፍላጻ ጓሕሪ ካብ ዓንቀርኩም ዝትፋእ፣ንዝጸረሮ ጸላኢ ዘሕርሮ፣
እቲ ርጉም ደመኛ ደሃይኩም ኣሰኪሑዎ ኣንፈጥፊጡ ከዕሎ፣
ደሐን ኩኑ ደጊም!ሕጂሲ ተጸንቂቑ'ዩ እቲ ምዕሩግ ወረት ናይ ኦቴሎ፣

ኢያጎ:- ጎይታይ?ክሳዕ ከንድዚ?ግደፉ ሸይጣን ኣይርባሕ!ጸላኢ ባህ ኣይበሎ፣

ኦቴሎ:- እወ! ስማዕ ኣንታ ወኻሪያ! ጉሒላ! ከይትዘንግዕ ኣነ'ውን ነይርስዓኒ፣
እንተድኣ ካብታ ብልበይ ዜፍቅራ ሰበይቲ ንሐዋሩ ፈለኻኒ፣
ብዕልግቲ ዓገበኛ ንምኳና ተር ኣቢልካ በብሐደ ኣረድኣኒ፣
ካብ ቀጽሪ ነግ-ፈረግ ኣውጺእካ ብልበይ ኣእምነኒ፣
ርግጸኛ ኹን!ደንጽዩ'ኳ እተደንጸወ ከም ዝርድኣኒ ጌርካ ኣስምዓኒ፣
እንተዘይኮይኑ ተጠንቀቕ!ፍርሓላን ሕሰበላን ነዛ ነፍስኻ!
ኣብ ሰብ ዘይወረደት መከራ ከይትእጉድ ኣብዛ መንበስበስታኻ፣
ከልቢ ኾይኑ ተፈጢረ'ባ እንተዝኸውን ኣቢለ'ዬ ነታ ለይትኻ ዜርግመካ፣
ብሕማቕ ሓሳባትካ ልቡናይ ኣዛቢዕካ ጣቋ ዘይብሉ ወረ እናመሃዝካ፣
ነዛ ነፍሰይ እንተሕሲርካያ ግና ዘይብሁል ግብርን ነገራትን እናበልካ፣
ብዘይተራእየን ዘይተሰምዔን ሕሱም ፋል ነዛ ቕሳነተይ እንተበቲንካ፣
ካብ ጭንቅታት ዝኸፍዔ ጭንቂ ከምዝወርደካሲ ካብ ሕጂ'ዩ ዝገልጸልካ፣

ኢያጎ:- ኦአዬ!ኣብዚዶ ተባጺሕና....መዓር ዝበልናያስ ዕረ ኾይና?!

ኦቴሎ:- እዚ ነገር'ዚ ከምዝርድኣኒ ግበር፣ ኣመናኳ እንተወሐደ ብሓድኣፉ፣
ካብ ሃጠውቀጠው ኣናጊፍካ ኣነጽሮ ካብቲ መፈለምታ ምዕራፉ፣
ጭቡጥ እንተዘይጌርካዮ ግና ጓሕሪ ስቅያት ክዘንብ'ዩ ኣብዛ ሂወትካ፣
ነፍስኻ ብኣበሳታት ክትምተር'ያ ክትዓርብ'ያ እዛ ተካሊት ትንፋስካ፣

ኢያጎ:- ክቡር ጎይታይ?!

ኦቴሎ:- ነቲ ሽማ ብከንቱ ኣጸሊምካ፣ንዓይ'ውን ኣሀውተትካኒ ነዛ ልበይ ቀሊኻ፣
ጸሎት"ሕድግ ለነ ኣበሳነ"ግደፎ፣ፈፊው ኣይጠቕመካን'ዩ ንዓኻ፣
ላዕልን ታሕትን ኣይተብዝሕ፣ሰባብ ኃጢኣት ኣቑርካ ኣብ ልብኻ፤
ልዕሊ መከራታት ዓመጻታት እንተትውስኽ ጭንቂ ብዝተሸብለለ ኩነታት፣
ንዓለም ዘደንጹ እኪይ ምሒዝካ እንተተዳናግር ንሰማእታት፣
ዘይእዱን ጥበባት እንተትምሕዝ ካልእ ተሪፉሲ ዘስክሕኳ ንስርኤላት፣
ብሰንከኻ ቁዛመ እንተዝለዓል ብዝፈጸምካዮ ጸይቃዊ ተግባራት፣

ካብዚ ዝገደደ ዓዚም፣ካብዚ'ውን ዝበኣሰ ዘጨንቕ ኣበሳታት፣
ከተምጽእ ኣይትኽእልን ኢኻ፣እንተለካኳ ካልእ ዝደጎልካዮ ጋዕዝታት፣

ኢያጎ፡- እዋይ ኣነ!ፈጣሪ መሓረኒ!አ መንግስተ ሰማይ ተለመንኒ!
ጸሎት ኣቦታተይ ኣይትተሐደገኒ፣ነቢያትን ሰማእታትን ሰውሩኒ! ብሓቂዶ
ንስኹም ሰብ ኢኹም?ሰምዒት ዘሎኩም ክንዲ ኣድሪ?
ወዮ ንኸምዚ ከማይ ዝኣመሰለ ሃናን፣ንዝምካሕ ከምዘይብለል ሕብሪ፣
ኣይዋረድን ኣይካፋእን'የ ንዝብል፣ኣብዛ ከዳዕ ዝኾነት መዓተኛ ምድሪ፣
ኦ'ርግምቲ ኣዱኒያ!ጽሒፍኪ ዝከርዮ!ከትምዮ ኣብ ብራናታትኪ ብቀለም፣
ሓቀኛን ገርሒን ምኽን፣ንሰብ ኣሚንካ ቅኑዕ ሓሳብ ምሓዝ ድሕሪ ደጊም፣
ዝፍቶ ሰላማዊ ጉዕዞ ኣይኮነን.... ኣብዛ ኣዱንያ እዚኣ ኣብዛ ጠላም ዓለም፣
የቐንየለይ ጎይታይ! ካብዚ ኹሉ ዘረባኹም ረብሓ ዘለዎ ትምህርቲ፣
ከምዝኸሰብኩ ፍሉጥ'ዩ፣ድሕሪ ሕጂ ግና ቶባደጊም ልበይ ንፈተውቲ፣
መወዳእታ ጻማይ እዚ ውርደት ካብ ኮነ ንነፍሲ'ውን ዓቢ መቕሰፍቲ፣
ሕሩመይ ፍቕሪ ብዝብሉዎ መኣዲ ጌጋ ከይኣምን ካብሎሚ ለይቲ፣

ኦቴሎ፡- ኸላ ዋዕ!ሸታሕ መታሕ ኣይትበል፣በታ ዝነበርካያ ቅንዕና ጽናዕ

ኢያጎ፡- ቅንዕናሲ ዕሽነት ኮይና!ከኸውን ዝግብኣንሲ በሊሕ ጐራሕ፣
ግርህናሲ ከተዕንዎ ንርኢ ኣሎና፣ነቲ ዕይይ ዝነበረቶ ቁኑዕ ሥራሕ፣

ኦቴሎ ፡- ዓለም....ኢን ከኣ ሰጋእ መጋዕ ተለመንኒ፣
ንበዓልቲ ቤተይ ንጽህቲ'ያ እብላ'ሞ ኣይኮነትን ኢለ ከኣ እሓስብ፣
ንኣኻ'ውን ሓቀኛ ኢኻ እብል'ሞ፣ኣይኮንካን ኢለ ድማ ነቲ ቓለይ ይእርንብ፣
ነቲ ርግጸኛ ነገርሲ ካበይ'ዬ ዝረኽቦ?በየናይ ምሕዞ ጥበባት፣
እቲ ከም ዲያና ማሕማሕ ዝብል ዝነበረ ሽማ፣እቲ ድሙቕ ከም ብጊሓት፣
ከምዚ ገጸይ ሕመት መሲሉ'ሎ፣ጠቐር ተኸዲኑ ፈርጊ ጸልማት፣
ደባትርን ጠንቆልትን፤ ስሚን ፍላጻታት ጎምርኳ እምበይመውጽኡንን ናፃ፣
ተሓባቢሮም'ኳ እንተዝሕግዙኒ፣ካብ ጠንቃም ሰሪ ናይ መልሓስ ዓመጻ፣
ሕጂ ግና መረዳእታ ነገራት እንተዝረክብ ወይ ድማ እንተዘጋጥመኒ፣
ካብኡ እንታይ ከምዝገበርሲ ክንዲ ፍረ ኣድሪኳ ነይጽግመኒ፣

ኢያጎ፡- ብፍትውት ነዲድኩም፣ብስምዒት ከትርመጹሲ ተደንግጹኒ፣
ኣነ'ውን ኣበሳን ዕላጅን'ዬ ዝሓፍስ፣ረመጽ ጣዕሳ'ዩ ዝጠብሰኒ፣
ዝኾነ ኸይኑ መዓልቲ ትውስኽ'ምበር ንጹር መረዳእታስ ኣይጠፍእኒ፣

ኦቴሎ፡- "መረዳእታ ኣይጠፍእን'ዩ ዲኻ ዝበልካኒ?ርግጸኛ መረዳእታ እረክብ ዶ?

ኢያጎ፡- ብዓጀባ ብጨብጨባ!ግን ከመይ ዝኣመሰለ መረዳእታ? እንተተብርሁለይ?
ናብታ ልዳት ሓቂ እንተዝመርሓኩም፣ናብታ ዝርኤኹላ ኩሉ ሙሉ፣
መረጋገጺ እንተዘቕርበልኩምከ ክሳዕ ክንዲ ምንታይ ትቕበሉ፣
እስከ በሉ ሃየ...ተሓቛቑፎም ምርኣይከ ይኣክልዶ?

ኦቴሎ፡- ዋይ ኣነ ኦቴሎ ኣነ!ብደወይ'ምበር ገኒዝካኒ!!

ኢያጎ፡- ግደፉ'ባ ጎይታይ!ሕርቃን ኣይጠቅምን'ዩ፤እዝ'ኮ ብቕሊል'ዩ ዝሓልፍ፣
መፈጸምታ እከያቶም ከኣ፣ውግኣት መሰንገሌ እናኾነ'ዩ ዝተርፍ፣

ኤሀ! ገጽኩም ትከወል!ገለ ደኣ ሓማሺሻን ኮሳቲራን ትጉሓፍኩም፣
ዓይኒ ደቂ ሰብ ኣሕፊሩ፣ዓይንኹም ኹናት ኮይኑ እንተዘይወጊኡኩም፣
እንታይ'ሞ ከበሃል'ዩ፣ንወዲ ተባዕታይ ከተጽንቱዎ ኣካላቢትኩም፣
እቲ ግብርኹም ግብሪ ኣጣል'ዩ ከም ከፉእ ወኻርያ በስራሕ ጠባያቱ፣
ጸጋቦም ከም ሓደ ዲበላ፣ጨው ልሒሱ ፍንጭራዕ ከምዝፈቱ፣
ዕሽነቶም ናይ ዕሽነት ጽላለ'ዩ፣ወይ ድማ ዕሽነት ከምዝዓበደት ብሃድኣፊቱ፣
ካልእ ዝበሃል የብለይን፣እንተድኣ በደል ትፍረድ ኮይና መጋብራታ ተጸርያ፣
ቀጣን ዘንጊ ፍትሒ'ውን፣መንገዳ ከይገገየት ናብ ቀጽሪ ሓቂ እንተተኣልያ፣
ሓያሎይ ጭብጢ ከትረኽቡ ኢኹም፣እዛ ነገር'ዚኣ ብስተታ ጊዜ ተመምያ፣

ኦቴሎ፡- ሕይወት ዘለዋ ምኽንያት ሃባ!ብዕልግቲ ንምኧና ኣረድኣኒ ኣጸቢቕካ፣

ኢያጎ፡- መናው ሰብ ኣይፈቱን'የ፣ኣብዛ ነገር እዚኣ ግና ካብ እግረይ ክሳዕ ርእሰይ፣
ተኣሲረን ተኣኹሊለን ኣብ ውሽጣ ሰጢመ ኣለኹ'ሞ በዛ ጽንዕቲ ፍቕረይ፣
ሃዲምካ መኾብለሊ የብለይኒ'ሞ፣ከይረብረብኩ'ዬ ዝቕጽል ክሳዕ ትረአ ፍርያተይ፣
ዝኾነ ኾይኑ ኣብቲ ዝሓለፈ ሰሙን፣ምስ ቃስዮ ደቂስ ከሎኹ ኣነ፣
ኩርምተይ ሓሚመ ስለዝነበርኩ ምልእቲ ለይቲ ብቀንዛ ድቃስ ስኢነ፣
ሰለም ከየበልኩ'የ ዘውጋሕኩዋ፣ብኡን ከንድኡን ድማ ነቚሒ ነይረ፣
ኣብ ድቃሶም ዝሕተፍትፉ ሰባት ኣለው፣ሕሊናኦም ዘይቋጻጸሩ፣
ፈርኅም ተኸዲኖም ሓተፍ ዝብሉ፣ሓጢኣቶም ክብትኑ ዝሓድሩ
ዕቑር ምስጢሮም ዝዘርው፡፡ ቃስዮ እቲ ሓደ ካብኣቶም'ዩ ብመፈጥሩ፣
ሽው ብሓንሳእ ደቂስና ከሎና፣ሰማዕኩዎ ደኣ ከምዚ እናበለ ክሕተፍትፍ፣
"ፍቕረይ ዴዝዴሞና"ኣነን ንስኽን ኣዚና ንጠንቀቕ እዛ ፍቕርና ካባና ከይትሓልፍ፣
ኢሉ ብኡንብኡ ዕትዕት ኣቢሉ ሒዙ፣ኢደይ ጠውዩ ክሳዕ ዘሕመኒ፣
ዳርጋ ክሳብ እትነትዕ ነዛ ሰለፈይ ጸቒጡ፣ኣብ ኣፍ ልበይ እናንበርገረ፣
ንኦቴሎ ኣሕሊፉ ዝሃበተኪ መዓልቲ"ርግምትን ቅርስስትን'ያ"ኢሉ ጨደረ፣
"እቲ ወለላ መቅርቲ ፍጥረት" ኢሉ ድማ፣ግጥም ኣቢሉ መጭሚጨ ሰዓመኒ፣
ዳርጋ ሓያሎይ ኣምትንቲ ካብዘን ከናፍረይ፣ዝተባታተኻ ክሳዕ ዝመስለኒ፣

ኦቴሎ፡- ዋይዚ ርጉም!ከዳዕ ሳጥናኤል!

ኢያጎ፡- እንተኾነ'ውን፣ብሕልሙ እንድኣሉ!

ኦቴሎ፡- ወይለየኸይ! ዓንጃል! እዚ ደኣ ጋህዲ'ምበር መዓስ ሕልሚኾይኑ፣
እንተኾነ'ውን መዓስ ቀሊል ኮይኑ እቲ ናይ መረዳእታ ዓቕኑ፣
ሃተፍተዶ ምበለ ብዘይ ሓደ ምኽንያት ንበይኑ?
መበገስታሲ ኣላታ!'ምበር መዓስ ምተማላጥዎ ድቃስ ለይቲ ስኢኑ፣

ኢያጎ፡- እዚ ነገር እዚ መንገዲ ከርሕወልና'ዩ ንሓሳባትና፣
ንካልእ ርግጸኛ መረዳእታ'ውን መእተዊ ኮይኒ'ዩ ዝቐንዓና፣

ኦቴሎ፡- ከም ስጋ'ዬ ዝዝልዝላ!!ከም ሕምሊ ኣድሪ'ዬ ዝቕርድዳ!

ኢያጎ፡- ጸላኢና!!ኣይፋልኩም ጎይታይ፣ከም ዓሻ?መዓስ ኣራጋጊጽና በዛ ዓይንና፣
እምንቲ'ኮ ትኸውን'ያ፣ኣንሕና'ውን መኣስ ነቲ ነገር ብርኡይ ኣርጊጭና፣

እባ ደኣ ሓንቲ ነገር ትዝ በለትኒ--እንቋዓኒ!
ሓቀይዶ?ሳሕቲ ኣብ ኢድ በዓልቲ እንዳኹም ኀይተኒ?
ስልምትን ጽማቑ ኣኅሮ ዝነጠበታ መንዲል ትዝከረኩም'ዶኒ?

ኦቴሎ፡- ከመይ ደኣ!ባዕለይ እንድ'ዬ ዝሃብኩዋ፣ንሳ'ያ እታ ቀዳመይቲ ህያበይ፣

ኢያጎ፡- ብዛዕባ ህያብኩም እንድዒ!ብዙሕ ጊዜ ግን እተን'ምበይተይ፣
እታ መንዲል ካብታ ኢደን ኣይትፍለን'ያ፣ርእየያ'ሎኹ በዛ ዓይነይ፣
ሎም መዓልቲ ግና ቃስዮ ረሃጹ ከደርዘላ ርኤኹዎ ኣብዛ ቕድመይ፣

ኦቴሎ፡- ኣታ እንታይ ትብል?እንተድኣ ንሳ ኾይና ኣየናሕስየላን'የ! ክሕምትላ'የ!

ኢያጎ፡- እታ መንዲል እቲኣ ኢን ካልእ ንብረት ናይ'ምበይተይ፣
ነቲ ኩሉ መጋብረን ተቓልዖ'ያ በዛ ግምተይ፣

ኦቴሎ፡- ወድ'ዛ ርግምቲ ማእምን!!ምስ ኣርብዓ ሺሕ ትንፋሳት'ባ እንተዝረኽቦ!
'ምበር፣ ሓንትሲ ሓምቲልካ ትም'ያ፣ንዝሓረቐ ሕርፋነይ ነይተጽግቦ፣
ሕጂ'የ ኣጸቢቐ ዝተረዳእኩዋ ሕጂ'የ ዝቐበጽኩዋ ንእምነተይ፣
በል ርኤ ኢያጎ!ፍቕረይ ክብተን ከሎ፣ክጽልኣኒ ሰብ ምኽነይ፣
ተበቍጹ ክጠፍእ ከሎ ከናጽሎ ከሎኹ ካብዛ ውሽጢ ኣካለይ፣
ጠቃር ተካሊት ሕነ ተስኢ!!ካብ ኣዘቕቲ መቓብርኪ ተባራበሪ፣
ፍቕርን ውላድ ፍቕርን ኢድኪ ሃቢ!ነታ ዘውድኽን ዙፋን ልብኽን ገብሪ!
ጨካን ጽልኢ ዓምጪቕ ይግዛእኪ፣ሓሞተይ ፍሰሲ ተጸንቂቕኪ!!
ቀታሊተይ ሕንዚ ተመን ህያብ ዕድሎተይ ብምኽንኪ፣

ኢያጎ፡- ሕጂኸ ዓጊብኩምን ተፈሊጡኩምንዶ?...ተሓጒሽኩምዶ ሓቀይ?

ኦቴሎ፡- እ!ደም!....ደም!....ደም!

ኢያጎ፡- ኣደብ ግበሩ ኀይታይ! ህድእ በሉ በጃኹም፣
ዘተኣማምን ድዩ?ከይቕየር ድኣ እዚ ናይ ሕጂ ሓሳብኩም፣

ኦቴሎ፡- ለከ ሰበኣይ ኣይትፈልጥን ኢኻ! ኣኺሉኒ'ዩ ኣነስ እባ፣
ከምዘይጋማጠል እመነኒ!ዋላ!ዋላ!ነዚኣሲ ፈጺምካ ከይትሓስባ፣
ከምቲ መውሓዚኡ ዘይለወጠ፣እልይ ምልይ ዘይበለ ብገለ ነቕጺ ከርከባ፣
ከምቲ ከግሕፍልን ከኅዓዝን ዝነብርን ዝነበረን ፍሉጥ ሓየት ሩባ ዓንሰባ፣
እነሆ እናመልአ እናዛረየ ይውሕዝ ኣሎ፣ከይሰዓሮ ባሕሪያዊ ሓያል ጸበባ፣
ሓሳባተይ ደም ደም ይጨንዋ'ሎ፣ ግልፅ ኣይትብልን'ያ ሓንጊሩዋ'ሎ መሪር ጻዕሪ፣
ደጊም ንድሕሪት ጥምታ የላን'ሞ ኣይዓግታን'ዩ ብዝኾነ ይኹን ብርቱዕ ፍቕሪ፣
ሕነይ እንተዘይፈድየ ኣይኣነን'የ ከዘርዎም'ዩ ከምሒጻ ገምገም ባሕሪ፣
/ይንብርከኽ/ እኖ ኣብ ቅድሚ ፈጣሪ፣ነዛ ናይ መወዳእታ ጸሎተይ ኣብጸሕኩ፣
ብስም ሰማየ ሰማያት፣ብኽብሪ መንግስተ ሰማያት መሓልኩ፣
ምእንቲ ምስ ሕራነይ ከጸንዕ'ውን ንቓለይ ብልበይ እናገዘትኩ፣
ገጸይ ጠውየ ንድሕሪት ኣይጥምትን'የ ነዛ ሓሳባተይ ከይዛዘምኩ፣

ኢያጎ፡- ጽንሑ ኀይታይ *(ይንብርከኽ)* ኣነ'ውን ክማባጻዕ'የ ኣብ ቅድሚ ልቢ ኀይታይ፣
ኣቱም ጸልማት ዘይጋርደኩም ብርሃናውያን ናይ ወጋሕታ ነበልባላት፣
ኣብዛ ጥቓና ዘሎኹም፣ኩልኹም ናይዛ ምድሪ'ዚኣ ፍጥረታት፣

ስምዑዋ! ርኣዩዋ! ነዛ ሓሳባተ ልበይ፣ኣእዳወይ፣ነዘን ናተይ ኣካላት፣
ነቶም ብኽፋእ ዝጣማመቱዎ፣ነቶም ንዕርበቱ ዝጣበቡ ኩሎም ሰባት፣
ኣንጻሮም ኮይነ ንኽጋደል፣ኣብ ዝኾነ ይኹን መከርኡ ሓቢረዮ ንምማት፣
ሒነኡ ኽፈድየሉ፣ካብኡ ከይተፈለኹ ኣብ ብርሃንን ኣብ ድቕድቕ ጸልማት፣
ምስኡ ደው ንኽብል፣ነዛ እንኮ ነፍሰይ ወፍየሉ ኣሎኹ ብስነ ስርዓት፣
ከም ቃሕትኡ እናኣዘዘ ክልእኽኒ ከም ክልተ ፍቑር ኣሕዋት፣
ዋላ ኣብ ዓዘቕቲ ምስኡ'ዬ እንተተሸመምና'ኳ ኣብ መከራታት፣ *(ይትስኡ)*

ኦቴሎ ፦ ስለ እዛ ቕንዕናኻን ፍቕርኻን ኢድ ነሳእኩ!
ብቀልዓለማዊ ምስጋና ዘይኮነስ፣ነዛ እምነትካ ብልበይ እናተቐበልኩ፣
እምበኣርከስ እንካ ዕማምካ ተቐበል፣ካብ ሕጂ ኽነግረካ፣
እንተጽባሕ ድሕሪ ጽባሕ፣ንሞት ቃስዮ ኣበስረኒ በዛ ምቅርቲ ደሃይካ፣

ኢያጎ፦ ካባኹም እንተመጺኣሲ ድንቂ!ክፍጽማ'የ ከምዛ ቀንዲ ዋኒነይ
ዳርጋ ትሕቲ እዛ ባይታ ቑጸሩዎ፣ነቲ ከንቱ ፈሽኳል ዓርከይ!
ግን ሸይጣን ኣይርባሕ!ሸለል በሉወን ን'በይተይ!

ኦቴሎ፦ ትረከ ኣይርባሕ!ካበይ ዝመጸ ሸለልታ!
ኤህ! ነታ ስርኤልሲ ሸይጣን ሓኒቐ መልኣከ ሞት ይረፍትታ፣
ሃየ ንኺድ ንበገስ!ወይ'ዛ በዓለገ ዓጣሪት፣ጋኔል ካብዛ ምድሪ የጽንታ!
ንዓናይ!ሕድርኻ በታ ወገንካ፣ኣነ ባዕለይ ኣሎኹ በዛ ወገነይ፣
ሕጽጽቲ ብልሃት መቕተሊት ክደልየላ'የ፣ነታ ወዛም ርግምቲ ሸይጣነይ፣
ኣንታ ሓየት!ካብ ሕጂ ኣብ ክንድኡ ምእዙዝ ሓለቓ ሚእቲ ኩነለይ፣

ኢያጎ፦ ምስ ሽመትኩም የንብርኩም!እንታይ ከፊኡኒ ጎይታይ መዓረይ፣ *(ይወጹ)*

✡ ✡ ✡

ሳልሳይ ትርኢት

ዴዝዴሞና፦ ኣቤት ሕረት!ኣበይ ኮን'ዬ ዘጥፋእኩዋ እታ መንዲል እቲኣ ኤሚልያ?

ኤሚልያ፦ ተውሳኽይ! እንታይ'ሞ ፈሊጠ እምበይተይ... ኣተዓሪቕኪዮዶ ንቃስዮ?

ዴዝዴሞና፦ ሕጂ ኣብዚኣ መጺኡ ንኽዛራረቡ፣እሙን ሰብ ልኢኸ'ሎኹ ከደሃዮ፣
ኣነሲ ናይታ መንዲል እዩ ድቃስ ከሊኡኒ ነሳ'ያ ሰንፈለል ዘበለትኒ፣

ኤሚልያ፦ እዋይ!ኣቲ ከመይ ዝኣምሰለ ርጉም ሸይጣን ኮን'ዩ ሸሪቡዋ?

ዴዝዴሞና፦ እቲ ኣብ ጥፍሒ ዘቐምጥኩዎ ጠልሰመይ፣ዝብጦ ማርዳ ስልማተይ፣
እንተዝጠፍእ ምሐሸኒ፣ንሳ ጥራሕ እንተትርከበለይ፣
ቅጭጭ ኣንበይምበለንን ሥጋኺ ኤሜልያ ሓብተይ!
ሸሕኳ ኦቴሎ ከም ገሊኣቶም ነገራት ቅንኢ እንተዘይብሉ፣
በቲ ጥዑይ ልቡናኡ ኣስተንቲኑ፣ እዚኣ መለዓሊ ነገር ኮይናትሉ፣
ብጓሂ ዝኣክል ሕማቕ ይሓስብ ይኸውን'ዩ ልቢ ሰብዶ ይፍለጥ ኮይኑ፡፡

ኤሚልያ፦ ኣቲ እምበይተይ፣ኣይቀንኡንዶ?

ዴዝዴሞና፦ መን? ንሱ? ዋይ ዋይ! ኣብቲ ንሱ ዝተወልደላ ዓዲ ዘላ ጸሓይ፣
መንቐሳ ወሲዳቶ'ላ ይመስለኒ፣ነቲ ናይ ቅንኢ ገፈጥመፈጥ ጸህያይ፣

ኤሚልያ፡- ኣቲ ክንድይ ይነውሕ እቲ ዕምሮም?እነውለ መጹ ከነልዕሎም፣
ዴዝዴሞና፡- ከሳዕ ንቃስዮ ጸዊዑን ይቕረ ኢሉን በዛ እዝነይ ዘስምዓኒ፣
ሕጂ'ውን ከረብርቦ'የ፣ከምታ ዝፈልጠኒ *(ኣ/ይአቱ)* ደሓንዶ ውዒልካ ጎይታይ?
ኦቴሎ፡- ይመስገኖ እምበይተይ!ኣቤት ሕልካስ!ኣቤት መሽጎራጎር ልቢ!
ደሓን ደሎኺ ዴዝዴሞና?
ዴዝዴሞና፡- እኔኹልካ ኦቴሎ ነፍሲ?
ኦቴሎ፡- እስከላ ኢድኪ? *(ተርእዮ)* ሙሉቕሉቕ ዝበለት ልምልምቲ ኢድ እንድያ?
ዴዝዴሞና፡- ኢድ ብተይን ጐርዞን'ያ ኣብርእሲኡ ሓዘንን መከራን መዓስ ርእያ፣
ኦቴሎ፡- ትመስል ደኣ ጠላምን ወንባዲትን፣ተጋብራ'ውን ኣንጻር ቕንዕና ልቢ፣
ብሕልካስ ጠጢዓ ብግብሪ ተንኮል ዝጠልቀየት፣ድሕሪ ደጊም ግና ሕሰቢ፣
ከትግለል ኣለዋ ካብ ብዙሕ ፈንጠዚያታት፣ካብ ታእላው ዜብሎ ዓለማዊ ከሰቢ፣
ጾምን ጸሎትን የድልያ'ዩ መሕኽኽ ነፍሲውን እምነታዊ መግናሕቲ፣
ብዘይ ዕጻይ ምጻጻይ ዝፍጸም፣ሓደ ክልተ ብርቱዕ መቕጻዕቲ፣
ኣሎ ኸኣ ሐደ ዓመጸኛ ሸይጣን፣ጸሓይ በረቕት ተተፍኒኑ ዝዳፈር፣
እዛ ኢድኪ ብረሓጽ ዕጥራን ዝለስለስት'ያ፣ዝኾነ ይኹን ድኣ'ምበር፣
ኣብርእሲኡ'ድማ ጽብቕቲ ኢድ ገርሂ'ያ፣ዘይተሰልኪ ናፃ ነገር፣
ዴዝዴሞና፡- መዓስ'ሞ ሓሲኻ፣እዛ ኢድ እዚኣ'ኮ'ያ እንተድኣ ኾይኑ ዝዝከረካ፣
ብድፍረትን ብእምነትን፣ብግርህናን ነዛ ልበይ ዝሃበትካ፣
ኦቴሎ፡- እዚኣሲ ኢድ ሸለልተይናን ስድን ትመስል፣እንተልቢ ናይ ቀዳሞት፣
ገርሂ ኢድ'ዩ ዘበርክት ዝነበረ፣ናይዞም ሕጂ ዘሎና ግና ናይዞም ዳሕሮት፣
ልብና ኣይኮነን ዝውፍን ዝቕበልን፣ምጥፍፋእ'ዩ እቲ ስውር ህያቦት፡፡
ዴዝዴሞና፡- ዝበሃልን ዝንገርን የብለይን፣ብዛዕባ እዚሲ ብኡነት፣
ሃየ'ንዶ ግዳ ነታ ውዕልና ፈጽመለይ፣ነታ ቃል ምብጽዓኻ ኣይትንፈገኒ፣
ኦቴሎ፡- እንታይ ውዕልን ሙብጽዓን ኔሩና ድዩ? ምሳኺሽ እንታይ ዘረብኡ ኔሩኒ?
ዴዝዴሞና፡- ሰብ ልኢኽሉ ኣለኹ ንቃስዮ፣ መጺኡ ንኽትራኽቡ ኣያኒ፣
ኦቴሎ፡- እሕሕ!እንተ ሰዓል ወይ ጉንፋዕ እንድዕሉ፣ጎሮሮይ እናሓርከኸ ይዕፈነኒ፣
እስከ ሓንሳእ እታ መንዲልኪ ሃብኒ?
ዴዝዴሞና፡- ዋይ ኣነ ሓወይ!እንካኒ!
ኦቴሎ፡- ያያ!እታ ናተይ ደኣ፣እታ ብፍላይ ባዕለይ ዝሃብኩኺ!
ዴዝዴሞና፡- ሕጂ ምሳይ የላን!ኣይሓዝኩዋን፣
ኦቴሎ፡- ዶ!ኣይሓዝኪያን እምበኣረይ?
ዴዝዴሞና፡- እወ ኣይተማላእኩዋን ጎይታይ?
ኦቴሎ፡- እሞ ዓገብ ጌርኪ!ሕማቕ መዓልቲ ውዒልኪ፣
ስምዕኒ!፣ነታ መንዲል ሓንቲ ግብጻዊት'ያ ነዴይ ዝሃበታ መዘከርታ፣
እታ ሰበይቲ ጠንቋሊት'ያ ዝነበረት፣እሞ ንሓሳባት ደቂ ሰብ በቲ ክእለታ፣
ትፈልጦን ትርድኦን ነበረት፣ነዴይ'ውን ምስ ሃበታ ኢላ ኣረድኣታ፣
"እንተድኣ ነታ መንዲል ተጠንቂቓን ተኻናኺናን ኣንበረታ፣

ኣብታ ኢዳ'ውን ክሳብ ዘላ፣ኣቦይ ንዓኣ ጥራይ ከምዘፍቅራ፣
ቃሕ ዝበላ'ውን ከምዝገብረላ፣ተር ኣቢላ በብሓንቲ ነገረታ፣
እንተድኣ ኣጥፊኣታ፣ኢን ንኻልእ ሰብ ወፊየታ ንመዘከርታ፣
ኣዒንቲ ኣቦይ ከም ዝፍንፍናኣ፣ሕሊናኡ ድማ ካልእ ሓድሽ ደስታ፣
ስርሒይ ኢሉ ከምዘናዲ እረ እንኮላይ ኣዝዩ ከምዝመንዋ ሃበረታ፣
ኣዴይ ድማ ኣብ ጊዜ ሕልፈታ፣ኣብ ልዕሊ ንእዲ ተዘርጊሓ ኸላ፣
ብዓቢ ከበረታ'ያ ዝሃበትኒ ኣጠንቂቓ ሕድርኻ ኢላ፣
"ንታ በዓልቲ እንዳኻ፣ንታ ካብ ልብኻ ናተይ እትብላ፣
ዕድልካን ለይትኻን ምስ ሃበትካ፣ኣቕሚጥካያ ጽናሕ'ም ንዓኣ ሃባ"
ኢላትኒ'ያ ዝዓረፈት፡፡ኣነ'ውን ለበዋኣ ኣኽቢረ፣ሓንቲ ቓል'ኳ ከይዓበረት፣
ከምዘን ክቡራት ኣዒንትኺ እናተኻናኸንኩ፣ብገለ ነገራት'ኳ ከይተባላሸወት፣
እና ክሳዕ እዚ ጊዜ'ዚ ጸኒሓ ኣላ በዓቢ ክንክን እናተታሕዘት፣
ስለዚ ንማንም ኣሕሊፍካ ምሃብ፣ወይ ድማ እንተጠፍኣት ብሃንደበት፣
ስቓያቱ ማእለያ የብሉን፣ዳርጋ ዘገድድ'ዩ ካብ ሳዕቤን መከራ ሞት፣

ዴዝዴሞና፡- ክሳዕ ክንድዚ?እምበርዶ ብልብኻ ኢኻ?

ኦቴሎ ፡- ዝሓመምኩዶ'መስል?እወ ካብ ልበይ!መዓስ ተዘኒቡ ቀልበይ!
ዓዚምን ንግርትን ኣሎ ኣብቲ ሓረጋውታን ጥቕስታታን፣
እዛ ምድሪ ብዙሪያ ጸሓይ፣ንክንደይ እልቢ ዘይብሉ ጊዜ ከምዝዞረት፣
መርሚራን ተረዲኣን ዝፈለጠት ብፍልስፍና'ውን ተራቒቓ ዝባህተወት፣
ኢንታ ዘይወጻ ፍልጥቲ መውደቒት ዛዕጎል'ያ፣ብሞያኣ ብቕዕቲ ዝነበረት
ኢያ እዮም ዝብሉዋ፡፡ነቲ ኣሳእላን ጥቕስታታን ከምኡ ክኸውን ዝገበረት፣
ነቲ ፈትሊ ሓሪር ዘፍረዩዎ ሓሳኹ፣ከኾኑ ኸለው ዝተመርጹ ብሉጻት፣
ዝተኣልከት ድማ'ያ ኣብ ውሽጢ ሓፋ ዓዕጽምቲ ምውታት ጎርዞታት፣
ዝትኣጀለት ድማ ኢያ ኣብ ፈሳሲ እቲ ጽማቑ፤

ዴዝዴሞና፡- እዋይ ጸበባ! ሓቅኻ ዲኻ?

ኦቴሎ፡- ዝሕሱኳ ክጽልኣኒ!ስለዚ ተጠንቀቕኪ ኣቕምጢያ፣ጽቡቕ ጌርኪ ሓዚያ!

ዴዝዴሞና፡- እዋይ ጭንቂ ወሪዱኒ!ብኻ ምተረፈትኒ-ወረ እንተዘይርእያ!

ኦቴሎ፡- ወይለየኸይ!እንታይ ኢኺ ዝበልኪ?

ዴዝዴሞና፡- እንታይ ደኣ ትኹሪ?ንምንታይ ደኣ ተንጸርጽር?

ኦቴሎ፡- የላን ዲያ? ጠፊኣ ዲያ?

ዴዝዴሞና፡- እዋይ ኣነ ተካሊት!ኣቲ ወላዲተ-ኣምላኽ እንታይ ገበርኩኺ?

ኦቴሎ፡- እንታይ ኢኺ ዝበልኪ?እስከ ድገሚያ!

ዴዝዴሞና፡- ኣይጠፍኣትን!ዋይ'ቲ ጉደይ!እንተጠፍኤትሲ ምስ ዝጠፍኣዶ ይጥፋእ ኮይኑ?

ኦቴሎ፡- ከመይ ማለት?!

ዴዝዴሞና፡- ኣላ፣ ኣይጠፍኣትን'ኮ'የ ዝብለካ ዘሎኹ!

ኦቴሎ፡- 'ሞ ሃየ'ንዶ ኣምጽኢያ!ሃቢ'ንዶ ክርእያ?

ዴዝዴሞና፡- ምምጻእሲ ከምጽኣ ምኽኣልኩ፣ሕጂ ግና ምሳይ የላን'የ ዝብለካ፣
መህደሚ ዲኻ ተናዲ ዘለኻ?ንመዳናጎዪ'ዩ እዚ ኹሉ ሜላታትካ፣

ምእንቲ ምሕጽንታይ ከይትፍጸም ድዩ፣እዚ ኹሉ ዘረባታትካ?
በጃኻ'ባ ሕራይ በለኒ?ቃስዮ ኣብዚኣ መጺኡ ከዛርበካ፣

ኦቴሎ፡- ዘይሓሰብኩዎ ኣይተሕስብኒ!ሃየ ኣምጽኢያ እታ መንዲለይ!

ዴዝዴሞና፡- ንዓኒ'ሞ ስምዓኒ፣ገጽ ኣይትኽልኣኒ በለኒ ሕራይ፣
ካብኡ ዝነፍዔን ምሳኻ ዝሳነን፣ኣይትረከብኒ'ኻ ከሳዕ ዳሕራይ፣

ኦቴሎ፡- ኦፉይ! መንዲል'ዬ ዝብል ዘሎኹ!!

ዴዝዴሞና፡- ኣነ ኸኣ በጃኻ ብዛዕባ ቃስዮ'ዩ ኣዛርበኒ ዝብል ዘሎኹ፣

ኦቴሎ፡- መንዲል!!

ዴዝዴሞና፡- ንግዚኡን ዕድሉን፣ ከምኡ'ውን ንትምኒቱ በዚ ናትካ ፍታው ፍቕርን፣
መስሪቱን ሓቦ ጌሩን'ዩ ዝጽበ፣ከይተፈልየካ ኣብ መከራን ኣብ ጸበባን፣
ምሳኻ ዝወዓለ'ዩ፣ኣብ ሰርቢ ጋእዝን ኣብ ጊዜ ብርቱዕ ከርከባን፣

ኦቴሎ፡- መንዲል!!ኣየድልን'ዩ ምጭብርባር!

ዴዝዴሞና፡- በሓቂ ንስኻ ኢኻ በደለኛ፣

ኦቴሎ፡- ከሊዋ!መንዲል'የ ዝብለኪ ዘሎኹ፣መንዲል! *(ይወጽእ)*

ኤሚልያ፡- እዚ ሰብ እዚ ኣይቀንእንዶ?

ዴዝዴሞና፡- ተውሳኺቱ!ቐድም ሕጂ'ሞ፣ከምዚ ክብልን ክኸውንን ኣይርአኹዎን፣
ብሓቂ እታ መንዲል እቲኣ ጠንቃም'ያ፣ተካል ሰሪ ኣላታ ዝሓንገጠታ፣
ጥፍእ ምስበለት ጣዕ'ዬ ዝበልኩ፣ጣዕሳኣ'ኳ ነይወጸለይ ክሳዕ መወዳእታ፣

ኤሚልያ፡- እቶም ኣብዘን ዓመትን ክልተ ዓመትን፣ስርሀይ ኢሎም ከጋግዩና፣
ዝነበሩ ኩሎም ሰባት፣እንታዎት ከምዝኾኑ ከምዚ ሕጂ'ዩ ዝፍለጠና፣
ኩሎም ጨጎራን ዛንጡይ መዓንጡይን'ዮም፣ኣንሕና ኸኣ ብኩላህና፣
ስንቆምኒ መግቦምኒ'ምበር፣ካልእ ነይኮንና፣ከጠምዩ ከለው ዝበልዑና፣
እታ ከብዶም ጠረው ምስበለት ድማ፤መሊሶም ዝደጒሑና፣
ቃስዮን በዓል-እንዳይን ይመጹ ኣለው ናባና *(ቃ/ኢያጎን ይኣትው)*

ኢያጎ፡- ካልእ መእተዊን መኸዲን የብልካን፣ንሳ ጥራሕ'ያ ተስፋኻ እተፈጽመልካ፣
ራህዋኻ ካብኣ'ዩ ዝርከብ፣ኣረብርባ ትምኒታትካ ከተጠጠዓልካ፣

ዴዝዴሞና፡- ደሓንዶ ውዒልካ ቃስዮ?እሂ'ታ?ገለ ከበርዶ ሒዝካ መጺእካ?

ቃስዮ፡- ተውሳኽይ?በየነይቲ ዕድለይ?ብጃካ እታ ዝቐደመት ጥርዓነይ?
ብሙሉእ ልበይን እምነተይን፣ካብ ኩሉ ንላዕሊ ንዓኣ ኣብሊጸ ብምርኣየይ፣
ብሀንቀውታን ብሕርፋንን'የ ዝጽበያ፣መኣስከ ኣልያትኒ በጃካ ፍቕሪ ኦቴሎይ፣
ብከንቱ ተረሲዔ ከይተርፍ፣ንዳሕራይ'ውን ዝኾነኒ ዱልዱል መጸጋዕታ፣
ቅኑዕ ሐገዝ ናይ'ምበይተይ'ዩ፣ክስእኖ ዘይግብኣኒ ክሳብ መወዳእታ፣
ወይ እዛ ዕድለይ ከም ዕራርቦ፣ጽልግልግ ትብል እንተ ኮይና እናጸንሀት፣
እዛ ናይ ሕጂ ስቓየይን መከራይን፣እቲ ዝፈጸምኩዎ ኣገልግሎት
ከምኡ'ውን እዛ ኣብ ልበይ ዘላ ዓባይ ድልየት፣ናብታ ፍቅሩ በዛ ህሞት፣
ሰተት ኣቢላ ኣሕሊፉ ክትመልሰኒ እንተድኣ ዘይከኣለት፣
እንተ'ኸኣ ድማ ዝገደደት ኮይና፣ክዕረቀኒ እንተዜብሉ ገለ ድልየት፣

ሓሳባቱ ብግልጺ ንገራኒ'ሞ፣ኣነ'ውን ብቕባጸት ኣውጺኤ ሕርመይ፣
ናብ ዕንክሊለይ ከኣቱ፣ናብ እትመርሓኒ እዛ ቐርስስቲ ዕድለይ፣
ንትምኒተይ ፋሕ ኣቢለያ ከዕንዝር'የ፣እናቕረብኩ ናይ ተስፋ መስዋእተይ፣
እናቋረፍኩ'ውን እነብር እናማእረርኩ ጊዜያዊት ድራር ዕለተይ፣

ዴዝዴሞና፡- ኣየ ቃስዮ!ኣነስ እንድዒኸ፣
እዚ ኣብ ከንዳኻ ኾይነ ምምላድን ምጥራዕን፣
እንደዒእምበር ድሕሪ ደጊምሲ ተቐባሊ ዝረከብ ኣይመስለንን፣
ጎይታይ እቲ ናይ ቀደም ጎይታይ ኣይኮነን፣ ባህ ኣይበለንን እቲ ናቱ ኩነት፣
ዋላኳ ሕጂ ግምጥል ኢሉ፣ሕራይ በሊ ከምድላይኪ እንተዝብለኒ ብሃንደበት፣
ብዘላትኒ ዓቕመይ ግን፣ ከምቀደምኩም ሰላም ንክትረኽቡ፣
ላሕ ይብል ኣሎኹ ከይረብረብኩ፡፡ንሱ ግና ካብቲ ገርሂ ዘይጋማጠል ልቡ፣
ከም ገለ ኾይኑ ነጺጉኒ ከምዘሎ፣ዝፈለጡለይ ሓቀኛ መስከርቲ፣
እቶም ኣብ ከባቢና ዝርከቡ ኢዮም፣ዘይፍለዩና ቅዱሳን መናፍስቲ፣
ይኹን'ምበር ጻዕረይ ከቕጽል'የ፣ሰም ከይበልኩ'የ ዝጭቕጭቕልካ፣
ንረብሓይ ኢለ ካብ ዝደፍሮ ንላዕሊ'የ ምእንታኻ ዘሰልክየልካ፣
በል'ምበእር...እዝን ወደሓንካን፣

ኢያጎ፡- ኮርዩ ድዩ ጎይታይ?

ዴዝዴሞና፡- ሕጂ'ዮም ኮርዮም ዝወጹ፣ ምሳና'ዮም ጸኒሖም ኪሕምሱና፣

ኢያጎ፡- ኮርዩ ዶኹን ይኸውን ኣቱም ሰባት?
ነድሪ ናይ ኩርኡ ተተኩሻ ንናይ ባዕሉ ጹሩራታት፣
ንሰማይ ገጻ ከትብትነን ከላ፣ነቲ መኰንኑ ድማ ከምሸይጣን ኮይኑ ብሃንደበት፣
ካብ ጥቕኡ ከናጽሎ ከሎ ይዝከረኒ'ዩ፣ኮርዩ ዲኹን ዝበልክናኒ?
መዓታት ወሪዱና ዘይትብላኒ? ሕጂ ከይደ ክረኽቦ ኣሎኒ፣

ዴዝዴሞና፡- ኪድ እስከ እዚ ሓወይ እስከ በጃኻ ኣርክቦ? *(ኢያጎ ይወጽእ)*
ብገለ ዘይሓሳባ ጉዳይ መንግስቲ፣ኣንጻሕና በዘይፈለጥናያ ካብ ቬኒስያ፣
ኢን ኣብዛ ደሴት ብዝተገብረትን ዝተዓለትን፣ገለ ከርከባን ዕላጅን'ያ፣
ነዚ ሰብ እዚ ኣባሳጭያቶ'ምበር፣በቲ ዓቕለኛ ኣደቡን ኣእምሮኡን፣
ሕሩመይ ከምዚኣሲ ኣምበይምኾነን፣በዛ ዘይትጠቅም'ውን ኣየንጸርጽርን፣
ደሓር ከኣ ሰብኡት፣ሽሕኳ በቲ ንያት ህይወቶምን ተምኒቶምን፣
ለባማትን ዓበይቲን እንተመሰሉ፣በዘይትጠቅም ነገር'ዮም ብቐንጠመንጢ ጉዳያት፣
ዓቕሎም ጸቢቡዎም ገንጨርጨር ዝብሉ፣ነገር እናኸበዶም ከም ረዚን ጾራት፣
ሕንጢጥኦም እንተስሐየቶም፣ካብኣ ሓሊፋ ናብቲ ካልእ ጥዑይ ኣካሎም፣
ቃንዛ ኮይና'ያ ናብ ካልእ ተድህበሎም፣ዝገደደት ኾይና'ያ ትረኣዮም፣
ከማይሲ ጌጋ ኢዩ ንሰብኡት ከም ጽፉፋት፣ቅድስና ከምዝዓሰሎም ምእማን፣
መሊሽና'ውን ብሽም ኣብ ተሓምበለን መርዓን፣ሰሓቑልናን ጠመቱናን፣
ዓይኒ ኣውዲቕምልና ኢልና ዘሎና ራሕሪሕና ንዓታቶም ተኸቲልና ምምናን፣
ንደቂ ሄዋን መጥፍኢትና'ያ፣ተኾብኩብና ምኻድ ተጎቲትና በቲ ናታቶም ምራን፣

ሰኣን ፍላጥ ርግምቲ ኢኺ ትብልኒ ትኾኒ ኢኺ ኤሚልያ፣
ኣነ ግን ብዘላ ዓቕመይ፣ነዛ ናይ ሕጂ ኩራኡ ብሰላም ንኽፍለያ፣
ውሽጣ ውሽጢ'ዬ ሒኹ ዝበልኩ፣ዝጸዓርኩ'ውን ኣቲ ኤሚልያ፣
ግን ነታ ነገር ሓቂ ጥራሕ ብምሓዘይ፣
ሓስየ ዜሳጣሕኩም'ዩ ዝመስል፣ነገር ከጠዋዊ ዝውዕል ባዕለይ፣

ኤሚልያ፡- ኣዬ እዚ ፈጣሪ!ከምዛ ዝሓሰብኪያ'ባ እንተትኾነልኪ ጉዳይ መንግስቲ፣
ንዓኺ ኣብ ጸገም ዘይትሸምም ዘይትኽልእ'ውን ልዋም ለይቲ፣
ከመይ'ባ ምጸበቕት፣ ነገራት ቅንኢ እንተዘይህልዋ፣ እንተትኽውን ነገር ጻውቲ፣

ዴዝዴሞና፡- ኣየ ኤሚልያ ሓብተይ፣በዝስ ኣይሻቕልን'ዬ ኣነ ኽኣ እንታይ ግደይ፣
ብሓቀኛ ፍቕረይ'የ ዝምካሕ፣ቕንዕናይ'ያ እታ ጽንዕቲ ምስክረይ፣

ኤሚልያ፡- መዓስ'ሞ ቅንኢ ንዝዓብለላ ነፍሲ፣ከምኡ ኢልካ መልሲ ይዋሃብ ኮይኑ፣
ቅንዕናና ኣይኣክልን'ዩ ቀናእ ስለዝኾኑ'ዮም ብድድ ኢሎም ዝብይኑ፣
እቲ ቅንኢ'ውን፣ብገዛእ ርእሱ ተበጊሱ ብዘይማሕጸን'ዩ ዝፍጠር፣
ገለ እኪት ጠቃር ግኒ'ዩ፣በዓል ሕሱም ጽሑፍ መስሓደር፣

ዴዝዴሞና፡- ፈጣሪ ባዕሉ ነዚ ዕብድብድ ዘብሎ ዘሎ ግብሪ ሰይጣን፣
ካብታ ርእሱ ጋሕጢጡ ይስተረኒ ደኣ'ምበር፣የብለይን ካልእ ጥርዓን፣

ኤሚልያ፡- ኣሜን እምበይተይ!

ዴዝዴሞና፡- እስከ ኣነውን ክደልዮ፣ኣብዛ ቀረባ እናተዛወርካ ጽንሓኒ ቃስዮ፣
ክሳዕ ዝሰልጣካ ክጽዕረልካ'የ፣እንተድኣ ሃዲኡን ዝሒሉን ረኺበዮ፣

ቃስዮ፡- ደሓን እተዊ፣የቐንየለይ እምበይተይ፣
ኣብ ካሕሳኺ የውዕለኒ፣ ብጀካኺ መን ኣሎኒ! *(ዴዝ/ኤሚ/ይወጻ/ ቢያንካ ትኣቱ)*

ቢያንካ፡- ኢሂ ደኣ ጎበዛይ?ምራና ዝበተኽት ምራኽ! እንታይ ደኣ ትጽበ?

ቃስዮ፡- መርሓባ እንታይ ግዳ!እንታይ ደኣ ክትገብሪ መጻእኪ?
ከመይ ኣሎኺ ንጺጋ ጥዕናኺ?ቢያንካ ነብሲ!
ቀዲምክኒ'ምበር ተበጊሰ ነይረ፣ናባኺ ገጸይ ቢያንካ ሓብተይ፣

ቢያንካ፡- ኣነ'ውን ገዛኻ በጺሐ'የ ዝምለስ ዘሎኹ፣ ...በል'ባ ቃስዮ?
ኣረ እንታይ በዲለካ'የ ከምዚ ኈርካ ህልም ዝበልካ ከም ዝኾሪ
ሸውዓተ ለይትን ሸውዓተ መዐልትን?እዝሲ ነይውረ!
ብሰዓታት እንተዝጽብጸብሲ ከንደይ ኮን ምኾነ? ምናዳ ንዝሐመመ ንዜፍቀረ፤
ሓንቲ ሰዓት ዳርጋ ወርሒ'ያ፣ኣብ መንጎ ፍቕረኛታት ዘይምርኻብ እናሳዕረረ፤
እንታይ በዲለካ'የ ሸለል ዝበልካኒ? ንምንታይ ኢኻ ገጽ ትኽልኣኒ?

ቃስዮ፡- ኣብ ጸገም'የ ዘለኹ ኣይትሐዝለይ ቢያንካ ሓብተይ፤
ብብዝሒ ዓቕሊ ጽበት እፎይ ኣይበልኩን፣ነዚ ኽምኡ ኽኣ ጊዜ ነብለይ፣
ኣምላክ ተሓዊሱዎ ብሸዓ እንተሰሊጣትኒ ሓሳባተይ፣እንተተጋላጊለ ካብዛ ጭንቀይ፣
ናይዘን ኩለን ዝሓለፋ መዓልታት ብዕጽፌ ንዓኺ እየን ሰዓታተይ፡፡
(ነታ መንዲል ናይ /ዴዝ/ይህባ) እስከ ልክዕ ነዚኣ ዝኣመሰለት ሓሪግኪ ጥለፍለይ፣

ቢያንካ፡- ኣታ ቃስዮ? እስከ ሓቂ ተዛረብ፣ነዚኣሲ ካበይ ኢኻ ኣምጺእካያ?
ገሊኣን ዲየን ሂበናኻ?ዶ ብጊዜያዊ ፍቶት ካብ በዓል ክስቶ መንዚዕካያ?
ኣነዶ ብቐስመን ክብለካ ኢለ? ለከ እዚኣ'ያ ህልም ዘበለትካ ምኽንያት፣
ከተጣፋፍኣኒ ደሊኻ ዲኻ፣እዚ ኹሉ ናይ ሓሶት ሸንኮለላት?

ቃስዮ፡- ዋሃ ኣንስቲ!ዘይፍሉጣት ኣጋንንቲ፣ነዚ ከንቱ ናይ ጥርጣረ ሓሳባት፣
ጠቕሊልኪ ኣኹልስዮም፣ነቶም እንክኒ ዝበሉኺ ሰይጣናት፣
ቀኒእኪ ዲኺ?እነሲ እባ ኣይስርሀይኒ'ዩ እዚ ናይ ፈኮስቲ ሕማቕ ጸወታ፣
መሲሉኪዶዩ ሓንቲ ጎርዞ ዘበርከተትለይ ንመዘክርታ?
ከምዘይኮነ ክምሕለልኪ'ዬ ቢያንካ፣እመንኒ ክሳዕ መወዳእታ፡፡

ቢያንካ፡- ካብ ሰማይዶ ነጢባ?ካበይ ዝመጸትን? ናይ መን ደኣ ክንብላ?

ቃስዮ፡- ካበይ'ሞ ክብለኪ?ካበይ ከም ዝመጸት ኣይፈለጥኩን ፍቕረኒ፣
እዚ ስራሐት ዝምዝማት ጥልፉ ኣዝዩ ባህ ስለዝበለኒ፣
ክሳዕ ዋንኣ ርኢኻዶ ዝብለኒ፣ከምኣ ጌረ ከጥልፍ'የ ብዝከኣለኒ፣
ናብ ካልእከ እንታይ ኣካየደኒ፣መንከ'ላ ካባኻ ንላዕሊ ትቐርበኒ?
ሓቂ ዘረባ ይሓይሽ ንስኺ ትሕሸኒ፣ንግዜኡ ግና ንበይነይ ግደፍኒ፣

ቢያንካ፡- ኪዲ ጽርግ በሊ ትብል ዲኻ ዘሎኻ? ንምንታይ?

ቃስዮ፡- ስምዒ'ሞ፣ኣብጥርዓንን ኣብ ደገ ጽንዓትን ስለዘሎኹ ኣብ ጀነራል፣
ምስ ጓል ኣንስተይቲ እንተርኣዩኒ ክመስሎም ኢዩ ዘሎኹ ኣብ ኣሸካዕላል፣
ንጕዳየይ ዘይተገደስኩ'ዩ ዘምስለለይ፣ከም ዘይብለይ ጸበባታት፣
ከምኡ ኸዓ ነውሪ'ዩ፣ኣነ'ውን ኣየጥረኹን ከምዚ ዝኣመሰለ ኩነታት፣

ቢያንስ፡- ኣታ ከመይ ድዩ ነገራቱ ቃስዮ ሓወይ?

ቃስዮ፡- ኣቲ ፍሉጥ'ዩ፣እንታይ ኢለ'ሞ ክነግረኪ፣
ከምዚ ናይ ዝበልኩ ኸኣ፣ዘየፍቀርኩኺ ከይመስለኪ፡፡

ቢያንስ፡- ትብል ኣሎኻ'ምበር ኣይርዔኹን ወሪዱኒ!
ምስጢር ከዓ ተረኺቡ ምስ ሰበይቲ ዘየራኣዒ፣
ደሓንየ!እንተጥዒሙካ ምሸት ምጸእ! በል ሃየ ኣፋንወኒ፣

ቃስዮ፡- ብዙሕ ኣይርሕቕን'የ'ምበር ሕራይ፣ ምስጢረይ'ውን ክነግረኪ'የ ከይትሻቐሊ፣
(እናኸዱ) ክሳዕ መጺአ ዘጻውተኪ ግን፣ደገ ጽንዓተይ ከይትዕንቀፍ ደሓን ወዓሊ፣

ቢያንካ፡- ኣምላኽ ባዕሉ ይሓግዝካ...ምሳኻ ትኹን ጸሎት ኣቦታትካ፣
ኣነ'ውን ክኽደልካ፣ ከይትተርፍ ተዳልየ'ዬ ዝጽበየካ፡፡ *(ይወጹ)*

ራብዓይ ገቢር

ቀዳማይ ትርኢት

(ኣብ ዕርዲ (ኢ/ኦቴሎን)

ኢያጎ- ሓቂዶ ይመስለካ፣ሕስብ ከተብሎ ከሎኻ?

ኦቴሎ፡- ነየናይ ኢኻ ትብል ዘሎኻ ኢያጎ?

ኢያጎ፡- ነየናይ?ነቲ እናተሓባእካ ምስዕዓም'ምበር? ካልእ ድማ...

ኦቴሎ፡- እንታይ ኢኻ ትብል ዘሎኻ?ነቲ ዘይተራጋገጸ ምስዕዓም፣

ኢያጎ፡- ቀሚሻ ኣውጺኣ ኣብ ሓደ ዓራት ምስ ፈታዊኣ እንተጸንሔት፣
ብዘይገለ ዝሙታዊ ተግባር፣ንሒዶት ሰዓታት ምስኡ እንተደቀሰት፣
ዘጋጊ ነገር ዘሎ ኣይመስለንን ኩልና ኣሎና ነናይ ርእስና ክእለት፣

ኦቴሎ፡- ዘይመስል ዘረባ!ብዘይገለ ናይ ዝሙት ኩነታት?እሞ ጥራሓ! ኣብ ዓራት፣
እዚ ዘይተኣደነ ንዕቐት'ዩ፣ግብዝና ኣብ ቅድሚ ሰይጣናት፣
ክምክሐ ጸኒሖም ብቕንዕና ሸይጣን ተጎዝጒዞዎም እንተሰርሑ ጌጋታት፣
ቅንዕንኦም ከምዘይነበረ እንተዓነወ፣ንሳቶም'ዮም ዘጋገዩ ንቅዱሳት፣

ኢያጎ፡- እዚ'ኮ ልሙድ'ዩ!ገለ ግብሪ ጌጋ ሳሕቲ ብይቕረታ'ዩ ዝሕለፍ፣
ንበዓልቲ ቤተይ ግና፣እንተድኣ ንመዘከርታ ኢለ መንዲል ሃብኩዋ፣

ኦቴሎ፡- ሃየ!ኢሂ'ሞ እንተሃብካያ?ካብኡኸ?ወስኽባ?እንታይ'ዩ ላቄባ ዘረባ፣

ኢያጎ፡- ሓንሳእ ስለዝሃብኩዋ ንብረታ'ዩ ክቡር ጎይታይ፣
ቃሕ ንዝበላ ክትህብ መሰላ'ዩ ዋላ ንኻልእ ሰብኣይ፣

ኦቴሎ፡- ኤእ!ሓላዊት ክብራን ማዕርጋን ግና ባዕላ'ያ፣ነዚኣተንከ ትወፍየንዶ?

ኢያጎ፡- ክብርን ማዕርግን ዘይረአን ዘይድሕሰስን ነገር'ዩ ጎይታይ?
እኖ'ንዶ ክብሪ ዘይነበሮም ሰብ ክብሪ ኮይኖም፣ሓፊሶም ዘይፈልጡዎ ሲሳይ፣
እንተኾነ'ውን እታ ፍልይቲ ዝኾነት ናይ መዘከርታ መንዲል ግና፣

ኦቴሎ፡- ኣታ ዝባን ኣቦኻ!ነታ ንምርስዓ ኣጸጊማትኒ ዘላ ነገር ኣይተዘክረኒ፣
ኣነሲ ከመይ ጌረ ምተሓጎስኩ፣መመሊሻ እንተዘይትዝከረኒ፣
ኣባሃህላኻ...ከምቲ ጻዕረ ሞት፣ኣብ ናሕሲ ፌራ ዝኣተዎ ገዛ ዝዝንቢ፣
ኣብዛ ርእሰይ እናተማላለሰት ተዕገርግር'ላ እታ ንብረተይ፣
ዝኾነ ኾይኑ ምስኡ'ያ ዘላ ዲኻ ትብለኒ ዘሎኻ እታ መንዲለይ፣

ኢያጎ፡- ኣንታ ክንደይ ሳዕ'ሎ ዘረባ!

ኦቴሎ፡- ዘየደቅስ ነጊሮምኻ ድቅስ ይሓድሩ!ጽቡቕዶ ይመስለካ?

ኢያጎ፡- ክብድለካን ከዋርደካን ርኤዮ ኣሎኹ፣ እንተበልኩኻኸ እንታይ ምበልካ?
ነቲ ግብሩን በደሉን ተረዲኤዮ ኣሎኹ እንተዝብለካ! እንታይ ምገበርካ?
ውዒሉ ሓዲሩ በብቕሩብ ይቕረታ እናገበረለይ ክዕረቕ እየ እናበለ፣
ብዕላል ወዲ ዕላል ኣማሳሚሱ ውሽጣ ውሽጢ ነገር ክፍሕስ እናወዓለ፣

ካብኡ ድማ ጥውይ ኢሉ፣ሌፍ'ዩ ዝብል ጣቋ ከምዘለዎ ኣዋጅ፣
ሓሶት ወዲ ሓሶት ለቓቑቡ ኬስምዕን ከምሕዝን ኃያሎይ ዕላጅ፤

ኦቴሎ፡- ኢሂ'ሞ? ገለዶ ኣይሞለቖቶን እዚ ቦጅቧጅ?

ኢያጎ፡- ዘረባ እንተበሉኻኸ! እንተተዛረበን እንተገበረንሲ መን ኪኽእሎ፡፡
መሕደሚኡን መጥለሚኡን ምስተጣበበ'ዩ ዝፍጽም ዓሻዶ ኾይኑ ከይተዳሎ?

ኦቴሎ፡- ቁሩብከ?ገለ ሽተፍ ኣየበለን?

ኢያጎ፡- አይ!ዘረባ እንታይ ዋጋ ኣለዎ? መሊኡ'ሎ ካብኡ ዝገደደ!

ኦቴሎ፡- እንታይ?....ከመይ?

ኢያጎ፡- እንታይ ኢሉ'ሞ ከዛረብ ጎይታይ?ካብ ምግሳስ...

ኦቴሎ፡- ምስአ!?

ኢያጎ፡- ኢሂናይ ደኣ!ጠንቀላዕላዕ ተፈሲሁ!

ኦቴሎ፡- ደቂሹዋ?ጠንቀላዕላዕ እናበለ ሐቍፉዋ!እግዚኦ ጎይታይ!!
ንገረኒ'ንዶ!እንታይን ከመይ ከመይን ከምዝበለ'ዚ ጣልማይ፣
መ መመ መመንዲለይ!ኑዛዜ!....መ መመመኣረሚያይ! ኣናሲሔ'የ
ዝሰቕሎ ከምታ ግብሩ!የለን!የለን!ኣይፋለይ፣
ፈለማ ተሰቒሉ'ዩ ድሕሪኡ ዝናዘዝ!ንሬስኡን ንነፍሱን'ዩ ዘናዝዛ!
ሔው!ሔው!ሔው!ሔው፣ ተኾለፍኩ!ተዓምጸጽኩ!ሔው!ሔው!
ለከ ተፈጥሮ በቲ ዘስካሕክሕ ኣጸፍራ ነዘን ኩለንተናይ ዝሐንፈጠተን፣
ብዘይ ገለ መረዳእታን ሓደ መመስመስታን ኣይነበረን፣
ብወረን ድቓላ ወረን ብገለመለ ሃጠው ቀጠው ኣይኮነን፡፡
ብኣፍንጫ? ብዓይኒ?ብደርጊስኒ?ብከናፍር?የለን!የለን!
ይናሳሕ!ይናሳሕ!መመመንዲለይ!...መመ መንዲለይ!!!
ሽይጣን! ጋኔል! *(ራዕራዕ ኢሉ ይወድቕ/ ኣንፈጥፍጥ)*

ኢያጎ፡- *(ሰላሕ ኢሉ)* ኣየእወ! ተዓወት!! ሰለጠት!! እንቋዓኒ ዓዚመይ ሳዕረረት፣
ኣጸልሊ! ሞያኺ ግበሪ! ከምዚኣ'ዮም ዓበይቲ ሃናናት ዝሕንኮሉ፣
ሓያሎይ ፀጉራማትን ከቡራትን ወይዘራዝር ብዘይወዓለአ ኣበሳ፣
ብዘይፈጸምኦ ገበን ኢየን ኣብ ጭንቅን መከራን ዝጥበሳ፡፡
(ቃ/ ቅልቅል ከብል ከሎ እናረኣዮ) ጎይታይ? ኣቱም ጎይታይ? ዋይኣነ ጉድ ረኺቡኒ!
ዋይኣነ ወዲ ተካሊት!ኦቴሎ!ኦቴሎ!
እዋይ ኣነ! እዋይ ተካሊት መዓልቲ! *(ቃስዮ ይኣቱ)* ኢሂ ደኣ ቃስዮ?

ቃስዮ፡- ኣንታ ኣይደሓንን ዲኹም?እንታይዶ ኼንኩም ኢኹም?

ኢያጎ፡- ኣንታ እንታይ ደሓኑ!እነውለ ጎይታይ ጻሕ ኢሎም፣
ርግምቲ መንጸሮር ተላዒላቶም!ትማሊ ከምኣ ጌራቶም ሕጂ ኸኣ ደጊማቶም፣

ቃስዮ፡- እሞ እንታይ እንተገበርናሉ ይሓይሽ? ኣቕኒዕካ ዝሑል ማይ ከዓወሉ፣

ኢያጎ፡- ሱቕ ደኣ በል! ኣየድልዮን'ዩ፤እታ ሕማሙ ሕልኽይና ስለዝኾነት፣
ደሲቓ-ደሲቓ ነዛ ኣፉ ለኺታ ከየዕፈረት፣

ከምዘይትገድፎሲ ፈሉጥ'ዩ፣ከም ሓደ ዝተደግሞ ሐፍ ሐጠቕ ከየበለት፣
ካብኡ ድማ ጸለል ፈለል ኣቢላ'ያ ብሕርቃን እተቃጽሎ ብሃንደበት፣
ርኣዮ'ሞ ተባራቢሩ፣ክትስእ ይፍትን'ሎ፣ ንስኻ ንግዚኡ ካብዚኣ ተኣለ፡፡
ደው ክብል ኢሉ፣እኒሀለ ሒሹዎ!ደሓር ከም ኣመሉ ካብዚኣ እልይ ምስ በለ፣
ንዓኻ እትኸውን ዘረባ ኣላትኒ'ሞ ኣብዛ ደገ ጽንሓኒ ኪድ ተኣለ! *(ቃስዮ ይወጽእ)*
ሒሹካዶ ጀነራል?ደሓን ዲኻ?ተሓሲኻ ዲኻ?

ኦቴሎ፡- ዋይ ኣነ ግዲ!ትጭርቐለይ ዲኻ ዘሎኻ?

ኢያጎ፡- ኣነ? ኣነሲ ክጭርቕልካ? ኣይሓስቦ'ኳ ሕርቕርቕት'ዩ ዝኸውን፣
ለይትኻ ዝሃበትካ'ዩ'ሞ፣ንመከራኻ ተጸሚምካ ሰብ ኩን፣

ኦቴሎ፡- ተረካባይዶ! ዝቕንእ ሰብ ኣራዊት'ዩ፣ ኬፍርሓካ'ውን ከምቀራን ድራጎን፣

ኢያጎ፡- 'ንዘረባ ዘረባ የምጽእ፣ካብ በልካሲ ክንደይ'ሎ'ንዶ ዝንገርን ዝሕመን፣
ኣብ ውሽጢ ሓደ ዓቢ ከተማ ካብ ዘለው ሰባት ሙብዛሕትኦም፣
ፍጥር ክብሉ ተካላት'ዮም፣ጥዑይ ሰብ ግና ይመስሉ ንዘይፈልጦም፣

ኦቴሎ፡- ተናሲሑዶ?

ኢያጎ፡- ክቡር ጎይታይ!ሸምኩም ከይብለልሲ፣ጽፍፍ፣ሕድእ ደኣ በሉ፣
እስከ ሕሰቡዎ ክንደይ ወራዙት ጸጉራማት፣ክንደይ ኣሻሓት ለባማት፣
ዓበይቲ ወረጃታት'ዮም፣ኣብዘይብጁሕ ዝበጽሑ ብሰንኪ ገለ ጠንቃማት፣
እግሮም ውጽእ ምስበለ'ዩ እቲ ኣራቶም ዝድፈር፣ዝቕንጠጥ ዝነበሮ ክብርታት፣
ዕድለኛ ኢኻ!ተመስገንካ በሎ ከይሰምዓኻ ኣእዛን ሽይጣውንቲ ርኹማት፣
ክንደይ መዓታት'ሎ!ጽልኢ ጥራይ ዝመልእ ከም ገሃነመ-እሳት፣
እዚ ጽልመታዊ ላግጺ'ዩ፣ሸተኽበተኽ ምስ ደቂ ስርኤላት፣
ጽፍፍትን ቕጽዕትን ኢያ ኢልካ ምእማን፣ንሓንቲ ብዕልግቲ መዋዕልቲ ግዕዙያት፣
ንጽህትን እምንትን'ያ ኢልካ ምቕሳን ውርደት'ዩ ዋላ ብግሩህ ኩነታት፣
በዓልቲ ቤተይ እንታይ ከም እትገብር ነይጠፍኣኒ እንተድኣ ኣነ ንመንነተይ ፈለጥኩዋ፣
ኣብኣኸላ ኢየ ዘለልያ፣ካብ እግራ ክሳብ ርእሳ'ዩ ዝርድኣኒ፣

ኦቴሎ፡- ፈላጥ ኢኻ!ሓቕኻ ትኸውን ኢኻ፣እንተዘይትኸውንሲ'ባ ከማይ መላገጸትልካ፣

ኢያጎ፡- 'ምበኣር ከምዚ ግበር ኦቴሎ!ኣብታ ከውሊ ተጸጊዕካ ደው በል ተላሒግካ፣
ምእንቲ ኣጸቢቑ ክስምዓካ ጽን በል!ግን ዓቕልን ኣደብን'ግበር ተጠንቂቕካ፣
እቲ ዓንተቦ ብሕርቃን ተቓጺልካ ምስ ወደቕካ፣ድንብር ምስበለ ቃስዮ፣
ኪድ ተኣለ ኢለ ሰጒኩዎ፣እቲ ኣመና ኣንጸርጺርካ ከሎኻ ከይትርእዮ፣
ግን ቐልጢፍካ ተመለስ'ሞ፣ከዕልለካ ኢየ ኢለዮ ኣሎኹ በብሓደ፣
ስለዚ ውኖኻ ናብ ሕማምካ ከየድሃበ፣ስምዓዮ ልብኻ ከየንበድበደ፣
ፍንትት ኢልካ ተኸዊልካ ክሕጭጭ ከሎ ተዓዘቦ፣
ኣጻቕጣ ዓይኑ እናስተብሃልካ፣እንኮላይ ነቲ ንሱ ዝዛረቦ፣
ከመይ ጌሩ ነቲ ከናፍሩ ብብዕልግና ኣቷሚሙ ከምዝጠውዮ፣
ነታ ኹሉ ዝገበራ ሌፍ ኬብሎ'ዩ'ሞ፣ተጸሚምካ ርኣዮ፡፡

ከመይን፣ኣበይን፣መዓስን ከምዝጀመሩ፣ኣየናይ ረብሓ ከምዘራኸቦም፣
ከንደይ ጊዜ ከምዝሰዓማ፣ከስዕማ ኸሎ እንታይ ከምዝነበረ ዕላሎም፣
ድሕሪኡ ኣበይ ከምዝተቛጸሩ፣ብዘላ ነታ መላእ ርክባቶም፣
ነታ ምስ ሰበይትኻ ዝገበራ ኣላፉሊፈ ከናስሑ'የ ኣብ ቅድሜኻ፣
ንስኻ ግና ምንቅ ከይትብል፣ልቢ ግዛእ፣ሸጥ ኣብላ መዐንጣኻ፣
ከብርኻ ከይተዋርድ ዓቕሊ ጌርካ፣ንስምዒትካ ዓምጽጸ ሓደራኻ፣

ኦቴሎ፡- ትሰምዕ ደሎኻ ኢያጎ? ሰቕ ኪብል'የ ዓርኩ! ሓንቲ ቃል ከየውጻእኩ፣
ተኾርሚየ ብሓንቀውታን'የ ዝሰምዖ.....ደም እናንሳዕኩ፣

ኢያጎ፡- ዋዛ ከይመስለካ፣ዓቕሊ ዘለዋ ትጽቢት'ያ ትድለ ካባኻ፣
(ኦ/ፍንትት ኢሉ ይሕባእ)
ወዲያትኪ ሰለጠትኒ! ሕጂ ብዛዕባ ቢያንካ ከዛርቦ'ዬ ንቃስዮ፣
ከመይ ጌራ ከምእተፋቅሮ፣መዐስ ከምዝፈለጣ፣እንታይ ከምእተዕልሎ፣
ከም ሕቶ ኣምሲለ ከዛርቦ ከሎኹ፣ኦቴሎ ዳንደ ብዛዕባ ዴዝዴሞና'ዩ ዝመስሎ፣
እንተቢያንካ'ሞ ንሸሙ ኢያ፣በዓልቲ ሓዳር ትበሃል'ምበር፣
ቃሕ ዝበላ ጌራ እትናብር ዓጣሪት'ያ፣ጣይታኣ ዓዲጋ እትድረር፣
እቲ ቀንዲ ውሽማኣ ድማ ቃስዮ'ዩ፣በቲ ናቱ ሓገዝ'ያ እትመሓደር፣
እዚ ከምዚ ዝኣመሰለ ናብራ ጽሕፍቶ ዓጣሮ ኢዩ እንከጀመር፣
ንብዙኃት ዘዘው ኣቢላ ምስቲ ሸዑ ምስኣ ዝርከብ'ያ ትድረር፣
ነታ ሸማ ከሰምዕ ከሎ ሕጉስ ኢሉ ኪርኪር'ዩ ዝብል ቃስዮ፣
ከሳዕ ቅርጸት ዝስምዖ'ዩ ዝስሕቕ ደሃዩ ሳሕሊሉ ክሳብ ዝዕጾ፣
ከምስምስ እናበለ ክስሕቕ ከሎ ክጽለል'ዩ እዚ ዝኑብ ኦቴሎ፣
እታ ተባዒጣ ዘላ ቅንኡ ከትቁምጣዕ'ያ፣ዘይግቡር ጌራ'ያ ጸው እተብሎ፣
ምስኪናይ ቃስዮ ሃተፍተፍ ክብል ከሎ፣ተረኸበት እናበለ ታሕጓሳት፣
ፈርጠዔት ዘራእቲ ጥፍኣት፣ተለቕለቐት ገፋሕ ዓውዲ ጌጋታት፣
(ቃ/ይኣቱ) ኢሂ ደኣ ሓለቃ ሚእቲ---ኣሎካዶ ገለ ደሃይ?

ቃስዮ፡- ኣንታ ካበይ ዝመጸ?ዳርጋ ከም ሞይቱ ዝተኾነ ቑጸረኒ

ኢያጎ፡- ዴዝዴሞና ከላሲ ከምኡ ኣይትብል!ኸቕንዓካ'ዩ፣ኣይትሰቀቕ ኣይጭነቕካ፣
(ሰላሕ ኢሉ) ከምዚ ሓሳባተይሲ'ባ፣ብቢያንካ ኣቢሉ እንተዝኸውን እዚ ደገ ጽንዓትካ፣
ከንደይኮን ሰሚሩ ምሰለጠ፣ ከመይ ጌሩኾን ምቕንዓካ፣

ቃስዮ፡- ኔው በላ! ሕልክስቲ ማእመን! ምስኪነይቲ'ኮ'ያ! ሃ!ሃ!ሃ!ሃ!ሃ!ሃ!

ኦቴሎ፡- እዋይ እዛ ዓይኒ ዘይትርእዮ ዜብላ? ይስሕቕ ድማ!

ኢያጎ፡- ጓል ኣነስተይቲ ንወዲ ተባዕታይ ከምዚ ጌራ ከተፍቅር ኣይርአኹን ኣይሰማዕኩን፣

ቃስዮ፡- ይርድኣኒ'ዩ'ዛ መጣፍኢት ካብ ልባ ከም እተፍቅረኒ፣

ኦቴሎ፡- ወይለከይ!ሸታሕ ክብል ይደሊ'ሎ...ይስሕቕ ድማ? ዳርጋ ዝቐተለኒ!

ቃስዮ፡- ኣይሰማዕካን ዲኻ?

ኦቴሎ፡- ሕጂ ኸኣ ጢሞይጣጢሞይ የዛርቦ ኣሎ፣ቀጽል!በርትዕ ኣይትሕመቕ!

ኦቴሎ ብትግርኛ

ኢያጎ፡- ሓቂ ድዩ?ከምርዓወኒ'ዩ እናበለት ተዕልል ዘላ
ከምኡዶ ትሓስብ ኣሎኻ ኢኻ?ዶ ኣልዒላ'ያ መዕለሊ ክኾነላ፣

ቃስዮ፡- ክላ ወረ ቐይር!ሃ!ሃ!ሃ!ሃ!ሃ!ሃ!

ኦቴሎ፡- ዓጀብ!ብላዕ ዝበሎ ተፈትፊቱ ይጸንሖ፣ተንበርጢጡ እዚ መንቃም!

ቃስዮ፡- ኣነሲ ንዓዓ?እንታይ በዲለካ በጃኻ?ነዛ እንዳኮማሪት ዓጣሪት?
እዋይ!ስለዘፍቀርኩዋሲ፣ትረኽበኒ መሲሉዋ ድዩ ዘረባ ናይ ዝጸየቐት
ዓስባ ዝፈድያ መሲሉካ ዲኻ፣ንዓዓ'ውን ዝገብር በዓልቲ ቤት? ሃ!ሃ!ሃ!ሃ!

ኦቴሎ፡- ኣከከከከ! ሸይጣን ኣይረኽበንን ኣይትበል!!
ዝሰለጦም፤ሰብ መዓስ ሰብ ይመስሎም፣

ኢያጎ፡- ክትምርዓዋ ኢኻ እናተባህለ'ዩ፣ ትሒሞ ትሒም ዝበሃል ዘሎ፡፡

ቃስዮ፡- ኣይ!በጃኻ'ባ ግደፈኒ!ብልብኻ ዲኻ?እንታይ ኢኻ ጥዑም ዘይነዕልል!!

ኢያጎ፡- *ሥጋ* ኣቦይ!!...*ሥጋ*ኻ ዓርከይ!

ኦቴሎ፡- ዜገርም'ዩ፣ከተትከኽኒ ዲኻ ትደሊ ዘለኻ?

ቃስዮ፡- እዚ ዕላል ናይታ ርግምቲ ወዓግ'ዩ፣እቲ ሓሳባታ ከምዚ ንዓይ ዝመስለኒ፣
በብዝሒ እምነታዊ ፍቕራ ተመኪሓ፣ትብል ትኸውን'ያ ቃስዮ'ዩ ዝምርዓወኒ፣
እዚ ሀረርታኣን ትምኒታ'ዩ'ምበር፣ኣነሲ ክንድዛ ክንቲት ጭሩ ኣይቆጽራኒ፣

ኦቴሎ፡- ሃየ ደኣ ኣላፋልፈለይ፤ ዕላልሲ ሕጂ'ያ ዝተጀመረት፣

ቃስዮ፡- ሕጂ ኣብዚኣ'ያ ዝጸንሀት፣ ደሓር ከኣ ፈቐድኡ እናኾብለለት፣
ክትደልየኒ'ያ ትውዕል ከምዘን ሃለልይ እናዓንዘረት፣
ብኣምሆ ኣብ ደንደስ ባሕሪ፣ምስ ሰብ ቬኒስያ ከነዕልል ከሎና፣
ካብዚኣ መጺት ከይበልኩዋ፣ጽንብር ኢላ ኣብታ ማእኸልና፣
ፍር ኢላ እንተተጠምጠመት ኣብዛ ክሳደይ፣
ካብ ሕንከተይ ዝተላዕለ ከም ማይ'ዩ ዝፈሰሰ እቲ ረሃጻይ፣

ኦቴሎ፡- መስተንክር'ዩ!ቃስዮሲ ከምኡ ጌርካ?ተጠምጢማትካ?

ቃስዮ፡- ኣታ ከመይ'ሞ ክብለካ?ጎቲታ ትሕንገረኒ ስሕብ ኣቢላ ተስዕመኒ፣
ብመንኩበይ ሒዛ ኣብ ኣፍ ልበይ እናበኸየት፣ተቃባጥር ትደርዘኒ፣
ከምዛ ብተይ ትልሕሰኒ፣ተኳሽመኒ! ኣታ ንሳሲ ኣይሰብነ!! ሃ!ሃ!ሃ!ሃ!

ኦቴሎ፡- ወድእ'ባ?!ኣማስያኣ ንገዛና ወሲዳትካ፣ኣብ ዓራተይ ኣደቂሳትካ፣
ወዲ'ዛ ማእምን!ኣፍንጫኻ ኣላ፣እታ ቖሪጸ ዝስንድወላ ከልቢ ግን ዋላ!!

ኢያጎ፡- ሃየ!!

ቃስዮ፡- ኣልግሲ በላ!!እንታይ ኢለያ ወደይ፣እንታይ ክትዓብሰለይ!፡፡

ኢያጎ፡- በል ደኣ ሱቕ በል፣ እና ክንሓምያ ኸሎና መጸት፣ *(ቢ/ትኣቱ)*

ቃስዮ፡- ኣብርእሲ ኣላታ ተወሰኸታ፣ኣታ እንታይ ደኣ ኸትገብሪ መጺእኪ?
ሓላዊተይ ዲኺ?ኮብኳቢተይን መዋፍርተይን እምበር መሲልኪ?

ቢያንካ፡- ዕስለ ሰይጣውንቲ ይኮብኩቡኻ ኣነሲ ወሪዱኒ!
(ነታ መንዲል ሒዛ) ካበይ ከምዘምጸእካ'ያ ንምንታይ ኢኻ ዘይነገርካኒ?
ጥራሕ ከምኣ ጌርኪ ጥለፍለይ ኢልካ፣ከምዛ ከልብኻ ዝሰጎግካኒ፣

ሃላይሲ ኣነ'የ ንስኻ እንታይ ጌርካ፣ምቕባለይ እንድኣላ መገመቲትካ፣
ተዕሽወኒ ኣሎኻ ቃሕ ዝበለካ እናገበርካ፣መላገጺትካ'ኮ'ዩ ፈጢሩልካ፣
"መን ከምዝገደፉ ነይፈለጥኩ"ዘይትሐንኽ!ድማ ኸአ ጥለፍለይ?
ኣብ ገዛይ ኣብ ጥቓ ዓራተይ፣ኢየ ዝረኸብኩዋ ተባሂሉለይ፤
ይእመንዶ? ንመን ኢኻ ፈሪሕካ? ትሕቲ መተርኣሰይ'የ ዝረኸብኩዋ እንተበልካ፣
ከምታ ኣመልካ ካብታ ሓንቲ ናብታ ሓንቲ ክትሓልል ከሎኻ እናዓንደርካ፣
ሰብ ያኢ ዝረኸበት መሲሉዋ፤ሓንቲ ገስርጥ'ያ ንመዘከርታ ሂባትካ፣
ጎይታና ዓይኒ-ኣንድዲ ግና!ጥለፍለይ በልካ ጥዑይ ተመሲልካ፣
እና ሳእንኻ ወልውለላ! ኪድ ሃባ ነታ ሃማም ፈታዊትካ፣
ኣይስርሔይኒ'ባ ደኣ፣ጥልፊ እንዳማተይ ቀዲሔ ምሃብ ኣነ ቢያንካ፣
ድማ ኸአ ጥለፍለይ!ኪድ ምለሰላ ነታ ሽሎ ከዳሚትካ፣ *(ትስንድወሉ)*

ቃስዮ፡- እንታይዶ ኮንኪ ኢኺ ቢያንካ ሽኮር፣ኣይደሓንን ዲኺ?

ኦቴሎ፡- ሕሩመይ!እዛ መንዲል እዚኣ መንዲለይ'ያ!!

ቢያንካ፡- መጺእካ ሕተተኒ ኣብታ ድራርና፣ነዛ ሰንካም መንዲል ግና ከይትማልኣያ፣
ዝኾነ ኾይኑ ክጥዕመካ ሽሎ ነዓ... *(ትወጽእ)*

ኢያጎ፡- ኪድ ሰዓብ!ኪድ ኣፉንዋ!

ቃስዮ፡- እወ ሓቕኻ ኢኻ! ከርከባ'ዬ ኣብ ገለ ኣትያ ከይተሸርበት፣

ኢያጎ፡- ምስኣ ዲኻ ትድረር?ክረኽበካ እኽእል ድዬ ሎሚ ምሸት?

ቃስዮ፡- እወ ትረኽበኒ፣ናይ ደሓንዶ?

ኢያጎ፡- እወ ናይ ደሓን!ብዛዕባ እታ ጉዳይካ እምበር ካልእ ደኣ ተውሳኽይ!

ቃስዮ፡- ግርም!ብደሓን ምጻእ!እሞ ትመጽእ ዲኻ?

ኢያጎ፡- ኪድ ኣርክባ፣ሓንሳእ'ያ ዘረባ *(ቃ/ይወጽእ)*

ኦቴሎ፡- *(ካብ መሕብኢቱ ወጺኡ)* ብኸመይ እንተቐተልኩዎ ይሓይሸ?
ከመይ ጌረ'የ ነታ ትንፋሱ ዘሕልፋ?!

ኢያጎ፡- ርኢኻዶ? ሰሚዕካዶ?ኣስተብሂልካሉዶ? ከመይ ጌሩ ከም ዘሽካዕለለ?

ኦቴሎ፡- ኦእየ! ሰሚዕካዶ?ርኢኻዶ? ክሳዕ ፍጊዕ ዝብለኒ'ምበር ኣንታ ኢያጎ!

ኢያጎ፡- መንዲልካኸ ርኢኻያዶ?

ኦቴሎ፡- 'ምበርዶ ብሐቂ እታ ናተይ'ያ?

ኢያጎ፡- ወይለየኸይ!ንሳ ብቐንዳ፣ኣብዛ ቅድመይ ከጋማጥላ እናርኣኹዋ፣
ዘገርም'ዩ!እታ ሃላይ ሰበይትኻ ምእንቲ ፍቕሩ ኢላ ብኽብሪ እንተሰለመቶ፣
ነታ ልዕሊ ኹሉ እንተፍቅራ ህያብካ ሂባቶ ከምዚ ዋዛ
ወሲዱ ንዓጣሪት ሰሊሙዋሲ፣ኣብ ቅድሜኻ ሰንደውታ ከምታ መፎዛ
እዚ ኩሉ ሕጂ ዝርዔኻዮ፣ መልሲ'ዩ ነቲ ኹሉ ሕቶታትካ፣ሐቀይ'ዶ?

ኦቴሎ፡- ነፍሲ ወከፍ ዋህዮታታ በብታራ ዝቕተላ እንተዝኾናለይ፣
ንኽጭፍልቐን'ኳ ኣይኣኽላንን እተን ኩለን መጻኢ ዕምርታተይ፣
ዋይ ኣነ ግዲ!ንሳሲ ከምዚ ጌራ ናብራይ ኣዕንያ ከተላግጸለይ፣

ኢያጎ፡- ሽለል'ዩ ፈውሱ፣ተጸመም ኣይትዘክሮ!

ኦቴሎ፡- ሓሙኹሽቲ ኮይና ትበቆጽ!
እዛ ጸልማት ሎሚ ለይቲ፣ሕሩመይ! ከይትወግሐላ፣
ደጊም!እታ ትንፋሳ ክትሓፍፍ'ያ ከም ዓውሊ ሓጋይ ቋላ፣
ይአክል!እዛ ልበይ ልቢ ኣይኮነትን፣ፍንጫል ኣካውሕ ኮይና ኣላ፣
ህም እንተበልኩዋ፣ኣብ ክንዲ ትጉዳእሲ፣ነዛ ኢደይ ሐስያታ ኣላ፣
ትጨድድ'ምበር ኣይትሕምሽሽን'ያ፣ ብመዝበጥኳ እንተዝብላ፣
እዛ ዓለም ካብአ ንላዕሊ ምቅርትን ጥዕምትን ፍጥረት የብላን፣
ከምኣ ዝኣመሰለት ብርኽቲ ኣይፈጠረትን'ሞ፣ከምኣ ኸኣ ኣይርከባን፣
እዛ ኣኼስ እዚኣ ኣብ ጥቓ ንጉሠ ነገሥቲ ደው እንተትብል፣
መማሓደረት ከምቲ ቃሉ ግበሩን ሕደጉን እናበለት ከም በዓል ማእል፣

ኢያጎ፡- መዓንጣኻ ሽጥ ኣብሎ!ተጸሚምካ ጽናዕ ኦቴሎ!

ኦቴሎ፡- እዚ ምጽማም'ኮ'ዩ ጸማም ዝገበረኒ፣ ግን ከምቲ ዝነገርኩኻ ምቅርቲ'ያ ኩለተንኣ ጥዕምቲ፣ ብጽርየት ገዝኣ ብወለላ መልሓሳ፣ብምኡዝ መቕረታ፣ ብብሩህ ፍሹኽ ገጻ፣ካልእ ድማ ወሳሲኽካ ንሰብ ጥራይ ዘይኮነስ፣እንኮላይ ብወዝቢ፣ ንዘዳንፋ ሐሪሽ'ውን ስይምቲ እሰግድ ለኪ ክሳዕ ዝብላ፣ከም ሸደድ'ያ እትጸወተሉ:: ኣታ ንሳሲ ሊቅ፣ ፈላጥ፣ ክኢላ፣ ፈላስፋ'ያ! ክሒዳ ድማ'ያ! ኣታ ኢያጎ፣ ካብኡ ንንየው ሕደገ!

ኢያጎ፡- እንተኾነት'ውን እቲ ኽፍኣታ ካብዚ ንላዕሊ ዝገደደ'ዩ!

ኦቴሎ፡- እንታይ ድየ ዝብለካ ዘሎኹ?ብዕጽፍን ብዝያዳን'ምበር!!
በንጻሩ ክረአ ኸሎ ግብሪታታ ብልቢ መስተውዓልቲ፣
ምስቲ ኹሉ ክብራን፣ዘለዋን ግርማ ለይቲ፣
እቲ ሰዊት ሕይወታ በዛ ሎሚ ለይቲ!ብዘይ ተወሳኺ ምኽኒት ላዕሊ ታሕቲ፣
ይግብአ'ዩ ኣብዛ ውሽጢ ከብዲ ኢደይ...መቕሰፍቲ!!

ኢያጎ፡- ኣይፋልካን....ተዓገስ ደኣ....ተዓገስ፣

ኦቴሎ፡- ሱቕ በል!ኣይተማሳምስ!ካብ ጣዕሳን ካብ ጓሂን ኢልካ ዲኻ?
እቲ ሓዘናዊ ሳዕቤኑ ተራእዩካ ድዩ?ዘሰክፍ ኣይኮነን ኢያጎ!

ኢያጎ፡- እንተድኣ ነቲ ዓገባን ሓጢኣታን ክትርድኦ ደሊኻ፣
ኣዋጥራ ብሕቶታት፣ነቲ ውጽኢቱ በጋህዲ ክትርእዮ ኢኻ፣
ሽሕኳ ኣዝዩ ዘጕሒ እንተኾነ፣ናብ ማንም ኣይለግብን'ዩ'ዬ ዝብለካ፣
ፈለማ ንዓኻ ዓፊኑ ከየጨነቐ፣ከም ባልዕ ብደውካ ከይወረረካ፣

ኦቴሎ፡- ከም ብርኩታ'ዬ ዝርፍትታ፣ከም ክንቲት ነጽየ ከም ሥጋ'ዬ ዝመትራ፣
ዓምጺጾ'የ ዝሕምትላ!ንሳሲ ንዓይ?ከተታልለኒ ዘይግቡር ጌራ!?

ኢያጎ፡- እታ ልባ ነፊራ እንድያ!ግብራሲ ግብሪ ኣይኮነን፣

ኦቴሎ፡- 'ሞ ምስ ወተሃደረይ?ምስ ጋሻዣግረይ?ምስቲ ዳርጋ ሳእኒ እግረይ፣

ኢያጎ፡- እዚ እንድኣሉ እቲ ኣዝዩ ዘገርምን ዘሕፍርን ኣታ ጎይታይ?

ኦቴሎ፡- ሰማዕ ግዳ!ኣብ ዝኣቶኻ ኣቲኻ፣ውዕል ሕድር ዜብላ፣
ስሚ ደሊኻ ኣምጽኣለይ'ምበር፣ምስቲ ግዕዙይ በደላ፣
ብላዕልን ታሕትን ከዕጠጢ ኣይሓድርን'የ፣ነቲ ብዕልግናኣ ክገልጸላ፣

ሎሚ ለይቲ፣እቲ ጽባቐ ቅርጺ መልክዓ፣ንልበይ መሊኡ ከይማረኸ፣
ከም ጋባ ከርግፋ'የ!እቲ ግብራ ኣብዛ ልበይ ተዓቑሩ ከይሓሰኸ!

ኢያጎ፡- ያ---ያ!ናይ ምንታይ ስሚ ወዲ ስሚ!እንተነፊዕካሲ እንካኒ ሓበሬታ፣
ኣብታ ባዕሊጋ ዝሓጥኣትላ ዓራት ጥሒርካ ዘይትዕፍና በቲ ፈርጊ ለይታ፣

ኦቴሎ፡- ኣገናዕ! ብጣዕሚ ጽቡቕ!ኣየ እዛ ልብኻ!ሐየት እንዲኻ!!

ኢያጎ፡- እንተ ንቃስዮ ንዓይ ግደፈለይ፣እና እታ ትንፋሱ ኣብዛ ኢደይ!
ሓጋዚ ኣይደልን'ዩ ኣነባዕለይ'የ ነታ መቓብሩ ዝኹዕተሉ
ክሳዕ ፍርቂ ለይቲ ብዙሕ ክትብሠር ኢኻ፣ኣነ'የ ዘራኻኽበሉ!

ኦቴሎ፡- ጸባ ኣስትየኒ!ንዓኻዶ ክጠፍኣካ ኢሉ?ሓሳባትካ ግሩም እንድኣሉ!
(እምቢልታ ይስማዕ)
ናይ ምንታይ እምቢልታ'ዩ ዝሰምዕ ዘሎኹ?

ኢያጎ፡- ካብ ቬኒስያ ዝኣተው ኣጋይሽ'ዮም ዝኾኑ፣ *(እናማዕደወ)*
እዚ ደኣ እቲ ካብ መስፍን እናተላእከ ዝመጽእ ሎዶቬኮ እንድዩ?
ትፈልጥ እንዲኻ ወዲ ኣኮኣ ከምዝኾነ?
ንሳ'ውን ምስኡ ትመጽእ ኣላ!
(ሎዶቪኮን ዴዝዴ/ምስ ዓጀብቲ ይኣትው)

ሎደቪኮ፡- እንቋዕ ደስ በለኩም፣እንቋዕ ብዓወት ናብዚኣ ኣብጽሓኩም ጀነራለይ፣

ኦቴሎ፡- ሓጎስ ኩልና እዚ ሓወይ!እንቋዕ ብደሓን ኣቶኹም፣

ሎዶቪኮ፡- ልኡል መስፍንን ኣባላት ባይቶን ሰላም ኢሎምኹም ኣለው *(ወረቐት ይሀቦ)*

ኦቴሎ፡- ሰላምትኦም ትጥዓም፣ኢድ ነሲኤ ተቐቢለ ኣሎኹ፣ *(ነታ ደብዳበ ይኸፍታ)*

ዴዝዴሞና፡- ዓዲኸ ደሓንዶ?እስከ ደሃይ ዓዲ ንገረኒ?

ኢያጎ፡- እንቋዕ ደሓን ኣቶኻ ጎይታይ ሎዶቪኮ?

ሎዶቪኮ፡- እንቋዕ ደሓን ጸናሕካ ኢያጎ፣ቃስዮኸ? ደሓን ደሎ?

ኢያጎ፡- እ፣....ደ-ደሓን ኣሎ፣

ዴዝዴሞና- ኣንታ ኣያይ?ቃስዮን ጎይታይን ተጻሊኦምሲ ኣይከምቀደሞምን፣
ኣያኒ?ኣብዛ ቅድመይ ይቕረ-ኣባሃሂልካ ከይዓረቕካዮም ከይትኸይድ፣

ኦቴሎ፡- ርግጸኛ ዲኺ?

ዴዝዴሞና፡- እንታይ ኢኻ ዝበልካ ጎይታይ?

ኦቴሎ፡- ጽልእና ድላይኪ ካብ ምግባር ዝዓንቀፊኪ ኣይመስለንን'ዩ'ዬ ዝበልኩ፣

ሎዶቪኮ፡- ዝሰምዓኪ ኣይመሰለንን፣የንብብ ኢዩ ዘሎ? እንታይ ኣራኸቦም?ንስኺ
ትፈልጥዮ ነገር ኣሎ ዲዩ?

ዴዝዲሞና፡- እንታይን ከመይን'ሞ ክብለካ ኣያኒ፣ ዘሕዝን'ዩ፣
ምእንቲ ፍቕሪ ቃስዮሲ፣ከመይ ጌረ'ዬ'ሞ ኣፋቒረ ዘሳንዮም፣

ኦቴሎ፡- ዶ! ምእንቲ ፍቕሪ ቃስዮ!ዘይትሓንኺ!
ኣብ ረመጽ'ምበር ኮፍ ከተብለኒ ደልያ?

ዴዝዴሞና፡- ጎይታይ? ....እንታይ ኢኻ ዝበልካ?

ኦቴሎ፡- ኣታ እዚኣሲ!ጉርሒ መሲሉዋዶኾን'ያ?

ዴዝዴሞና፡- እዋይ ኣነ ተካሊት! ኮሪኻ ዲኻ?

ሎዶቪኮ፡- ኣይፋሉን፣ ከምዝመስለኒ በዛ ደብዳበ'ዩ ዝኸውን፡፡
ንሱ ንዓዲ ክምለስ፣ቃስዮ ድማ ኣብ ክንዲ ኦቴሎ፣
ኣዛዚ ይኹን ዝብል'ዩ እዚ ወረቐት ዜንብቦ ዘሎ፣

ዴዝዴሞና፡- ከምኡ እንተኾይኑ ደኣ ጽቡቕ! ኣሠና እንድኣሉ ኣያኒ፣

ኦቴሎ፡- ኣሰና ዲኺ ዝበልኪ?'ሞ ትምኒትኪ ሰሚራትልኪ!

ዴዝዴሞና፡- እንታይ ኢኻ ዝበልካ ጎይታይ?

ኦቴሎ፡- ታሕጓስዶ ክጸልለኪ ኢሉ?ቃስዮ ኣብ ክንዳይ ተሸይሙልኪ!?
ምርኣየይሲ ግርም ኣጋጣም'ዩ፣ነዛ ሕምቡቡ ሸምቡቡ ኩነታትኪ!

ዴዝዴሞና፡- እዋይ!ንምንታይ?

ኦቴሎ፡- *(ይጸፍዓ)* ሕልክስቲ ሸይጣን!!ንዓይ ነንጭዋስ ኣብ ለቖታ!

ዴዝዴሞና፡- *(እናበኸየት)* እዋይ ኣነ!ኣታ እንታይ ጌረካ?እንታይ በዲለካ?

ሎዶቪኮ፡- ጎይታይ! ዝርአኹዋኳ እንተኾንኩ እዛ ነገር እዚኣ፣ክትግበር ከላ ብዓይነይ፣
በማሕላኳ ኣራጋጊጸ እንተዝዛረብ ኣይኣምናን'ዩ ሕዝቢ ቬኒስያ ነዛ ቃለይ፣
ነውሪ!እዝኒ ሸይጣን ኣይስማዕ!ትበኪ'ያ ዘላ'ሞ ሕደጊ በላ ጐይታይ?

ኦቴሎ፡- ቁራጽ ሸይጣን!ኣኼስ!ምድሪ ብንብዓት ኣንስቲ ተርኪሳ እንተዕለቕለቐት፣
ዓይኒ ፈገር በኻዪት'ያ፣ንብዓታ ሓረግጽ'ምበር ማይሲ ነንበይመውጸኣት፣
ኣልግስለይ ካብዛ ዓይነይ!ከም ግን ኣይተዕገርግሪ ኣብዛ ቅድመይ!

ዴዝዴሞና፡- ኣታ እንታይ ጌረካ? እንተጸሊእካንሲ ሕራይ፣ *(መገዲ ትጅምር)*

ሎዶቪኮ፡- ብሓቂ ሕያወይቲን ምእዝዝቲን ወይዘሮ'ያ!
በጃኻ ክቡር ጎይታይ?ምእንቲ እግዚሄር ተመለሲ በላ፡፡

ኦቴሎ፡- ትሰምዒ ደሎኺ? ንዒ ተመለሲ! *(ትምለስ)*

ዴዝዴሞና፡- እኔኹ ጎይታይ?

ኦቴሎ፡- ንምንታይ ኢኻ ተመለሲ በላ ዝበልካኒ? በል እኒሃትልካ!

ሎዶቪኮ፡- *መን?...ኣ-ነ?*

ኦቴሎ፡- እወ ንስኻ! ተመለሲ በላ ከይበልካኒዶ?እኒሃትልካ!
ምምልላስ ተውህቦኣ'ዩ፣ትኸይድ፣ትምለስ፣ትመጽእ!ትወጽእ!
እና ከም መንጎይና ትማላለስ፣ፊቕ እናበለት ምስ ንብዓታ፣
ከምዝበልካዮ ብርኽቲ፣ገርሂ፣ምእዝዝቲ'ያ ብፍጥረታ፣
ተካል ፋላ! እዚ ቐዛመ'ዚ ንዓኺ ይግበረልኪ፣ ካብኡ ኣየውጽእኪ ጎይታ!
እንተ እዚ ወረቐት እዚ'ሞ ጎይታይ፣እዋይ ጭንቂ! መከራ ባርዕ!
ዝብል ኢዩ ተመሊሽካ ንዓዲ እቶ፣ኣልግስለይ ካብዛ ቕድመይ ኣቲ ባልዕ!
ክሳዕ ሰብ ልኢኸ ንዒ ዝብለኪ፣ኪዲ! እንተኣነ'ሞኒ ጎይታይ፣ *(ዴ/ትወጽእ)*
ብመሠረት ትእዛዝ ናይ'ዛ ወረቐት ኽነቅል'የ ቐልጢፈ ንቬነስያይ፣
ነዛ ስረሀይ ንቃስዮ ብግቡእ ከረክቦዬ'የ ኣብ ቅድሚ ሃገር፣
ንዓኻ ግና ብኽብሪ ዓዲመካ ኣሎኹ፣ሎሚ ምሸት ምሳይ ተደረር፣
እንቋዓኒ ድማ ናብዛ ቆጵሮስና፣ብደሓን ኣቶኻ ጎይታይ፣
ብወኻሩ ብሰባትን ብመዓትን ጉዳማትን ዝተመልአ'ዩ እዚ ናታ ምድሪ ሰማይ፣
(ይወጽእ)

ሎዶቪኮ:- ኣታ እንታይ ደኣ ረኺቡዎ እዚ ሰብኣይ'ዚ? እዚ እቲ ኦቴሎዶ ከይኮነ?
መስፍን ምስ መማኽርቶም ወረጃ ዝብሉዎ፣እቲ ተመስጊኑ ዝተኣምነ፣
እቲ መከራን ጸበባን ዘየርዕዶ? እቲ ጭንቂ ጽንብል ዝመስሎ?
ከምዚ ድዩ ኩነታት ተፈጥሮኡ፣እቲ ኣዝዩ ጽፉፍ ዝበሃል ኦቴሎ?
በቲ ነቓጽ መንፈዓቱ፣ሐደጋኳ እንተጓነፎ ዓነውነው ኣቢሉዎ ዝሐድር፣
ዕድልኳ እንተተጻረረቶ ንቕድሚት'ምበር፣ ዘይፈልጥ ድሕር-ምሕር፣
እዚ ድዩ? ከምዚዶ ኾይኒ'ዩ ኦቴሎ?

ኢያጎ:- ገለ ኾይኑ ኣሎ፣ዘይኣመሉ ኣምጺኡ'ሎ፡፡

ሎዶቪኮ:- ናይ ጥዕና ዲዩ?ኣይመስለካንዶ ውኖኡ ዝሰሓተ፣
ዕብድብድ'ዩ ዝብል ዘሎ ኩነታት ገጹ እናተለዋወጠ፣

ኢያጎ:- ኩነታቱሲ ናይ ጽላለ'ያ፣እንተንዓይ'ሞ ነየጸብቐለይ ዘረባ ይኹን ወረ፣
እዚ ዝኣደቡን እዚ ዝስርሑን ሕማቕ'ዩ፣ዋላኳ ዘይግቡር እንተገበረ፣
እንተኸኣ ሐሪቑን ኣመሉ ተቓያይራን፤ ከፍንፍና'ዩ ንባዕሉ፣
ነዛ መከራ ናይዚ ምስኪናይ ኣስተውዒሉ፣ፈጣሪ ይቕረ ይበለሉ፣
እዛ ኩነታቱ እንተተዳጋጊማ ግና፣ከተብርሳ ኢያ ነታ ዕድሉ፣

ሎዶቪኮ:- እንታይ ማለት'ዩ?ንዴዝዴሞናሲ ከምዚ ጌሩ ኸጸፍዓ?

ኢያጎ:- ዘሕዝን'ዩ፣ሕማቕ ወዓል ኢሉዎ!እዛ ጽፍዒትን እዛ ኹላ ዝገበራ፣
ንዳሕራይሲ ገለ ነገራት ከተስዕብ'ያ እንተውዒላ እንተሓዲራ፣

ሎዶቪኮ:- ኣመሉ ድዩ?ኣረ ካብ መኣስ'ዩ?እዚ ቅድም ሕጂ ዘይነበረ ኩነት፣
በዛ ወረቐት ዝተላዕለት'ያ እዛ ናይ ሕጂ ሕርቕርቕት፣
ደሙ ፈሊሑ'ዩ ዝጋገ ዘሎ ሰኣን ቁሩብ ናይ ትዕግስቲ ስእነት፡፡

ኢያጎ:- ተውሳኸይ!ነቲ ዝርኤኹዎን ዝፈለጥኩዎን እናቃላዕካ ምንጋር፣
ጽፉፍ ግብሪ ቕንዕና ኣይኮነን'ሞ ኣነስ ይፍትሓላ ንጥልማን፣
ዝኾነ ኾይኑ ከሳዕ ትነቅል ተኻታተሎ ኢኻ ከም ክእለትካ፣
መዓረ እዚ ኣነ ዝረኣኹዎ ኣስተባህለሉ፣ነቲ ኩነታቱ እናተዓዘብካ፣
እዛ ዘረባይ ኣይትጠቕመካን'ያ፣ ንዓይ'ውን ትትረፈኒ፣ ንዓኻ'ውን ነየድልየካ፣
ከጥዕመካ ኸሎ ግና፣ከመይ ከመይ እናኾነ ከምዝቕጽል፣
ከይተሃለልካን ከይሓመቕካን ምጽንጻንካ ደኣ ቐጽል፣

ሎዶቪኮ:- ዘሕዝን'ዩ!ኣነሲ ብጣዕሚ'ዩ ደንጽዩኒ!
ምስኪናይ!ንሱስ ከምዚ ተዋሪዱን ፈኺሱን ከጸንሓኒ? *(ይወጹ)*

✡ ✡ ✡

ካልኣይ ትርኢት

(ኣብ ዕርዲ፣ ኣብ ውሽጢ ሓንቲ ክፍሊ ኤሚ/ኦቴሎን)

ኦቴሎ:- እሞ ዝርዔኺዮ ነገራት የልቦን?

ኢሜልያ:- ኣይሰማዕኩኳ!ዘጣራጣር ነገራት ከኣ የብለይን፣

ኦቴሎ:- ንዒ ደኣ!ምስ ቃስዮ ጉጅም ክብሉ፣ርኢኺ ኣሎኺ'የ ዝብለኪ!

ኢሜልያ፡- እንታይ'ሞ ኣለዎ ምርኣይ ኣይርኤኹን'ምበር ናይ ጸይቂ ነገራት፣
ዘረብኦም ዘበለ ሰሚዔዮ ኣሎኹ፣ኣይነበሮን ናይ ግዕዝይና ቃላት

ኦቴሎ፡- ንሱስ ደሓን!ገለ ሕሹኽሹኽ ክብሉ ኣይሰማዕክዮምን?

ኢሜልያ፡- ኣነ ጎይታይ!ኣይተሕጥኡኒ!

ኦቴሎ፡- እስከ ሓንሳእ ውጺ ኢሎም ኣግሊሎምኺዶ ይፈልጡ?
ክሓቑፉ፣ ዝብጠኣ ክምንጥላ፣ ወለባኣ መሲቱ፣ ማዕተባ ክበትከላ?
ኣይርዔኽን መንዲላ ከግድፉ? ጠልሰማ ጎቲቱ ማርዳኣ ክወስደላ?

ኢሜልያ፡- ሕሩመይ ጎይታይ ኣይተሕስውኒ፣ ኣይርዔኹን!

ኦቴሎ፡- ሂህ!...እሞ እዝስ ዘገርም'ዩ!

ኢሜልያ፡- ጎይታይ ማሕላን ጣሕላን ትኹነኒ፣ንሳሲ ጽፍፍቲ'ያ ቅጽዕቲ፣
እንተሓስየ ጋሕ ኣብላ ነዛ ትንፋሰይ፣ንዕርበተይ ትኹን ናትካ መቕጻዕቲ፣
እንተድኣ ጸይቂ መይቂ ትሓስብ ኣሊኻ፣ጎይታይ ኣብ ልብኻ ኣይተሕድሮ፣
እዚ ሕማቕ ጥርጣረ ነዚ ቕሱን ናብራኻ'ዩ ዝመናጭሮ፣
ገለ ርጉም መላኽዒ፣ዘይተገብረ ነገራት ነጊሩካ እንተኾይኑ፣
ጋኔል ሓዊ ይረኩዓሉ፣ ኣበጅጎ ነግባል ይሃቦ ክዕምጭቑዎ ዝባኑ፣
እንተድኣ ብሓቂ እምንቲ ዘይኮይና ግና፣ጸጉራም ገርሂ ውርዝይቲ፣
ሕጉስ ሰብ የለን ማለት'ዩ፣ሰብኡት'ውን መከራ'ዩ ናታትኩም ትዕድልቲ፣
ከምቲ ዝኣምኑወንን ዝፈትውወንን እንተዘይኮይነን ኣንስቶም፣
ኩለን መጣፋእቲ'የን ማለት'ዩ፣ኮይነን ክርከባ ኸለዋ ከም ጸላእቶም፣

ኦቴሎ፡- እስከ ኺዲ ንዒ በሊያ!.... *(ኢሜ/ትወጽእ)*
ሽሕኳ ዓጣሪት እንተኾነት ቅንጥጥቲ ውቃበ መውደልደሊት፣
ዝኣክል ተዛረባ ኣላ፣ነቲ ዝሰምዓቶኳ እንተሓብኣቶ ንድሕሪት፣
ጥበበኛ ቁጥሚ ሸርሙጣ'ያ፣ ሕትም እንካ ኣበለቶ፣
ነቲ ነውራም ርከቦም ብመሰገጢ መልሓሳ ኣጸወቶ፣
ኣብዛ ቕድሚ ዓይነይ እናርኤኹዋ እናተዛረበት፣
ሓቂ ንምዝራብ ደኒናን ምሒላን ተናስሀት፣ *(ዴ/ኤ/ይኣትዋ)*

ዴዝዴሞና፡- እኔኹ ጎይታይ፣ ...እስከ ንገረኒ፣ እንታይ ክገብረልካ?

ኦቴሎ፡- ንዒ ናባይ፣ ንዒ እስከ ቕርብ በሊ!

ዴዝዴሞና፡- እኔኹ ጎይታይ እንታይ ኢኻ ትደሊ?

ኦቴሎ፡- *(ንኤሚ)* ኪዲ ነቲ ማዕጾ ዕጸውልና፣
ኣጋጣም ሰብ እንተመጸ እሕሕ ኢልኪ ደሃይ ኣስምዕና!
ጎይታይ!ኣቱም ጎይታይ እናበልኪ ሰብ ከም ዝደልየና ንገርና፣ *(ትወጽእ)*

ዴዝዴሞና፡- በል'ባ? እንታይን ከመይን'ዩ፣ እዚ ናይ ሎሚ ኩነታትካ?
እዛ ገጽካ ትመስል ኣላ ዝጉሃየት፤ ኣነስ እንድዕልካ፣
ደንጽዩኒ'ዩ ዘሎኹ፣ ትርጉሙኳ ኣይተረድኣንን ሓሳባትካ፣

ኦቴሎ፡- ንምንታይ?ኣረ ንስኺ እንታወይቲ ኢኺ?

ዴዝዴሞና፡- ኣነ ደኣ እታ እምንትን ቅንዕትን በዓልቲ እንዳኻ፣

ኦቴሎ፦ ቕንዕቲ ንምኧንኪ ንዒ መሓሊ፣እምንቲ'የ ኢልኪ ተናስሒ፣
ከምሓንቲ ጻድቕ ኴንኪ እናጸናሕኪዮም፣ ኣጋንንቲ'ውን'ዮም ዝፈርሑኺ፣
ይርዕዱዮም ተጸጊዖም ከይድህስሱኺ፣ ኣእዳዎም ዘርጊሖም ነይሕዙኺ፣
ስለዚ ገርሂን፣ ሓቀኛን ንምኧንኪ፣ ጽፍፍቲ'የ ንኽትብሊ ብወገንኪ፣ ብሽም
ሓቂ ተገዚትኪ ምሓሊ፣ ተናስሒ መሊሽኪ መላሊሽኪ፣

ዴዝዴሞና፦ ኣነ እምንቲ ከምዝኾንኩ፣ ኣምላኽ'ዩ ብሓቂ ዝፈልጠለይ፣

ኦቴሎ፦ እንተፈለጠ'ውን ንየናይ ይመስለኪ ዝፈልጠልኪ፣
ከልእ-ማልእ ከይትጽበዩ፣ ተረዲኡኪ? ኣነ ባዕለይ ከተንብሃልኪ፣
ናይ ግድን ከዓ ትፈልጥዮ! ከም ሲኦል ከንቱን ባዶን ከምዝኾንኪ፣

ዴዝዴሞና፦ ንዓይ'ዲኻ ጎይታይ? ወረ ከመይ ከ'ዩ እቲ ከንቱነተይ?

ኦቴሎ፦ ኦ! ዴዝዴሞና! ኣልገስለይ! ኣልግስለይ! ኣልግስለይ!

ዴዝዴሞና፦ እዋይ ተካሊት መዓልቲ! እዋይ ኣኔ ዘይረኸቦ! እንታይከ'ዩ ዜብክየካ?
ኣነ ድየ ጎይታይ? ነዚ ብኽያትካን ሓዘንካን ሰበብ ኾይነ ዝቐልወካ፣
እንተድኣ እዚ ነገራት እዝን፣እዚ ምምልላስ ሕማቕ ዕድልን ዘጋጠመካ፣
ብሰንኪ ወላዲኺ'ዩ ትብል ኴንካ፣ ከይለከምካኒ ኣጸጽዮ ሓሳባትካ፣
እንተድኣ ንስኻ ጸሊእካዮሲ፣ ኣነ'ውን ነጺገዮ ኣሎኹ ከምቲ ናትካ፣

ኦቴሎ፦ ኣሕጕሲዎዶኾን'ዩ ንኣምላከይ፣ ንጎይታይ፣ ንፈጣሪየይ፣
ብእተሕዝን ጸዕራዊት መከራ ዝፍሕሰኒ ዓምጢኑ ሒዙ በዛ ከሳደይ፣
ስቓያዊ ጭንቂ፣ኣባሳዊ ሓፍረት ከም ቀዝሒ በረድ ንኸዝንመለይ፣
ነዛ ዝረኸብኩዋ፣ንኡሽቶ ቕሳነታዊት ትዕግሥቲ ዓባይ ተስፋ ካብ ውሽጠይ፣
ናብ ንድየት ተሳሒበ ኣብ ኣዘቕቲ ንኽሽመም፣ጸበባ ከኸውን እቲ መንገደይ፣
ካብ ማሕዩር ኣምሊጠ ናብ መጻወዲያ ንኽኣቱ፣ንኽቕጻዕ ብዘይ በደለይ፣
ግን'ኮ ከም መንጠልጠል ደወል፣ከም ዓንዲ ገበላኳ እንተዝግትረኒ፣
ንኹሉ ኽጽመሞ እኽእል'የ፣እልቢ መከራታትኳ እንተዝወርደኒ፡፡
ዝኾነ ኾይኑ ግና፣እታ ነታ ልበይ ኣንቢረላ ዘሎኹ ከብሒይ፣
ህልዊ እንተኾንኩ ንኽነብር፣ዕምረይ እንተሓጸረት ንዕርበተይ፣
ንወሐዚት ህይወተይ ፈልፋሊታ'ያ፣ኢን ድማ መጽነቲኣ ነዛ ነፍሰይ፣
ከንቱ ዘርም ዘርሞ ንኽሽውን፣ ወይ ድማ ሰባብ ዒላ ሸኻ፣
መውዓሊን መዓንደሪን እንቁርዖብ፣መጻወቲ እኒወናጅር እኒሓሰኻ፡፡
ከሊ! ኣቲ መልከዕ ናይ ተፈጥሮ ኣልግሲለይ!ተቐየሪ!
ንስኺ'ውን መልከዔኛ እንተኾንኪ፣ጽብቕትን ዕምብብትን እትምቅሪ
ቅንጣብ ዜሕጉስ ነገር የብልክን ከም ህጉም ሲኦል ከተሳቕይኒ'ምበሪ፣

ዴዝዴሞና- ቕንዕቲ ከምዝኾንኩሲ ብግቡእ ከምእትፈልጠለይ፣ ክቡር ጎይታይ ተስፋ ኣሎኒ፡፡

ኦቴሎ፦ ዶ? ብቐደማ'ውን ጽንጽያ ግንቦት፣ካብ ደም ዝተኻዕዋ ግምቢ ካብ ዘለዋ፣
ጠፊኣ ነይትጠፍእ፣እታ መንገብገባ'ኳ ኣመና ብቕዓት እንተለዋ፣
ብመልከዕኪ ወዛም፣ ጥዕምትን፣ ምቅርትን፣ ብመኣዛታትኪ ብልጽቲ እንክንስኺ፣
ከም ብቕቡቕ ደረት ዓውዲ፣ ዘይትጠቐሚ ሐሰር ንፋይ ኢኺ፣
ዘሳቐየኪ ዘሎ ስምዒት'ውን ዘይነበረን ዘይተራእየን'ዩ ቕድሜኺ፡፡

ዴዝዴሞና:- እንታይ በዲለ? ነየናይ ዓቢ ሓጢኣት ኮን ጌረ'የ?

ኦቴሎ:- እዚ ጽቡቕ ወረቐት፣እዚ ኣዝዩ ግሩም ዝኾነ መጻሓፍ፣
ኢዩ ግዲ ዝተሰርሀ፣ኣብ ልዕሊኡ "ዓጣሪት" ዝብል ቃል ንኽጸሐፍ?
እንታይ በዲለ? መዓንደሪ በኣለገ እንዲኺ?ግፍፍቲ ምበሉኺ ካብ ኣፍ ንኣፍ፣
ኣነ፤ ንዘዓነፈኒ ጽኑዕ መከራታት ባዕለይ'ዩ ዝቃለሶ፣
ነበልባልኳ እንተዘቃጽለኒ፣ንኹለንተናይ'ውን እንተዘብርሶ፣
ኣምላኽ ሓላዊ ይገብረሉ'ዩ፣ወርሒ እናብርሀት ትስዕቦ'ያ ካብ ላዕሊ፣
ነቲ ፈቐድኡ ዝኣቱ ጽፉዕ ንፋስ፣ነቲ ንኹሉ ሃሰስ መሰስ በሃሊ፤
ኣብ ዓሚቑ ጸድፊ ይንቐት'ዩ፣ ኣብ ውሽጢ ምድሪ ትሕቲ ባይታ
እዚ ክፍጸም ከሎ ኣይፍለጦን'ዩ፣ ዘለዎኳ እንተመሰሎ ሙሉእ ስቕታ፣
እንታይ በዲለካ ክትብልኒ? እ!ኣቲ ብዕልግቲ ሸርሙጣ!!

ዴዝዴሞና:- እዋይ ኣነ ተካሊት!ኣታ ሎምስ ዘይሸመይዶ ሂብካኒ?

ኦቴሎ:-- 'ሞ ንስኺስ ሸርሙጣ ኣይኮንክን ማለት ድዩ?

ዴዝዴሞና:- ኣነዓሊያት! ጽፍፍቲ ጓል ወረጃ ኢየ! ኣነስ ኣንጻር በዓል እንዳይ ብምዃን፣
ነውራም ግብሪ በዓለገታት ኣይገበርኩን'ሞ፣ ብፍጹም ኣይሸርሙጣን፣
ስርዓት ኣዴታተይ ኣየፍረስኩን'ሞ፣ ዓጣሪት ከይትብለኒ ኣብ ክንዲ ረዛን፣

ኦቴሎ:- 'ሞ ንስኺስ ዘማዊት ኣይኮንክን ማለት ድዩ?

ዴዝዴሞና:- ኣነ ጎይታይ! ከምዘይኮንኩሲ ፈጣሪ'ዩ ምስክረይ፣

ኦቴሎ:- ኣየኸየ! ይመስልዶ?ሃተፍተፍ ኣይትበሊ ግዳ!?

ዴዝዴሞና:- ወይጋዶ!ኣታ ኣነሲ!ኣምላኽ'ባ ይተዓረቐና!

ኦቴሎ:- እምበኣርከስ ስምዒ! እታ ኹ'ላ ዝኣበስኪያ ክገልጸልኪ፣
ነታ ኮብላሊት ጥበቡ ፋይተት'ዩ፣ ካብ ቬኒስያ ዝዘረፍኩኺ፣
ንኦቴሎ ድማ ዝወፈኹኺ *(ዓው ኢሉ)* ኣቲ ሰበይቲ'ባ ንስኺ!!
ኣንጻር ቅዱሳን መላእኽቲ፣ ኣብ መንጽሮም ዝተሰርሀ ጎልፍኘኺ!!
ንማዕጾ ገሃነመ እሳት፣ ንጽልመተ ሲኦል ሓላዊታ ኢኺ፣ *(ኤሚ/ትኣቱ)*
ኣቲ ኣቲቲቲ!....ኣቲ'ባ ንስኺ!!
ዝበሃል ተባሃሂልናዮ ኢና፣ሰላሕ ኢልኪ እተዊ እንተደሊኺ፣
እዚ ምኽርና ከይንዛሕ ትሕቲ ባይታ ቐበረዮ ሓደራኺ! *(ይወጽእ)*

ኤሚልያ:- ኣቲ እንታይ ኢሉኪ?እንታይ እንታይከ'ዩ ዝብል ዘሎ እዚ ሰብኣይ?
ኣይደሓንን ዲኺ?እንታይዶ ኮንኪ ኢኺ'ምበይተይ?

ዴዝዴሞና:- ከመይ'ሞ ክብለኪ ኤሚልያ? መዓታት'ዩ ወሪዱኒ፣ ዋይ'ዛ ለይተይ!

ኤሚልያ:- ኣቲ መዓረይ፣ ኣይደሓንን ዲኹም ምስዞም ጎይታይ፣

ዴዝዴሞና:- ምስ መን?

ኤሚልያ:- ምስ ጎይታይ'ምበር ምስ መን ደኣ?

ዴዝዴሞና:- ኣቲ መን'ዩ እቲ ጎይታኺ?

ኤሚልያ:- ንሱ'ምበር ካልእ ደኣ መን?መዓሮ ኣዲኣ!

ዴዝዴሞና:- ኣቲ ኣየናይ ሰብኣይ፣ሰብኣይ ዝበሃል የብለይን፣ ሕደግኒ ደኣ፣

ንብዓተይኳ ኣብዩኒ፣ዝዝረብ እንካ'ሞ የብለይኒ፣
እንተነባዕኩኽ እንታይ ከዓብሰለይ፣እንታይ ከጠቕመኒ፣
በጃኺ ኤሚልያ ሓብተይ፣ሎሚ ምሸት ነቲ ፈርጊ ሕጽኖተይ፣
እንኮላይ ካልእ ክዳውተይ ናብቲ ዓራተይ ወሲድኪ ኣንጽፍለይ፣
ግን ሓደራኺ ንኢያጎ ትደልየካ ኣላ ኢልኪ ንገርለይ፡፡

ኤሚልያ፡- እንድዒኽ... ምህላውሲ ገለ ከርከባ ኣላ፣ *(ትወጽእ)*

ዴዝዴሞና፡- እዋይ'ዛ ዕድለይ! እንታይ ስለዝገበርኩ'ዩ እዚ ነገር'ዚ ዘጓነፈኒ፣
ነዚ ጸያፍ ሽም ሂቡ ብዘይ በደለይ ዘዋረደኒ? (ኤሚ/ኢያጎ ይኣትው)

ኢያጎ፡- ጥዕና ይሃበለይ'ምበይተይ፣....ኢሂ ደኣ ከመይ ኢኺ?

ዴዝዴሞና፡- ኣታ ናይ ሎምስ ዘረባ የብሉን፤ እቶም ንቖላዑ ኣሰልጢኖም ዘስተምህሩ፣
ደፋእ ኢሎም'ዮም ብህድኣትን ብሜላን ዝደለዩዎ ዝገብሩ፣
ንሱ'ውን ልክዕ ከምኡ ጌሩ'ዩ ዝገንሓኒ፣ብሓለንጊ መልሓስ ዝቐጽዓኒ፣
ኣነ'ውን ከም ቖልዓ እናኣንፈጥፈጥኩ'ዩ ነታ ነድሩ ዝተቐበልኩዋ!

ኢያጎ፡- መለዓሊዓኺ እንታይ'ዩ?ምኽንያቱኺ እንታይ'ዩ'ምበይተዋ?

ኤሚልያ፡- ዘደንጹ'ዩ ኣታ ኢያጎ!ፋይተት ኢሉ እኮ'ዩ ጸሪፉዋ!
ካላእ ትስማዓዮ! ነዚ ከምዚ ዝኣመሰለ ውርደት ከሰክማ ከሎ፣
ልቢ ቅኑዓት ዘይስከሞ በደል'ዩ፣ ዘይትኽእሎ'ውን ተጸሚማ፣

ዴዝዴሞና፡- ንዓይሲ ከምኡ ክብለኒ?ኣነዶ ከምኡ ዝበሃል'የ ኣታ ኢያጎ፣

ኢያጎ፡- እንታይ ማለትኪ ኢኺ ኣቲ'ምበይተይ? ወይለይ!

ዴዝዴሞና፡- ከምዛ ሕጂ ዝነገረትካን፣ከምቲ ጎይታይ ዝበሎን ነይረ ድዬ?

ኢሚልያ፡- ኣቲ "ሸርሙጣ" 'ኮ'ዩ ኢሉዋ! ለማኒኳ ሰኺሩ ነታ ከብዱ ምስ ሸረባ፣
ነታ ውሽምኡ ከምኡ ነይምበላ፣በቲ ከምኡ ዝኣመሰለ ግዕዙይ ዘረባ፣

ኢያጎ፡- ኣቲ እንታይ ወሪዱዎ? ከም'ዚዶ ይበሃል'ዩ? ዋይ ጸበባ!

ዴዝዴሞና፡- እንታይ'ሞ ፈሊጠሉ! እንተኣነ'ሞ ከምቲ ኣባሃህልኡ ኣይኮንኩን፡፡

ኢሚልያ፡- ክንደይ ዝማዕረገ ግርማን ክብርን፣ ሙሉእ ገዛ ሲሳይ ኣዱንያታት፣
ንወለዳን ንዓዳን፣ንዝዓበያን ንዝነኣሳን ክንደይ ምሓዙታት፣
ጠሊማን ራሕሪሓን ዝኾብለለት ዳርጋ ከም ለመንቲ ስኡናት፣
ከምዚ ንኽትበሃል ዲያ?ንክትጽረፍ ከምተን ዓጣሮታት፣

ዴዝዴሞና፡- እዛ ቅርስስቲ ለይተይ'ያ፣ናይ ካልእ ከይመስለኩም ኣቱም ሰባት!

ኢያጎ፡- በዓለገ ኢልኪ ሸለል በሊዮ፣ከመይ ጌሩኺ ነዚ ሓሳባት ነውሪ ሓሰቦ?

ዴዝዴሞና፡- እንታይ'ሞ ፈሊጠሉ ኢልካኒ፣ኣምላኽ ቅንዕና ባዕሉ ይጸብጽቦ፡፡

ኢሚልያ፡- እዛ መልሓሰይ ትቆረጽ!ሓደ ተካል መጋብሩ ከፉእ ዝኾነ፣
መንቃም በዓለገ፣ነገር ወዲ ነገር ፍሒሹ ዘውጠንጠነ፣
ቁጥሚ ዝኾነ መላኽዒ፣ኣሸበሸብ እንተተኾቡለይ ኢሉ ገለመለ፣
ዝፈሓሳ ከምዝኾነትሲ ፍሉጥ'ዩ፣ ኣይመስለንን ብካልእ ነገር ዝተላዕለ፣
ዘረባይ ሓሶት እንተኾይና እዛ ዝባነይ፣ ነርብዓ ሓለንጊ እኒሃለ፣

ኢያጎ፡- ኣታ እዚኣሲ፣ ዘይመስል! ከምኡ ዝገብር የልቦን፤ ሱቕ በሊ!

ኢሚልያ፡- ሰይጣን ይዓምጥሮ! ሲአል ትዓምጮቆ፣ ክርትምትም ኣቢላ ትውሐጦ፣
ንምንታይ'ዩ ዓጣሪት ዝብላ? ናይ'ንዳ መን ወደል'ዩ! ኣበይከ ትፈልጦ?
ኣብ እንዳ መንን ኣበየናይ ጊዜን? እንታይ ስለዝበደለቶ እንታይ ኣምሲሉ?
እንተኾይኑ'ምበር ብሓደ ክልተ ልኹፋት ብቕልማጻት ተታሊሉ፣
ኣታ ኣምላኽ ነዞም ከምኡ ዝኣመሰሉ፣መሸጎራጉር ሰንካማት፣
ሓመድ ከስሕኑዎም ስላዕ ግዳ ዘይትህቦም፣ነዞም ኩሎም ገርህታት፣
ምእንቲ ካብዛ ዓለም ከጸንቱ፣ካብዛ ዓውዲ ሰውሒ ንጹሓት፣
ካብዚ ክሳዕ ኣብቲ ዘይኮነሲ ካብ ኣድማሳት ናብ ኣጽናፋት፣

ኢያጎ፡- እስከ ቀሰይ በሊ! ሕድእ ኢልኪ ተዛረቢ፡፡

ኢሚልያ፡- ሕጂ'ውን የጽንቶም! ስማዕ! ኣይ'ቲ ሓደ ካብኣቶም እንድዩ ኸነግረካ፣
ነቲ ሓሳባትን ልቦናኻን ኣላኺዑ ናብ ሕማቕ ጥርጥር ዘእተወካ?
ኣብዘይወዓልኩዎ ጠቂንካ፣ምስ ኦቴሎ ክትጥርጥረኒ ዘብቅዓካ፡፡

ኢያጎ፡- ኣቲ ሃላይ! ከብቲ!..... ሰባብ!!

ዴዝዴሞና፡- በልባ ኢያጎ ሓወይ፣
ከመይ ጌረ'ዩ ዝዕረቖን ዝረኽቦን፣ነዚ ወረጃ ሰብኣይ፣
ሥጋኻ ኢያጎ! እዛ ብርሃን ቀትሪ ትመስክር! ፈጺመኳ ኣይሓሰብኩዎ፣
እንታይ ከምዝገበርኩኳ ኣይተፈለጠንን፣ እንታይ ከምዝበደልኩዎ፣
እኔኹ ተንበርኪኸኩ፣ *(ትንብርክኽ)* እንተድኣ ድልየተይ ኣንጻር ፍቕሩ ኾይና ንምጥላም፣
መሸጎራጉር ብዝኾነ ሓሳባት፣ዘይፍሉጥ ነገራት ንምፍጻም፣
በዘን ኣዒንተይን ኣእዛነይን፣ከምኡ'ውን በስናነይ ኮነ ኣካላተይ፣ እንተድኣ
ንኻልእ ከሕጉስ እንተኔሩ ሓሳባተ-ትምኒተይ፣
ቕድምሎም ጌረዮ እንተኾይነ፣ ወይ እንተኔሩ ቃሕታ ልበይ፣
እዛ ብርሃን እናቃልዔት ተሳጥሓኒ እናዋረደት ነዛ ነፍሰይ፣
ዋይ ኣነ ግዲ! ጸሊኡ እንተሰጐጉኒ ካልእ መእተዊ መኣስ ኣልዩኒ?
ከም በዓልቲ ቁጻሩ'ኳ እንተፈትሓኒ፣ኣይጠልምን'ዬ ጽኑዕ ፍቕረ'ዩ ዘሎኒ፣
እዛ ቓለይ ሓሶት እንተሊያታ መርገም ኮይና፣ልዋም ናብራ ትሕጸጸኒ፣
ጭካኔ'ውን ተካሊት ስለዝኾነት፣ኣሸሓት'ዩ እትፍጽሞ መጋብራ፣
ናቱ ጭካኔ ኸዓ ፍልጥቲ'ያ'ሞ ከተዕርባ'ያ ነዛ ዕምረይ ሰባቢራ፣
ግን ድማ ዘይኸውን'ዩ፣ንፍቕረይ ነኪያሲ ኣዋሪዳ ነይተዕብራ፣
ሽርሙጣ ክብል ግና ዓገብ'ዩ፣ነታ ቓል'ኳ ክዝክራ ከሎኹ ንበይና፣
ስንባድ ኣዝዩ እናጠሓረኒ'ዬ ዝፍንፍና፣ስለዜብላ ነገራት ጥዕና፣
ይትረፍያ ከውዕሎሲ ክሓስቦኳ ዘሰክሕ'ዩ፣ነዚ ባህ ዘይብል ሕማቕ ዕላል፣
ንኽገብሮስ ዓለም'ኳ ነይትፈቕደለይ፣ይኹንኳ እንተዝበሃል፡፡

ኢያጎ፡- በጃኺ'ባ ሱቕ በሊ! እንታይ ከዓብሰልኪ ኢዩ እንጽርጽሮት፣ ብገለ
ምኽንያት ሥራሕ'ዩ ዝኸውን፣እዚ ናቱ ሕርቕርቕት፣ ብኽምኡን
ወዲ ኸምኡን'ዩ ለኪሙኪ ከይተፈለጠ ብሃንደበት፣

ዴዝዴሞና፡- ካልእ ፍሕሶ እንተዘየልዩዎሲ፣

ኢያጎ፡- ያያ! ንሳ'ያ ንሳ! ኣይሕልዎን ካልእ መማሳመሲ፣ *(መለኸት ይንፋሕ)*
ሰሚዕኪዮዶ እዚ መለኸት? ናይ ምሳሕ መጸዋዕታ ኢያ፣
ምስሖም ይጽበዩ ኣለው፣እቶም ኣጋይሽ ሰብ ቬኒስያ፣
ኪዲ እተዊ ኣይትብከዪ፣ኣይተስቆርቁሪ ናይ ደሓን እያ ፣
ክስዖይ ደሓን ኩኒ! ኣነ'ውን ምሳኺ ፍልይቲ ዘረባ ኣላትኒ እምበይተይ፣

ዴዝዴሞና፡- እስከ በል ሕራይ ኣይትረስዓኒ፣ ሕድርኻ'ዚ ሓወይ፣ *(ይወጹ መጋርጃ ይግረድ)*

✡ ✡ ✡

ሳልሳይ ትርኢት

(ኣብ ዕርዲ፣ ኢያጎን ሮድሪጎ)

ኢያጎ፡ መርሓባ ሮድሪጎ፣ .... ከመይ ኢኻ?

ሮድሪጎ፡- ቧይ! ሱቕ ደኣ በል፣እዚ ናትካ ግብርስ፣ደረፋ'ሞ ዓደን ተረፋ'ዩ፣
ኣታ እወ፣ ኣይከምቀደምካን ኢኻ! ኣላታን የብላን ጠሊምካኒ ኢኻ፣

ኢያጎ፡- እንታይ ጌሩኒ ክትብለኒ ኢኻ? እጽዕር እንድየ ዘሎኹ ምእንታኻ!

ሮድሪጎ፡- ወትሩ መዓልቲ፣ብዘይጠቕማ ቀንጠመንጢ ነገራት እናጠበርካ፣
እልፊ ዕጻይ ምጽጻይ ከርከባ ዘረባታት እናመሐዝካ፣
ጊዜ ትወስድ ኣሎኻ ከምድላይካ፣ቃሕ ዝበለካ እናገበርካ፣
እንተሕጂ'ንካ'ሞ ኣነ ከምዝመስለኒ፣
ይትረፍያ ካልእ ረብሓ ከረኪብሲ፣ነታ ተስፋ ዝብሉዋ ኣቕቢጭካኒ፣
ከይጽመም ኣካእላን ኒሕን የብለይኒ፣ሕጂ ኸኣ እቲ ኣዝዩ ዝመረረኒ፣
ነቲ ብዕሽነት ዝፈጠርኩዎ ጸገም፣ዜራሳስዕ ሜላታት'ዩ ሓርቢቱኒ፣
ነቲ ሓሳስ ኮይነ ዜብረስኩዎ ሰላመይ፣ መሊስካ ምትካእ'ዩ ጩኒቑኒ፣

ኢያጎ፡- ሓንሳእዶ ጽን ኢልካ ምሰማዕካኒ ሮድሪጎ?

ሮድሪጎ፡- ረብሓ የብሉን ደኣ'ምበር ኣታ ምስማዕኳ በዚሑኒ!
ዘረባን ወዲ ዘረባታትን ደኣ መሊኡ'ሎ ብከፈር፣
ኣነን ንስኻን ግን የብልናን ልቢ ንልቢ ዘራኽበና ነገር፣

ኢያጎ፡- እእእ! ከምዚኣዶ ድማ ኣምጺእካ? ሕጂስ ኣዚኻ ኢኻ ዘዋረድካኒ፡፡

ሮድሪጎ፡- ተውሳኸይ! ሓቂ ኣይትዛረብ ግና ኣይትበልኒ? ብጀካ እዛ ሓቂ'ድማ ነብለይ፣
ካብ ዓቕመይ ንላዕሊ'ዩ፣ብጃህራን ብፈኸራን ዘዋረድኩዋ ነዛ ነፍሰይ፣
ነቲ ንዴዝዴሞና ክትሕበለይ ዝወሰድካዮ ባጤራታት ይኹን ወርቂ፣
መባእ ሂበዮ እንተዝኸውን ንሓደ መልኣኽ፣ምኾነለይ ኔሩ ንጽድቂ፣
ንስኻ ግና ተቐቢላትኒ፣ተስፋ'ውን ሂባትኒ ኣላ ኢኻ ዝበልካኒ፣
ብኽብርን ብፍቕርን ርእያ፣ሃረርታ ከምዘለዋ ንኽትፋለጠኒ፣
እዚ ግና ንኣፍካ ደኣ'ምበር፣ዝርዔኹዎን ዝረኸብኩዎን የብለይኒ፣

ኢያጎ፡- ኣጆኻ ተስፋ ኣይትቑረጽ፣ቐጽል'የ ዝብለካ!

ሮድሪጎ- ናትካ ቐጽልን ኣጆኻን፣መወዳእታ የብሉን ዘንተ ዕለት!
ዕጭ ሓንፈፍኩ! እንታይ ዝዓብስ ምቕጻል፣ይሓይስ'ምበር ምጥንጣኑ፣
ኣየናይ ሓቦ'ዩ ዘቐጽለኒ? ውዒሉን ሓዲሩን እናኣንቀልቀለ መጠኑ፣

እዝስ ስራሕ ዕሽነት'ዩ ከም ሓደ ውኖ ዘይብሉ ምዕንጃል፣
ኣብዚ ከምዚ ዝኣመሰለ መቐራቅር ኣቲኻ፣ንገዛእ ርእስኻ ምትላል፣

ኢያጎ፡- ቐጽል ኣጆኻ!.... ግርም!ድንቂ!!

ሮድሪጎ፡- ኣይጥዑይኒ'ባ'ዩ እዚ ሰብ'ዚ? ኣየናይ ተስፋ'ዩ እቲ ዘቐጽለና፣
ኣነ ባዕለይ ከላለያ'ዩ ትኽ ኢለ ከይደ ናብ ዴዝዴሞና፣
ነጸላይ ኣንጺፈ ከሰግደላ'ዩ፣ነተን ኣዋርቐይ ትመልሰለይ እንተ ኾይና፣
በዚ ስዲ ዝኾነ ጠባየይ ንዝፈጸምኩዎ በደል፣ይቕረታ'የ ዝልምና፣
እንተዘየሎ ግና፣ምላሽ ከሊአ እንተሰጎጎትኒ ብገለ እብያ፣
ተጠንቀቕ! ካብ ካልእ ከይመስለካ ካባኻ'የ ነታ ወርቀይን ጥሪተይን ዝደልያ!

ኢያጎ፡- ሃየ'ስከ ተዛረብ! ሃየ'ስከ ወስኽ!

ሮድሪጎ፡- መዓስ'ሞ ተጋግየ! ነቲ ዝግበር እንድኣለይ ዝገለጽኩልካ፣

ኢያጎ፡- ነየናይ! ስማዕ ክነግረካ "ካብ ጸባኣ ፍሽኽታኣ" ይብሉ ኣቦታትካ፣
ብርኽትን ጥዕምትን ኮይና ኣላ፣ካብ ሎሚ ኸኣ ነቲ ኹሉ ሓሳባትካ፣
መዕልቦ ቕሳነት ፍጠረሉ ብኣኣ'ውን ተመካሕ ከምድላይካ፣
ሃባ'ንዶ ከምሕለልካ፣ *(ይጠቕዖ)* ሽሕኳ እንተሻቐጥካኒ ኳንካ ኣንጻረይ፣
ኣነሲ ኣብኣ'ያ ዘላ እታ ልበይ፣ሃረርታኻ ምፍጻም'ዩ እቲ ኣውራ ዕማመይ፣

ሮድሪጎ፡- ትብል ኣሎኻ ደኣ'ምበር፣ኣነሲ ኣይርዱኹን ተውሳኽይ!

ኢያጎ፡- ሓቅኻ! ክሳዕ ሎሚስ ዝርዱኻዮ የብልካን እዚ ሓወይ፣
ጌጋ ኣይኮነን ሓሳባትካ ሓቅኻ ኢኻ እንተጠርጠርካ፣
ግን ኣይትስእናን ኢኻ'ሞ ተስፋ ግብር፣ነዚ ድማ ከመይ ጌሩ እንተብልካ፣
ካብቲ ናይ ቀደም ዕጽፊ ዝኸውን፣ብቑዕ ምኽንያት እኒሄልካ፣
ትብዓት፣ ክእለት፣መንፈዓትን ሓቦን'ዩ፣ተዓዘበኒ ናይ ብኡነት፡፡
ነታ ሃነን ዝበልካላ ዴዝዴሞና ጽባሕ ቅድሚ ዕራርቦ እንተዘይረኺብካያ፣
ካብቲ ሓርፋፍ መንዚዔ በዛ ኢድካ እንተዘይዓቲርካያ፣
ከም ድላይካ ስላሊዕካ ነዛ ትንፋሰይ ካብዛ ዓለም ፍለያ!!!

ሮድሪጎ፡- እዝስ ደሓን! ዘተኣማምን ምኽንያትከ ኣሎካዶ? ዶ ሓሰውሰው'ያ፡፡

ኢያጎ፡- ትሰምዕ ደሎኻ ጎይታና? ፍልይቲ ትእዛዝ መጺኣ ኣላ ካብ ቬኒስያ፣
ቃስዮ ኣብ ክንዲ ኦቴሎ ተሸይሙ'ሎ፣ሃገር ብሃገራ ተውሪ ዘላ ነዚ'ያ፡፡

ሮድሪጎ፡- ሓቕኻ ዲኻ?'ሞ ኦቴሎን ዴዝዴሞናን ክምለሱ'ዮም ዘይትብለኒ ንቬኒስያ?

ኢያጎ፡- ዓንጃል! ንመን ደኣ ኽገድፉ! ካብታ ኢዱ ነይፈልያ፣ናብ ዝወሰዱ እንተወሰዱዎ፣
እቲ ኣብ ክንድኡ ዝትካእ ሰብ፣ብገለ ሰራም ምኽንያት እንተዘይደንጉዩዎ፣
ስለዚ፣ ካልእ ዝበለጸት ሜላ ቀይዲ የብልናን'ሞ፣ንግበራ ደኣ ብቶሎ፣
ነቲ ልቡናኡ ኣላኺዕናን ኣዋቒዕናን፣ቐልጢፉ ንኽይብገስ ንሓንኩሎ፣

ሮድሪጎ፡- ከመይ ማለትካ ኢኻ? ክትብል ከሎኻ ንሓንኩሎ?

ኢያጎ፡- ንመዝነትን ሥራሕን ናይ ኦቴሎ፣ነታ ማዕርጉ ንኸይረኽባ ተጣቢብና፣
ብነገርን ብህውከትን ዓማጺጽና ብሓያሎይ ሕርቕርቕት ኣኸንዲድና፣
ነታ ጎያዩት እግሩ ስሚ ብዝኾነት መልሐስ ሓንኩልና፣
ዝግበር ዘበለ ክግበር ኣለዎ፣ንሳ'ያ እታ መርሓዊት ዓወትና፣

ሰሚዕካኒዶ? ተረዲኡካዶ? ከምኡ ክንገብር'ዩ ዝግብኣና!!

ሮድሪጎ፡- እሞ እንታይ ግብር ኢኻ ትብለኒ?

ኢያጎ፡- ንርእስኻ ክትጠቕማን ክተማዕርጋን እንተደሊኻ ሓቦ ግበር፣
ሎሚ ምሸት'ንዳ ዓጣሪት እንዳ ሓንቲ ፋይተት'ዩ ዝድረር፣
ኣነ'ውን ናብኡ ኪኸይድ'የ፣ነዛ መጺኣ ዘላ ብስራት ሹመት፣
ኣይሰምኣን፣ ኣይፈለጠን፣ጌና ኣይበጽሓቶን እታ ወረቐት፣
ስለዚ፣እንተድኣ ናብታ ዝነገርኩኻ ገዛ ኸጉዓዝ ከሎ ኣዝጊብካ ተጸበኻዮ፣
ክሳዕ ኣነ'ውን ክዳውንተይ ቐያይረ፣ኣብታ ገዛ በጺሔ ዝርእዮ፣
ካብ ዕራርቦ ክሳዕ ዋግዋን ብምኽኑ፣እቲ ጊዜ ኣንሕና ዝመደብናዮ፣
ድላይካ ክትገብር ትኽእል ኢኻ፣ከተቃጽሎ'ውን ከም እምኒ ውድዮ፣
ትብእስ ከተብሉ ከሎኹም ኣሎኹልካ፣ሸው ክወድቕ'ዩ ኣብዛ ኢድና፣
ኣጆኻ ኣይትፍራሕ፣ እዚ ዘስግእ ኣይኮነን፣ ኣንሕና'ውን ሰብኡት ኢና፣
በል ንዓናይ! በቲ ሞቱ እትረኸቦ ዘይተኣደነ ጥቕሚ፣ ንኽንዝርዝሮ በብሓደ፣
ሕጂ ፈጺሙ ዘይከኣል'ዩ'ሞ፣ባዕልኻ ክትርእዮ ኢኻ እዋን ከይዓረበ ከይከደ፣
በል ጊዜ ኣይነጥፍእ ብሓተመተ፣ንሱ'ውን ሕሩግ ከይብለና ከይርዔናዮ፣
ኪደናይ ተዓጢቕካን ተጠንቂቕካን፣ ኣብታ መንገዱ ኣድቢኻ ተጸበዮ፣

ሮድሪጎ፡- እስከ በል ሕራይ! ግን ብቑዕ ምኽንያት ክሰምዕ ኣሎኒ፣ ብዛዕባ'ዚ ካብኻ?

ኢያጎ፡- "ድራር ምሸት ይሃብካ" ይብሉ ኣቦታትና፣ኣማስያኻ ክትሕጎስ ኢኻ!
እንተድኣ ብሂወት ጸኒሑ'ዩ፣እቲ ጎላጉል ኣጸድፍ ዝኸውን ንዓኻ፣
ነዛ ሂወትካ እንተ'ፍቂርካያ እታ ሞቱ'ያ ናይ ቅሳነትካ ራህዋ
ኪድ ልብኻ ኣተርኒዕካ ብሕጹጽ ኣርክብ፣ግደፋ ነግ ፈረግ ዝብሉዋ
ኣነ'ውን ኣይድንጉን'የ፣እግሪ-እግርኻ'ዬ ዝስዕብ...ዓርኩዋ፡፡

(ይወጹ/ ይግረድ)

ኃምሳይ ገቢር

ቀዳማይ ትርኢት

ኣብ ጸባብ ጎደና
(ኢያጎን ሮድሪጎ)

ኢያጎ፡- ትኽ ኢሉ በዚኣ ከመጽእ'ዩ'ሞ ተዳሎ ኣብዛ ከውሊ ተሓቢእካ፣
ነዛ ስሕልቲ በላሕ ሲፍካ ተዓወተላ፣ተዳሎ ብስምዒት መሲትካ፣
ቕልጥፍ! ዝመጸ እንተመጸ ከይትርዕድ ኣሎኹልካ ኣነ ባዕለይ፣
እንተኾነ ንዕወት እንተዘይሰለጠኳ ሓንቲ ትኹን ሓሳባትካ ምስ ሓሳባተይ፣
ፈልከት ከይበልካ ተዳሊኻ ተጸበዮ፣ነግ-ፈረግ ከይትብል ምስተናዕካ፣

ሮድሪጎ፡- ከይገግዮን ከይስሕቶን ኣብዛ ጥቓይ ደው በለለይ ልሕግ ኢልካ፣

ኢያጎ፡- ኣታ ዓርኩ! በርትዕ'ምበር ንስኻ፣ኣነ ደኣ ምስኻ ከምዛ ጽላሎትካ
እዚኣ መምዘኒት መዓንጣኻ'ያ፣ ኪድ በል ናብታ መድበዩትካ፣
(ሮድሪጎ እናወጸ)

ሮድሪጎ፡- ነዛ ከምዚኣ ዝኣመሰለት ነገር ንምፍጻም፣ ድልየትን ከእለትን የብለይኒ፣
ሽሕኳ ግበሮን ፈጽሞን እናበለ፣ ዘእምን ምኽንያት እንተሃበኒ፣
ከምግምተይ ግን ቀሊል'ዩ፣ሕልፍ ከብል ከሎ ድቕድቕ እንተበልኩሉ፣
ኮነትን ሰለጠትን ማለት'ዩ፣እቲ ኣነ ዝጸረሮ ድማ ጋሕ ኢሉ!

ኢያጎ፡- *(ቀሰይ ኢሉ)* ነዚ ዕዋኖ ኣሕሪቐዮ ኣሎኹ፣ ጨንዩዎ'ሎ ዘብል ደም-- ደም፣
ንሱ ንቃስዮ ወይ ቃስዮንዕኡ እንተቐንጸሎ፣እንተተቓተሉ ሕድሕዶም፣
የማናይ ሞተ ጸጋማይ ኣሠና'ዩ! ንዓይ መኽሰበይ'ዩ እቲ ሕልፈቶም፣
ሮድሪጎ እንተዘይመይቱ፣ተላይ ውለደን ከብለኒ'ዩ እንደገና፣
ነተን ኣታሊለ ዝወሰድኩዎን ኣዋርቕ ከህባ'ዬ እናበልኩ ንዴዝዴምና፣
ዝመጸ ይምጸእ ከድምሰስ ኣለዎ፣ቃስዮ ኸኣ እንተተረፈ ብሂየቱ፣
በቲ ግሩም ዝኾነ ኣፋጣጥራ መልክዑ፣በቲ ሃነን ዘብል ኩነታቱ፣
ንዓይ ዳርጋ ከም ዘየሎኹ'ዩ ዘቑጽረኒ፣ከስተንትኖ ከሎኹ ነገራቱ፣
ደሓር ከኣ ፍሉጥ'ዩ፣እቲ ጠቃር ኦቴሎ ከምዘየጸግዓኒ፣
ስለዚ፣ ማእለያ ዜብሉ ጸበባ፣ሓያሎይ ሓደጋታት'ዩ ዝጽበየኒ፣
ቃስዮ ግድን ከቕንጸል ኣለዎ፣ነንሕድሕዶም ይቃናጸሉ፡፡ እኖኸኣ ይመጽእ'ሎ፣
(ንሮድሪገ) ተዳሎ ሮድሪጎ! ንዓኻ'ያ እዛ ትንፋሰይ መዐንጣኻ ሸጥ-ኣብሎ!
(ቃሲዮ ይኣቱ)

ሮድሪጎ፡- *(ሰይፊ መሲቱ)* በካይድኡ'የ ዝፈልጦ! ደው በል! ኣታ በትኪ ወዲ ርጉማት፣
ደው በል'የ ዝብለካ ዘሎኹ! ደምካ ክትከውን'ያ ደም ኣኽላባት!!

ቃስዮ፡- ቃስዮ ኣባስበር! ነዚኣስ ድሕር ነይብለላ! ባዕለይ'የ ዝፈልጠላ፣
ኣሳጉማ ጸላኢ'ያ! ጉራደይ ካብ ጉራደኻ በሊሓ ኣላ፣
ነዓ ፈትነኒ! ሃየ በል ንግጠመላ፣ *(ተወንጪፉ ይወግኦ)*

ሮድሪጎ፡- ኣዮዮዮ! ኣዮዮዮ! ዋይ ኣነ! ዋይኣነ! ቐንጺሉኒ! ቐቲሉኒ! ወጊኡኒ!
(ኢያጎ ተሓቢኡ ብድሕሪት ንቃስዮ ይወግኦ)

ቃስዮ፡- ቖሬኹ! ቖሬኩ! ተባላሸኹ!
ሓግዙኒ! ሓግዙኒ! ርድኡኒ! ቐተሉኒ፣ *(ይወድቕ)*

ኦቴሎ፡- *(ኣብ ሓደ ኩርናዕ ርሑቕ ኢሉ ይሰማዕ)* እዛ ደሃይ እዚኣ ደሃይ ቃስዮ'ያ!!
ኢያጎ ሓየት ቓሉ ኣኽቢሩ!!

ሮድሪጎ፡- ኣነ'ዩ! ኣነ ወዲ ተካሊት!

ኦቴሎ፡- ኩልኹም ሓደ ከም ቀረኒ ጢል!

ቃስዮ፡- ሓግዙኒ! ርድኡኒ! ሓግዙኒ! መብራህቲ! ሓኪም!

ኦቴሎ፡- እወ ንሱ'ዩ! ኢያጎ ንፉዕ! ሓቀኛ ብምዃንካ ነቲ ቃልካ ፈጺምካዮ፣
ሃብሮማይ ጀግና ኢኻ! ነቲ ጸላኢ ናይ ዓርከኻ ከነብር ነይትደልዮ፣
ኣብነታዊ ትምህርቲ ኮይኑኒ'ሎ፣እዚ ሕጂ ዝገበርካዮ፣
ኣቲ ርኽስቲ ዓጣሪት! እኖ ፈታዊኺ ጻሕ ኢሉ! እኖ ሞይቱ ውሽማኺ!
ከምኣ ኻዓ ንዓኺ፣ ሕጂ'የ ዝዕምጽጸኪ ብተራኺ!
ከምዛ ናቱ ዕጫን ፀበባን፣ ሕጂ ብሕጂ ድማ ንዓኺ፣
ልበይ ንቕድሚት ተወንጨፈ! ነታ ጽብቕቲ ዓይና ከም ምልዖ ምጸዪያ!!
እታ ዝጋዕዘየትላ ዓራት፣ብደም ክትጥልቂ'ዩ ዝደልያ!! *(ይወጽእ)*
(ሎዶቪኮን ግራሽያኖን ይኣትው)

ቃስዮ፡- እዋይ ኣነ ተዋሪደ! ሐላፍ መንገዲ ሓጋዚዶ ተሳእነ?

ግራሽያኖ፡- ገለ ዕግርግር ኣላ! ናይ ጥዕና ኣይኮነትን እዛ ኣውያት!

ቃስዮ፡- ሐግዙኒ!..... ርድኡኒ! ስለ ወዲ ተባዕታይ ኣይትሕለፉኒ?!

ሎዶቪኮ፡- እስከ ቐልጥፍ! እስከ ጽን በል!

ሮድሪጎ፡- እዋይ ዕርበት! እዋይ ኣነ ሐሳረኛ!

ሎደቪኮ፡- ናይ ክልተን ሰለስተን ሰባት ስቅያት'ያ፣እዋይ ለይቲ ከርከባ፣
ከተርትን ሽፋቱን'ዮም ዝኾኑ፣ከም ነገር ዋዛ ኣይንሕሰባ፣
ብዘይ ሓገዝቲ ኣይንጸንበር ኣውያት ናይ ዝሰማዕና፣

ሮድሪጎ፡- ደመይ ፈሲሱ ከመውት'ዩ ሰኣን ሓጋዛይ?!

ሎዶቪኮ፡- እስከ ቐልጥፍ! እስከ ስማዕ! *(ኢያጎ መብራህቲ ሒዙ ይኣቱ)*

ግራሽያኖ፡- እጀ ጠባብ ዝተኸድነ በዓል መብራህቲ፣ምስ ዕጥቁ ይመጽእ'ሎ፣

ኢያጎ፡- መን'ዩ? በዓል መን'ዮም? መንከ'ዩ ቐተሉኒ እናበለ ዘእዊ ዘሎ?

ሎዶቪኮ፡- ኣይፈለጥናዮን፣

ኢያጎ፡- ኣውያት ኣይሰማዕኩምን?

ቃስዮ፡- ኣብዚኣ ኣሎኹ ኢያጎ ሓወይ! ስለ ወዲ ተባዕታይ ሓግዙኒ?!

ኢያጎ፡- መን ኢኻ ንስኻ? እንታይ ዝኾንካ ኢኻ?

ግራሽያኖ ፡- በዛ ደሃዩሲ እቲ ጊላ ናይ ኦቴሎ'ዩ ዝመስለኒ፣

ሎደቪኮ፡- ኣነ'ውን ንሱ'ዩ ዝመስለኒ፣ኣየ'ባ ክነፍዕ ሓየት!

ኢያጎ፡- እንታዋይ ኢኻ? ብጭንቅን ጻዕርን ተእዊ ዘሎኻ?

ቃስዮ፡- ኢያጎ እንዲኻ? ኣነሲ ዳርጋ ሞይተ'ዬ! ከተርቲ ወጊኣምኒ፣
ሃየ ቐልጥፍ ሓግዘኒ! ሃየ በርትዕ ርድኣኒ!

ኢያጎ፡- ቃስዮ ዲኻ? እዋይ ዓርከይ! እንታዎት'ዮም ነዚ ግብሪ ጨካናት ዝገበሩ?

ቃስዮ፡- በዓል መን'ሞ ክበሃሉ? ነቲ ሓደ ግና ሕርሕራይ ገይረ ወጊኤዮ'ሎኹ፣

ኢያጎ፡- ዋይዞም ርጉማት! ዋይዞም ተካላት! *(ንሎድ/ንግራ)* ንዑ'ንዶ ኀበዝ ንተሓጋገዝ፣

ሮድሪጎ፡- ኣ! ኣዮ! ኣዬ! ሓግዙኒ! ርድኡኒ'ንዶ!

ቃስዮ፡- እኖ የዕዊ'ሎ እቲ ሓደ ካብኣቶም!

ኢያጎ፡- ረሳሕ ጉሒላ! ርጉም ዕዋላ ዕምርኻ ትሕጸር! *(ተማግጢሩ ንሮ/ይወግኦ)*

ሮድሪጎ፡- ኣሕ! ኣታ ኢያጎ እንዲኻ?! እዋይ ወዲ ሰብ ተካል!!
ኣንታ ጠላም! ኣንታ ከሓዲ! ይሁዳ!
ኢህ! ኢህ! ሲኦል ትውሓጥካ!ኣብቲ ማዕሙቕ ከብዳ!!

ኢያጎ፡- እዋይ ጸልማት ተጎልቢብካ ከትሪ! ሕልም የብልካ ፈጣሪ!
ኣበይ'ለው'ቶም ፈገረግር መሻርኽትኻ? ደም ዝወልፎም ከም ነብሪ!
ሕዝቢኸ ኣይሰምዕንድዩ? ምድሪ ክትከውን ከላ ዓውዲ ጻዕሪ!!
ንስኻትኩምከ እንታዎት ኢኹም? ተሰግእ ኣላ እዛ ምድሪ

ሎዶቪኮ፡- ትርእየና እንዲኻ ዘሎኻ፣ንመንዶ ንመስል ኢና?

ኢያጎ፡- እዋይ ስሕታን! ንስኻ ደኣ ጎይታይ ሎዶቪኮ እንዲኻ!

ሎዶቪኮ፡- እወ ኣነ'የ እዚ ሓወይ!

ኢያጎ፡- ሐለዋትና ጠፊኡና፣ንቃስዮ ቐቲሎምዎ ከተርቲ፣

ግራሽያኖ፡- ኣንታ እንታይ ትብል? ንቃስዮ?

ኢያጎ፡- እወ ንቃስዮ! ሓስዮምኻዶ? ደሓን ዲኻ ቃስዮ ሓወይ?

ቃስዮ፡- ከርቲምምዋ እዛ እግረይ!

ኢያጎ፡- እዋይ ጎይታይ መሐረና! ኣታ እንታይ'ያ ተሰምዐ ዘላ እዛ እዝነይ?
መብራህቲ ኣቕብሉኒ! ቐዲደ ክጅንነሉ'ዬ ካብዛ ክዳነይ፣ *(ቢ/ትእቱ)*

ቢያንካ፡- ኣታ እንታይዩ? መን'ዩ ኡይ ዝብል ዘሎ? ኣይደሓንን ዲኹም?

ኢያጎ፤- ሆሽ! መን'ዩ ኡይ ዝብል ዘሎ ትብል ኣላ?

ቢያንካ፡- እዋይ ቃስዮ ሓወይ! ቕድሜኻ ይስጥሓኒ!

ኢያጎ፡- እዋይ'ዛ ርግምቲ ሽርሙጣ! መዋዕልቲ ዓዋሉ!
ኣታ ቃስዮ? ገለዶ ትጥርጥር፣ በዓል መን ከምዝወግኡኻ?

ቃስዮ፡- ወሪዱኒ! እንታዎት ክብሎም?

ግራሽያኖ፡- ዜገርም'ዩ! ንዓኻ ክደሊ መጺእሲ ኣብ መከራ ክትጸንሓኒ!

ኢያጎ፡- ቃሬዛን መጀነኒን ሃቡና ምስካሙ ክጥዕመና!

ቢያንካ፡- እዋይ ቃስዮ ሓወይ! ተሓስዩ'ባ'ዩ! እዋይ ሓወይ! እዋይ ሓወይ!

ኢያጎ፡- ስምዑ ኣቱም ሰባት፣እጥርጥራየ ነዛ ፈሽኳል ኣፍ ኩቱ፣
ምኽርን ርክብን ይሕልዋ'ዩ፣ምስ'ቶም ዘይተታሕዙ ከተርቱ፣
ሓንሳእ'ሞ ተዓገስ ቃስዮ ዓርከይ! እስከ'ሞ ሓንሳእ ኣብርሁለይ፣
ነዚ ሰብ እዚኸ ንፈልጦ ዲና? ዋይ ኣነ!ዋይ'ዛ ቕርስስቲ ዕድለይ!

እዚ ደኣ ዓርከይ እንድዩ፣ፈታዊየይ፣እቲ ብሩኽ ወዲ ዓደይ!
እዚ ደኣ ሮድሪጎ እንድዩ፣ዶ?....ንሱ እወ! እወ ንሱ'ዩ!
እዋይ ኣነ! ኣቤት ወሪድ!.... እዋይ ሮድሪጎ!

ግራሽያኖ፡- ኣየናይ ሮድሪጎ ኣንታ? እቲ ቬኒስያዊ?

ኢያጎ፡- ኣንታ እወ ንሱ! ትፈልጦ ዲኻ? ሴላ ደለኩም?

ግራሽያኖ፡- እንታይ መጺኡኒ ዘይፈልጦ? እፈልጦ እወ፡፡

ኢያጎ፡- ጎይታይ ግራሽያኖ? ይቕረታ ግበረለይ፣...ኣይትሓዘለይ፣
በዚ ዘይተ ሓሰበ መከራ፣መሃንና ብምጥፍኣ እዛ ቀልበይ፣
ናባኻስ ኣየቕለብኩን፣ካልእ ማልእ እናሓሰበት እዛ ልበይ፣
ዓይኒ ብዘይ ቀልቢ ኣይትርእን'ያ ሓቃቶም'ዮም ኣቦታተይ፣

ግራሽያኖ፡- ደሓን ኣነስ ቅር ኣይብለንን፣እንቋዓኒ ደአ ተራኸብና፣

ኢያጎ፡- ኣታ ቃስዮ ከመይ ኢኻ? ኣንታ ቃሬዛ'ባ ድለዩልና!

ግራሽያኖ፡- ኣንታ እቲኸ ብርግጽ ሮድሪጎ ድዩ?

ኢያጎ፡- እወ ንሱ'ዩ! *(ቃሬዛ የምጽኡ)* ኦ! ኣቱም ሓላላት ኣምጺእኩምልና?!
ሃየ እምበኣረይ እቶም ዱልዱላት ኣልዕሉዎ፣
ኣነ ግን ነቲ ሓኪም ናይ ጀነራል፣ ክደሃዮ'ዬ እንተረኸብኩዎ፡፡
(ንቢያ) ንስኺ'ሞ እቲ ሰራም! መዓት ክትወርደኪ'ያ ኣብ መወዳእታ፣
ቃስዮ ፈታዊየይን ዓርከይን'ዩ እዚ ጻሕ ኢሉ ዘሎ ኣብዛ ባይታ፣
(ንቃሲዮ) ገለ ቅርሕንቲ ኔራትኩምዶ ኣብ መንጎኹም ምስ'ዚ ሰብኣይ?

ቃስዮ፡- ይትረፍያ ቅርሕንቲ ክነብረናሲ፣ዘይሎሚኳ ኣይርዔኹዎ ተውሳኸይ፡፡

ኢያጎ፡- *(ንቢያ)* ኣቲ እንታይ ደኣ ተንፈጥፍጢ? ሃየ ግዳ ኣልዕሉዎ! ውሰዱለይ!
(ንቃ/ንሮ/ብቃሬዛ ይወስድዎም)
ከይትለቁዋ ኣቱም ሰባት! ተዳሂላ ጠቕር መሲላ'ላ ትርኢት ጸልማት፣
በሉ ከይተምልጠኩም! ከነቃልዓ ኢና ኣለዋ ሰሪ መሪ ሓሳባት፣
እኖ ኣዒንታ'ውን ደም ሰሪቡ፣ረድረድ ኢላ ብፍርሓት፣
ሓደራኹም ሓልውዋ፣ጉዳማት'ዬን፣እዘን ከምኣ ዝኣመሰላ ኣኽላባት!
ሽሕኳ መልሓሳ ኮርታዕታዕ ኢላ ቁኑዕ መልሲ እንተዘይሃበት፣
ትርእዩ ደሎኹም ኣቱም ሰባት? ግብሪ ሓጢኣት ከተቃልዕ ብሃንደበት፣
(ኤሚልያ ትአቱ)

ኤሚልያ፡- ኣታ እንታይ ኼንኩም? እንታይ ተረኺበ ኣታ ኢያጎ?

ኢያጎ፡- ኣብዛ ሹገሹግ ጸልማት፣ኣድብዮም ጸኒሖም እኒ በዓል ሮድሪጎ፣
ኣዳህሊሎም ወጊኦምዎ ንቃስዮ፣ካልኦት ከምልጡ ሮድሪጎ ግና ንበይኑ፣
ብቃስዮ ተወጊኡሲ ሕጂ'ያ ዝተወሰደት ኣስከሬኑ፣
ቃስዮ ብጣዕሚ ተሓስዩ ኣሎ፣እዋይ ኣነ! ደቂ ሰብዶ ይእመኑ፣

ኤሚልያ፡- ኣዬ ሰብኣይ! ኣዬ ሕያዋይ!ኣዬ ቃስዮ!

ኢያጎ፡- እዚ'ዩ ፍርያት ዕንዛረ፣ርኢናዮ ከይወዓለ ከይሓደረ፣
እስከ ኪዲ ንስኺ'ውን ሓታትቲ፣ሎም ምሸት ኣበይ ከምዘተደረ፣
(ንቢ) ኢሂ'ቲ ፈሪሕኪዶ ሓቀይ? ገለደኾን ዝገበርኪያ ኣልያ ኾይና?

ቢያንካ:- ምሳይ'ዩ! ኣብገዛይ'ዩ ተደሪሩ:: እንተኾነ'ውን ዘፍርሕ ነገር የብለይን፣

ኢያጎ:- 'ምበአር ኣብ ገዛኺ'ዩ? ግርም'ምበር! ንዕናይ በሊ ዝባን መንግስቲ!!

ኤሚልያ:- ኔው በላ! ፎእ በላ! ለኹመይኛ ወልፋጥ ሸርሙጣ!!

ቢያንካ:- እዚኣኽ ናይ እንዳ መን'ያ? መልሓስኪ ኣኪብኪ ሸርሙጣኺ ድለዩ!
ኣነ ግና በዛ ነፍሳይ፣ጽፍፍትን ቅንዕትን'የ ከነግረኪ::
ከምዚ ነዛ ሽመይ እናጥፋእኪ፣እተዋርድ'ኒ ዘሎኺ ከይመስለኪ፣
ካባኺ ዝንእስ የሎን ሃተፈተፍ ኣይትበሊ ትሕሽኪ!

ኤሚልያ:- ንስኺስ ከማይ? ዋይዛ ሽሉ ቅጫ ቋሬጣ! ውሰዳ ዛንዛን ኣብላ!

ኢያጎ:- ንሁናይ ኣቱም ሕያዎት፣ነቲ መስኪናይ ቃስዮ ንርኣዮ፣
ንዕናይ ከኣ ንስኺ፣ካልእ ውዲት ይህሉ'ዩ ብቐስመን እተውጽእዮ፣
ኤሚልያ ንፍዕቲ ድኻምኪ ከይጸብጸብኪ፣ብጉያ ኼድኪ ናብቲ ዕርዶም፣
ንጎይታይን ንእምበይተይን ነዛ ኹላ ዘጓነፈትና ኣጸቢቕኪ ንገሪዮም::
ኺዲ በሊ እዛ ሓብተይ? ባሕ ኣይበለኪን ድዩ?
(ግልል ኢሉ ንበይኑ) እዛ ለይቲ እዚኣ'ያ ብኹሉ ሙሉ ኩነታታ፣
ንዕድለይ ተስፋ እተዕትራ፣ወይ መጽነቲተይ ከሳዕ መወዳእታ፣
(ይወጹ ይግረድ)

✡ ✡ ✡

ካልኣይ ትርኢት

(ኣብ ሓልፍኘ ዴዝ/ደቂሻ ኦቴሎ ጧፍ ኣብሪሁ ይኣቱ)

ኦቴሎ:- ህያብ ዕድሎተይ'ዩ ከፍጠር ከሎኹ፣ካብታ ልምልምቲ ጭቃ መጀመርታ፣
እቲ ነፍሲ ስኵዔ ትንፋሰይ ክትከውን ከላ፣ናይ ሂወተይ መበገስታ፣
ጽሒፍቶይን ዕጫይን'ዩ፣ክውለድ ከሎኹ ካብ ወላዲተይ ሰብ ብምዃን፣
ፍረዱኒ ንጹሃን ከዋኽብቲ! ኣርእዩኒ ነቲ ናይ ፍትሒ ቁኑዕ ሚዛን፣
ኣፋርድኒ ኣቲ ወርሒ! ስምዕለይ ርኣይለይ! እንተድኣ ግን ዘይርኤኽለይ፣
ነዚ ብምዃኑ መጸዋዕታይ ከይትጣማመትኒ፣ከም ዓገበኛ ኣይትቑጸርለይ፣
ኣየፍስሶን'ዬ ነቲ ደማ! ነዚ ሰዊት ዓይኒ ዓተር ዝመስል ኣካላታ፣
ኣይትንከፎን'የ ነዚ ሉስሉስ ፍጥረታ፣ነዚ ምሉቕሉቕ ዓሳ ባሕሪ ሰብነታ፣
ምእንቲ ቕድሕድሕ እናበለ ኪጸንሕ፣ከይትመውት'ውን ከይተመንወ ሂወታ፣
ይኹን'ምበር ምማታሲ ግድን'ዩ፣ግቡእ'ዩ ሥጋኣን ነፍሳን ክፋላለያ!
እንትዘየሎ ግና ከምዚ ዘሽካዕለለትለይ ንኻልኦትውን ከተጻውዶም'ያ፣
እዛ ኣብ ልዕለይ ዝወረደት ዕስለ መከራ ናብኣቶም'ውን ክትወርድ'ያ፣
ኡፍ ኣቲ መብራህቲ! ጥፍኢ! ተገሰሚ! ጸልምቲ ተደርገሚ!!
ኣቲ ነበልባላዊት ብርሃን! ኡፍ ኢለኪ ባዕለይ እንተትግሰሚ፣
ዳግም ከብርሃኪ እኽእል'ዩ፣ከምቲ ዝነበርክዮ ገይረ ከብርሃኪ!!
ከምቲ ኡፍ ኢለ ዝጥፋእኩኺ መሊሸ ድማ ክውልዓኪ፣

ኣቲ ንስኺ'ኺ? ኣቲ ፍልይቲ ጨራ! ኣቲ መስተንክር ኣፋጣጥራኺ፣
ካብቲ መሪር ተኸሊ፣ካብቲ ናይ ውዛመ ዓለም ዝፈልፈለ ቁንጅናኺ፣
ኡፍ ኢለ እንተዘጥፍኣ ነዛ ብርሃንኪ፣ህልም እንተዘብላ ነዛ ፋናኺ፣
እዛ ጸሓይኪ እንተዓረበት፣እንተተሰወረት ናይ ወገግታ ጸጋኺ፣
ኣይኽእልን'ዩ እንደገና፣ከምታ ናይ ቀደምኪ ክውልዓኪ፣
መለኮታዊ ሓይልን፣ኣምላኸ ሃልሃልታ የልቦን መሊሹ ዘብርሃኪ፣
እንተድኣ ሓንሳእ ነዛ ዕንባባኺ ጒነኹዋ በዛ ኢደይ ተቐርሰመት፣
ኣነሲ ፈጺመ ኣይኽእልን'የ፣ጎላዕላዕ ኣቢለ ከጠጥዓኪ ብኡነት፣
ኣየድልን'ዩ ድማ ካብ ሕልፈትኪ ትንሳኤ ሕይወት ነይብልኪ!
እስከ ከይቀተልኩኺ ከስዕመኪ፣ከይመንቆስኩዎ ከጭንዎ መኣዛታትኪ፣
ብሂወት ከሎ ምቁር ኩነታትኪ! ኣሰና! እዚ ሰምሃል ዝጥዕም ትንፋስኪ!
ኣቤት ኣቲ ህይወታዊት ነፍሲ! ዕሜኺ ንሓሳርን ንጥፍኣትን ዝተዓደለ፣
ዓመጻኺ ንናይ ፍትሒ በላሕ ሰይፊ፣ከጒትምን ክሕምሽሽን ዝተላዕለ፣
ሓንሳእ! ሓንሳእ! ሓንሳእ ከይሞትኪ! ከይተጸንቀቐት ትንፋስኪ፣
ድሕሪ ሕጂ ነይድገም'ሞ! ከይቀተልኩኺ ንመወዳእታ ጊዜ ክምጭምጨኪ!!
ድሕሪ ሕጂ ሕልመይ ኢኺ! ናይ ሓሳባተይ ዕብዳን ሃተፍተፈይ!
ነበልባላቱ ተጠፊኡ'ዩ ዝልኮኹ ጓህሪ ፍቕርኺ ዝድጎል ኣብ ውሽጢ ልበይ!
ንመወዳእታ ጊዜ ሓንሳኢትለይ! ሓንሳኢትለይ ጥራሕ በጃኺ!!
ፍረ ምቅርቲ ስመይ ኢኺ'ም፣ከጭንወኪ'የ፣ሞት ከዓ'ያ ናይ ቕሳነት ተስፋኺ፣
ህእ! ፊቕ!ጣዕ! እንተበልኩ! ደም ነቢዔ፣እንተተኣለኹ ብንብዓት!
ንብዓተይ ዘበለ ናይ ጭካነ ስሚ'ዩ! ተካሊት መዓልቲ ኣበሳዊት ብጊሓት!
እዝስ ኣምላካዊ ሐዘን'ዩ፣መለኮታዊ ፍቕሪ ብኹሉ ሙሉ ተምሳሉ፣
ንዘፈትዎ ዝምንጭት፣ንዜፍቕሮ ዝወስድ ብሓይሊ ጭካነ ቐቲሉ!!

ዴዝዴሞና፦ *(ትባራበር)* ኣንታ መን ኢኻ? ኦቴሎ ዲኻ?

ኦቴሎ፦ እወ ኣነ ኦቴሎ'የ፣ ዴዝዴሞና!

ዴዝዴሞና፦ ንዓ እስከ ደቅስ፣ ንዓ'ስከ ግብስስ በል ብጎቦ ኹን፣

ኦቴሎ፦ ጸሎትዶ ጌርኪ ሎሚ ምሸት ዴዝዴሞና?

ዴዝዴሞና፦ እወ ጌረ ጎይታይ..... ኢሂ?

ኦቴሎ፦ ጸሎት'የ ዝበልኩኺ ዴዝዴሞና፣ተናስሒ! ኣምላኼ ፈጣሪየይ እናበልኪ፣
ዝበደልኪዮ በደል፣ዝኣበስኪዮ ኣበሳ፣ዝገበርኪዮ ሓጢኣት እንተለኪ፣
እንተድኣ ሓጢኣተኛን በደለኛን ኢዩ ኢልኪ ትግምትያ ኮነኪ ንነፍስኺ፣
ሰውረንን መሓረንን በልዮ፣ካብ መዓታት ከውለኒ ንፈጣሪኺ፣

ዴዝዴሞና፦ ኣታ ጎይታይ፣እንታይ ማለትካ ኢኻ?

ኦቴሎ፦ ንፈጣሪኺ ለምንዮ'ዩ ዝበልኩኺ፣ህድእ ኢልኪ ነዛ ነፍስኺ ሓኺኽኪ፣
ገለል ክብለልኪ'ዩ፣ኣይቐትላን'የ ነዛ ተናሲሓ ዘይተዳለወት መንፈስኪ፣
ፈጣሪ ባዕሉ ይስተረኒ፣ኣነ'ውን ነይቀትላ ነዛ ዘይነጽሀት ሕይወትኪ፣
ንስሓ ኣቲኺ..... ጽሎትኪ ከይገበርኪ!

ዴዝዴሞና፡- ኣረ ብዛዕባ ናይ ምንታይ ሞት ኢኻ ትዛረብ ዘሎኻ!

ኦቴሎ፡- ሞት'ምበር! ናይ ሞት ሞት ዴዝዴሞና፣
ሓመድ ድበዶ ጠፊኡኪ እቲ ንቡር ውርሻና?

ዴዝዴሞና፡- እፈልጥ እወ ክጽልን ክምህለልን'ዬ ምሕረት እንተገበረለይ፣

ኦቴሎ፡- ድንቂ! ኣሜን ይግበረልኪ! ይተሓደገኪ! ሕጉስ'ዬ ፈጣሪ እንተሰሚዑኪ!

ዴዝዴሞና፡- 'ምበአር ተስፋ ኣሎኒ ኣያኒ፣ኣይትቐትለንን ጨኪንካ፣

ኦቴሎ፡- እምምምም! ዶ!?

ዴዝዴሞና፡- እንተኾነ'ውን እፈርሓካ'ዬ ዘሎኹ፣እዋይ ኣነ እዛ ለይተይ፣
ትሕመስ ኣላ እዛ ልበይ፣ገለ ስቓይ ኣላ ኣብዛ ውሽጠይ፣
ግልሕጥሕጥ ኪብል ከሎ ኣዒንትኻ፣ደምካ ክቃያየር ከሎ ብናህሪ፣
እንታይ ከምዘሰንብደኒ እንድዕለይ፣ኣይገበርኩን'ኳ ግዕዙይ ሰሪ፣
ኣይበደልኩን፣ግን ኤንፈጥፍጥ ኣሎኹ ከም በዓልቲ ሕማቕ ግብሪ፣

ኦቴሎ፡- ሕሰቢ'ስከ ነፍስኺ ሐኺኽኪ! ገለ ዝገበርክያ እንተልያ፣

ዴዝዴሞና፡- ንዓኻ ዘላትኒ ፍቕሪ እንተኾይና'ምበር፣ካልእ ደኣ እንታይ፣

ኦቴሎ፡- ሕጂ ድንቂ! እታ መሞትኽስ ንሳ እንድኣላ፣ካልእዶ ኾይና፣

ዴዝዴሞና፡- እዚ ዘይንቡር ሞት'ዩ፣ዘይተለምደ ካብ ጥንቲ ካብ ብጊሐት፣
ስለ ዝፈቶኹ ንኽቐትል፣ስለ ዘፍቀርኩ ድማ ምማት፣
ወይለየኸይ! ንምንታይ ኢኻ ትርምጥጦ ከናፍርካ?
ገለ ደም ደም ዘብል ነገራት ኣሎ፣ዓህርን ረመጽን ዘልበሰካ፣
ሓርቀምቀም ዘብሎ ነዚ ኣስናንካ፣ዝሓቑኖ ዘሎ ንኣካላትካ፣
እዝስ ባህ ዘይብል ኩነታት'ዩ፣መከራ'ዩ ዝወረደ ካብ ላዕላይ፣
ግን ትምኒትን ተስፋን ኣሎኒ፣ጸሎት ወለደይ ከምዘይተሓደገኒ ንዓይ፣

ኦቴሎ፡- ኡሰሰሰ! ትም በሊ ዴዝዴሞና!.... ሱቕበሊ!

ዴዝዴሞና፡- ትም ክብል'ዬ! ሱቕ ክብል'ዬ! ቓልኳ ብጩቕ ነይትብለኒ!
እንታይ ከምዝኾንካ ግና፣በጃኻ ጎይታይ ምኽንያትካ ኣረድኣኒ?

ኦቴሎ፡- እታ መንዲል! እታ ዘፍቅራ መንዲለይ! እንተድኣ ደሊኺ ክትፈልጥያ!
እታ ንዓኺ ዝሃብኩኺ፣እታ ካባኺ ንቃስዮ ዝተበርከተት፣
ካብኡ ድማ ካብ ውሽማኺ ሓሊፋ ናብታ ፈታዊቱ ዝሰገረት!
ሰው'ንካ ኣበሉዋ ኣብዛ ቕድመይ ነታ ኣዚያ ፍልይቲ ዝኾነት መንዲለይ?

ዴዝዴሞና፡- እዋይ ሓሶት! እዛ ሓቀይ'ያ ዋሕሰይ! እንኮላይ እዛ ሂወተይ!
ብወረ ጸላእቲ ኣይትመራሕ እሾኽ ኮይና ትውግኣኒ ዓጽሚ ወላዲተይ፣
ሰብ ሰዲድካ ኣጸውዓዮ ኣብዛ ቅድሜኻ መስኪሩ ከቃልዓኒ፣
ቃስዮ ባዕሉ ሓቂ የውጽእ፣ብሓሶትን ብላቜባ ወረን ኣይትሐምሰኒ፣

ኦቴሎ፡- ተጠንቀቒ ዴዝዴሞና! ተገደስላ ንነፍስኺ፣ኣብዛ እዋን ሕልፈትኪ፣
ሓሶት ሕንዚ ሕሊናያ! ኣይትጠቕመኪን'ያ ኣብ ዓራት ጻዕረ-ሞትኪ፣

ዴዝዴሞና፡- ኣታ ክመውት ድዬ? ኣብ እዋን ሕልፈትኪ ዝበልካኒ?

ኦቴሎ፡- እወ! ኣብ ጊዜ ሞትኪ'ዬ ዝበልኩኺ!
ሕጂ! ሕጂ! ኣይምሕረኪን'ዬ! ፈጣሪ ኣይምሓረኒ እንተምሒረኪ፣

ዝኣበስኪዮ እንተልዩ ተናስሒ! ብንስሓ ተውሸሒዮ ተግባራትኪ፣
ይቕረ በለለይ በልዮ ንፈጣሪ፣ኣይትጸብጽባ ኃጢኣተይ እናበልኪ፣
ግን ብኽዕለት ኣዛራርባን ብብልሒ መልሓስን ዘይብሁል ነገር እንተበልኪ፣
ኣይቅሕምን'ዩ ኣብ ደመይ ዘሎ ረመፅ፣ኣይሓውን'ዩ ኣብ ልበይ ዘሎ ቑስሊ፣
ዝኾነ ኾይኑ ግና ክትሞቲ ኢኺ ዴዝዴሞና! ክትሞቲ ኢኺ ፍቕረይ!!
ባዕለይ ኣጽኒተ'የ፣ባዕለይ ዝደብያ፣ነዛ ምድራዊት ሂወተይ

ዴዝዴሞና፡- ኣምላኽ ይቕረ ይበለለይ፣ ካብ ጸበባታት ይሰውረኒ፡፡

ኦቴሎ፡- ኣሜን ከምዛ ትምኒትኪ ትኹነልኪ!

ዴዝዴሞና፡- ንስኻ'ውን መሓረኒ፣ንዓኻሲ ብጀካ ምሃብ እታ ጽርይቲ ፍቕረይ፣
ዝፈጸምኩዋ በደል የላን፣ክሳዕ እዛ ሕጂ ዘላ ሓጻር ዕምረይ፣
እንተ ብዛዕባ ቃስዮ'ሞ ሓሶት'ዩ፣ብጀካ ከምቲ ፈጣሪ ዝበሎን ዝኣዘዞን፣
ካብኡ ንንየው ሓሊፈ፣ብኻልእ ፍትወታዊ ጸይቂ ኣይቀረብኩዎን፣
ብነጺሕ ሕውነታዊ ፍቕሪ 'ምበር ብልቢ ርኽሰት ኣይበሃግኩዎን፣
ነታ መንዲልካ ድማ፣እንካኒ ኢለ ኣይሃብኩዎን፣

ኦቴሎ፡- ክሊ ግዳ! ወቓር! ኣብታ ኢዱ ርኤያ'ሎኹ'ታ መንዲለይ!!
ጠላም ስርኤል ቀትሪ! ኣሉ ክትብልኒ ነታ ዝርኤኹዋ በዛ ዓይነይ፣
ንኃጢኣትኪ ተጎልቢብኪያ ክትሞቲ? ከውሒ ጌርኪያ ነዛ ልበይ?
ክትመቲ ዲኺ መሓረኒ ከይበልኪዮ ንፈጣሪ? ዶ? ኣላትኪ ካልእ ሕልሚ?
ንዘይትተርፈኪ ሰንፈለል ኣይተብልኒ፣ምስቲ ውዱእ ውሳነይ ኣይትራጸሚ፣
'ምበር እታ መንዲለይሲ፣ኣብ ኢድ ቃስዮ ርኤያ'ሎኹ ኣቲ ቑጥሚ!

ዴዝዲሞና፡- በጋጣም ረኺቡዋ እንተኾይኑ'ምበር፣ኣነስ እምሕል እጥሕል!
እንካኒ ኢለ ኣይሃብኩዎን፣ካብዛ ኢደይ'ውን ኣይወሰዳን፣
በል ሕጂ ኣብዚኣ ንኽመጽእ ሰብ ለኣኽሉ፣
ኣብዛ ቅድሜና ሓቂ ኣውጺኡ ክምስክር ባዕሉ፣
ካብኡ ድላይካ ግብር፣ሽዑ'ውን ተርክበሉ እንተኣልዩካ ሰበብ፣

ኦቴሎ፡- ወይዘይፈለጠ! ተጠሊዑ መስኪሩ'ሎ፣ደጊምሲ የብሉን ዝልቀብ፣

ዴዝዴሞና፡- እንታይ ኢሉ? ከመይ ከመይ ኢሉ?.

ኦቴሎ፡- ንኢያጎ ነጊሩዎ'ሎ እናሰማዕኩ ምሒሉ፣ከምዝተጠቐመላ ባዕሉ፣
ኣብዛ ቅድሚ ዓይነይ ነታ መንዲለይ ካብ ፈታዊቱ ተቐቢሉ፣
ኣጋማጢሉ ርእዩ'ዩ ዝሃባ ንዓዓ ኣምሲልኪ ጥለፍለይ ኢሉ!

ዴዝዴሞና፡- ብኸመይ? ብጸይቂ? ብብዕልግና?

ኦቴሎ፡- ብጸይቂ እንተበሉኺ ኸ! ብስዲ ብዕልግና!!

ዴዝዴሞና፡- ፈጺሙ ኣይብልን'ዩ! ዘይሽመይ'ውን ኣይህበንን!!

ኦቴሎ፡- በለን ኣይበለን እንታይ ክዓብስልኪ፣ሕጂሲ እታ ጸሓዩ ዓሪባ ኣላ፣
እታ መልሓሱን ጐሮሮኡን፣በቲ ኮርዒዳ ኢያጎ ተሓቲማ'ላ፣
ደጊምሲ ኣይትንፍስን ኣይፍክርን፣ ኣይልፍልፍን'ዩ ኣኺላቶ'ላ፣

ዴዝዴሞና፡- እዋይ! ኣታ ዘይሰምዖ የብለይኒ! ሞይቱ ድዩ?

ኦቴሎ፡- እወ ጋሕ ኢሉ!! ዕምሩ ተበቲኻ ከም ቆጽሊ ሓጋይ ቀምሲሉ!!
እተን ኩለን ነፍስ-ወከፍ ጨጉሪ ርእሱ እንተዝህልወን ጸጋ ሂወት፣
ሐነይ ንምፍዳይ ኣይኣኽላንን፣ሰትየ'ውን ኣይረክብን ካብቲ ደሙ ርውየት፣

ዴዝዴሞና፡- ግፍዒ'ዩ! ኦቴሎ! ኣይገበሮን ኣይወዓሎን ንሱ!
መንገዲ ሰማይ ዓጽያ ኣይተሕልፈካን'ያ እታ ነፍሱ!

ኦቴሎ፡- ኤደድ! ደፋር ሽርሙጣ! ኣብ ቅድመይ ድማ ክትነብዕሉ?!!

ዴዝዴሞና፡- ፎእ ነፍስኺ፣ ፎእ መፈጥርኪ ኢልካ ስጎጎኒ!! ኣይትቕተለኒ!
ሽምካ ብደም ጓል ኣነስተይቲ ከይትብለል! ካብዛ ጥቓኻ ኣርሕቐኒ!!

ኦቴሎ፡- ኣኽለኪ! ኣይትመላሓስኒ! ዓጣሪት ሕዛእቲ ግኒ!!

ዴዝዴሞና፡- ጽባሕ ቕተለኒ፣ንሎሚ ለይቲ ጥራሕ ምሓረኒ!

ኦቴሎ፡- ዋእ! ዋይዛ!!

ዴዝዴሞና፡- ፍርቂ ሰዓት'ኳ ኣይትኸልኣኒ!

ኦቴሎ፡- መን ከጫንወኪ! ፍርቂ ደቂቕ'ኳ ናይ ምንትኒ!

ዴዝዴሞና፡- ነታ ንጸሎት ዝበልካኒኳ.... ኣይትብቀቐኒ!

ኦቴሎ፡- ያላ! ብዕልግቲ ከልቢ-- ኣፍኪ ኣክቢ!
ኡ-ፍ! ኣቲ መብራህቲ ተገሰሚ! ኡፍ! ኣቲ መብራህቲ ተደርገሚ! *(ይሓንቃ)*

ዴዝዴሞና፡- ንን ንንጸሎት'ኳ ጊዜ ሃበኒ!...

ኦቴሎ፡- ኡ...ፍ! ኣቲ መብራህቲ ተገሰሚ! ኡፍ! ኣቲ መብራህቲ ተጨልገሚ! *(ይዓብጣ)*

ኤሚልያ፡- *(ካብ ደገ)* ጎይታይ! ጎይታይ! ኣቱም ጎይታይ!

ኦቴሎ፡- ናይ ምንታይ ድሃይ'ዩ? ኣላ ማለት ድዩ ክሳዕ ሕጂ ብሂወት?
ዶ ምኺኑ'ዩ እዚ ድምጺ'ዚ፣ደሃይ መልኣከ ሞት?!
ጨካንኳ እንተኾንኩ፣ ሕጂ'ውን በቕዒቕዒ'ዬ እንተተዓረፈንኩ'ኳ ብጓሂታት፣
በሂወት ግን ክርእያ ኣይደልን'የ፣ምስ'ዚ ከምዚ ዝኣመሰለ ቃንዛታት፣
ስለዚ፣.... ኣነሲ ኣይጭክንን'ዬ፣ከናግፈኪ'የ ካብ ስቅያት፣

ኤሚልያ፡- *(ካብ ደገ)* ጎይታይ! እምበይተይ! ጎይታይ!

ኦቴሎ፡- ኣታ እንታይ'ዩ እዚ?

ኤሚልያ፡- *(ካብ ደገ)* ጎይታይ ኣነ'የ! ሓንሳእ'ንዶ ግዳ ቐልጥፉኒ?
ንዓኹም እትንገር ዓባይ ምስጢር ኣላትኒ!

ኦቴሎ፡- እዚኣሲ ኤሚልያ'ያ ...ዓባይ ምስጢር ትብል ኣላ!
እንተእዚኣ ሞይታ'ያ! እቲኣ ኸኣ ንሞት ቃሰዮ ያኢ ምስጢር ኢላ፣
ዝንገርያ ጠፈኡሲ፣ከተርድኣኒ ተሓንጢያ ኣላ፣
ነዛ ናይ ዴዝዴሞናኸ? ኣይሰምዔት? ኣይርኣየት? ኣይነበረት?
ደሃይ ጭንቂ ኔሩ! ድምጺ ሓዘናት! ሽብሩል ኣበሳ ናይ ስቅያት
ኣበላ ሕጂ? የላን ሕጂ? ተዛዚማ'ያ እታ ኩላ ነገር ብህድኣት፣
ከም መካነ መቓብር ጸጥ ኢላ ኣላ፣ከም ኣዕጽምቲ ምውታት፣
ክትኣቱዶ ክፈቅደላ? ናይ ደሓንዶ ይኸውን እንተዝኸፍተላ?
ደጊምሲ ኣዱንያ ተጸንቀቐት! የብላን'ውን ለምለም ሰውሒታት፣
ክኸፍተላዶ? ናበይ ኣትዩ ኢላ ፈቐድኡ ከይሓውተተት?

እንተኣትያ ፍሉጥ'ዩ፣ከትዛረብ ከምእትደሊ ምስ በዓልቲ እንዳይ! ጊስ!
በዓልቲ-እንዳይ? ኣበይ ዝነበረት'ያ? ሰበይቲ ዝብሉዋ ነብለይ!! ኣቤት
ስቓይ! ጭንቂ! መከራ! ዘይስፍሰፍ ሰኸም ኣበሳ!
እዋይ ሰዓታት ወሪድ! ሰዓታተ ፍዳ! ረዚን ከም ጾር ሬሳ!
የሎን ድዩ ብርሃናት! ወይ ከኣ ገሃነማዊ ጸልማት?
እዚ ጊዜ ይመስለኒ'ሎ ጸሓይ ብድነ ወርሒ ዝተኸወለት፣
ገለ ዘይእዱን ነገራት ኣጓኒፋዋ፣ተቐያዩራ ሕልም ዝበለት፣
ካብቲ ዝጸንሓቶ ኩነታት'ውን ኣዳሕሊላ ዝተሓንበበት፣
እዛ ዓለም እዚኣ'ውን ብፍርሒ ርዒዳ፣መሕብኢ ዝሰኣነት!!

ኤሚልያ፦ *(ካብ ደገ)* ጎይታይ! ኣቱም ጎይታይ! በጃኹም'ባ ኣቱም ጎይታይ!! ሓንሳእ'ንዶ
ከፈቱለይ፣ ክትሰምዑዋ ነዛ ብመከራ ዝተዓብለለት ምስጢረይ፣

ኦቴሎ፦ እዋይ ኣታ ኣነሲ! ረሲዔኪ'ባ'ዬ.... ሓንሳእ'ሞ ጽንሒ ኣይትሓውኽኒ፣
ነዚ መጋረጃ ክቐልዖ'ሞ፣ንስኺውን ዝረበጸትኪ ክትነግርኒ፣
ንዒ እተዊ ኣበይ'ሎኺ? ንዒ'ስከ ንገርኒ? *(ኤ/ትእቱ)*

ኤሚልያ፦ ኣታ ጎይታይ! ኣብቲ ማዕዶ ሰብ ተቐቲሉ! ሰብ ሞይቱ!

ኦቴሎ፦ መኣስ ኣቲ?.......ሕጂ?

ኤሚልያ፦ እወ ሕጂ! ኣብቲ ማዕዶ'ዩ ጎይታይ፣ኣቤት ኣታ ፈጣሪ! ኣቤት!

ኦቴሎ፦ ጌጋ ናይ'ዛ ወርሒ'ዩ፣ብዘይተኣደነ ልኽፍቲ ንምድሪ ገጻ እናቐረበት፣
ካብቲ ግቡኣ ሓሊፉ፣ኣመና እናተጸግዔት፣
ሰብ ወድኣት! ሰብ ለከመት! ዘይግቡር ጌራ እናዕበደት!

ኤሚልያ፦ እቲ ቃስዮ፣ነቲ ሮድሪጎ ዝበሃል ቬኒስያዊ ቐቲሉዎ!

ኦቴሎ፦ እንታይ? ሮድሪጎ ሞይቱ፣ቃስዮ ተደጊሙ ዲኺ ዝበልኪ?

ኤሚልያ፦ ኣይከምኡን! ቃስዮ ኣይሞተን፣ ንሱ'ዩ ንሮድሪጎ ዝቐተሎ።

ኦቴሎ፦ ቃስዮ ኣይሞተን? እሞ ፈጣሪ ተጋግዩ! ሞት ኣብዘይመውዓሊኣ ውዒላ፣
ደም'ውን ነቲ መውሓዚኣ ገግያ፣ናብ ካልእ ገጻ ፈሲሳ ኣላ፣
እታ መጸጽ ሕነ እናመረረት፣ስሚ ኣብ ልዕሊ ስሚ ኮይና ኣላ።

ዴዝዴሞና፦ ግፍዒ'ዩ!....ግፍዒ'ዩ? እዚ ብውዲት ሓሶት ዝተገብረ ቕትላ፣

ኤሚልያ፦ ናይ ምንታይ ብኽያትን ኣውያትን'ዩ ኣብዚ ገዛ?

ኦቴሎ፦ እንታይ ኣውያቱ ኤሚልያ?..... ኣየናይ?

ኤሚልያ፦ እስከ ተኣለ! እዛ ደሃይ---ደሃይ'ምበይተይ'ያ! *(ናብቲ ዓራት ትኸይድ)*
ኣውያት ናይ ዴዝዴሞና! ኡ-ይ! ኡ-ይ! ኡ-ይ!
ዴዝዴሞና ሓብተይ! ዴዝዴሞና ሸኮረይ! ዴዝዴሞና መዓረይ!

ዴዝዴሞና፦ ምስታ ቅንዕናይን ግርህናይን! እኔኹ እመውት! እኔኹሞይተ!

ኤሚልያ፦ መን'ዩ ቐታሊኺ? መን'ዩ ነዚ ግብሪ'ዚ ገባራይ?
እዋይ'ምበይተይ! እዋይ ሓብተይ! እዋይ ተካሊት መዓልቲ!

ዴዝዴሞና፦ ቐታሊ የብለይኒ! ኣነ ባዕለይ'ዩ፣ኣነ ብገዛእ ርእሰይ!
ደሓን ኩኒ ኤሚልያ! ሰላም በልዮ ንጎይታይ! ንኦቴሎ ሰላም በልለይ! *(ትመወት)*

ኦቴሎ፡- ንምንታይ? ነዚኣኺ መን'ዩ ቐታሊኣ?

ኤሚልያ፡- እንታይ'ሞ ፈሊጠ ኢልካኒ! መን'ሞ ፈሊጡላ?

ኦቴሎ፡- ባዕለይ'ዩ ክትብል ከላ ኣይሰማዕኪያን? ኣነ'ሞ ኣይቀተልኩዋን፣

ኤሚልያ፡- እወ ከምኡሲ ኢላ ኣላ፣ግን እቲ ሓቂ ክፈልጦ ኣሎኒ ካብቲ ቓላ፣

ኦቴሎ፡- ዋይዛ ሓሳዊት! ገሃነም ትውሓጣ ገሃነም! ቦግ ኣቢላ'ባ ሓሰወት፣
ብቐደማ'ውን ሓሲያ ኔራ፣እና ኸኣ ከምኣ ኢላ ሞተት!
ኣነ ባዕለይ'ዩ ቐቲለያ፣በዛ ኢደይ'ያ ትንፋሳ ዝሓለፈት

ኤሚልያ፡- ንሳሲ መልኣኽ'ያ! ቅንዕቲ'ያ! ናይ ፈጣሪኣ'ያ ዴዝዴሞና!! ቀርሱስ
ዘይመባልዕታ ንስኻ ኢኻ! ጠቃር! ጬካን ሰይጣና!!

ኦቴሎ፡- መንከ'ዩ ዓገበኛን በደለኛን? ኣይንሳእንዲያ ፈላሚታ ንምንዝርና?

ኤሚልያ፡- ጊስ! ኣይተካፍኣዮ ሽማ! ክንድ'ቲ ክትፈትወካን ክትኣምነካን ከላ፣
ኣታ ርጉም! ከም ኣራዊት ዓሚጺጽካን ቀቲልካን ኣመንዝራ ክትብላ?

ኦቴሎ፡- ሓሳዊትን ከንቱን'ያ! ልባ'ውን ልቢ ጠላም!

ኤሚልያ፡- ጠላምን ሓሳዊንሲ ንስኻ ኢኻ! ንሳ ግን ኣበር ዘይብላ ናይ ፈጣሪኣ'ያ!
ሓመድ ጸሊም ብላዕ! ከንቱ ድማ ክትብላ? ንጽህትን እምንትን ከላ?

ኦቴሎ፡- ንቃስዮ'ምበር መዓስ ንዓይ ኮይኑ ተኣማኒነታ፤
ካብ ዝሙት ንላዕሊ እንታይ ክትውስኽኢላ?
ምስኡ'ምበር ምሳይ ደኣ እንታይ ዘራኽብ ኣለዋ?
ኪዲ ንሰብኣይኪ ሕተቲዮ እታ ኹላ ተሐቢኣ ዝገበረታ ምስኡ'ላ፣
ትሕቲ ኹሉ ኣብ ዓዘቕቲ ሲኦል ከምዘሎኹ ንሱጥራሕ'ዩ ፈሊጡለይ?
እንተንሸሙ'ሞ ኣሎኹ፣ኣብዛ ምድሪ እዚኣ ተገኒዘ ብደወይ!
ግብራሲ መዳርግቲ የብሉን፣ብዛዕባ መከራይሲ ሰብኣይኪ'ዩ ዝፈልጠለይ!

ኤሚልያ፡- ሰብኣይኪ?!

ኦቴሎ፡- እወ ሰብኣይኪ!

ኤሚልያ፡- እሞ ምስ ካልእ ሰብ ትብዕልግ ኣላ ኢሉካ ደዩ?

ኦቴሎ፡- ጥዕይቲ ዲያ?! እወ! ምስ ቃስዮ'ያ ዝዓጠረት፣ምስኡ'ያ ዝሸርሞጠት!
ዘይውሩድ ወሪዱኒ'ምበር....ኣነ ደኣ ተውሳኺይ፣
ፈጣሪ ካልእ ልምዕትን ልምልምትን ዓለም'ኳ እንተዘበርከተለይ ንበይነይ፣ ኮኾብ
ካብ ሰማይ እንተዝስንድወለይ፣ ንጸሓይ'ውን እንተዘውፍየለይ፣ ብሂወት
ዴዝዴሞናሲ ኣምበይምቐየርኩዋን፣ ካብኣ'ውን ዝበልጽ ኔብለይ፣

ኤሚልያ፡- እኮ ኢያጎ ሰብኣየይ?!

ኦቴሎ፡- ጸሚምኪ ዲኺ? እወ ኢያጎ ሰብኣይኪ! ንሱ'ዩ በብሓንቲ ዝነገረኒ ፈለማ!
ናቱ ጥራሕ'ዩ ቅዱስ ቃል፣ዝሳማማዕ ምስዚ ናተይ ቁኑዕ ዒላማ፣
ገርሂ'ዩ! ሓሶት ወዲ ሓሶት ዘይፈቱ ብፍጥረቱ፣
ኣንጻር ብዕልግናን ሕልካሰን'ዩ፣ንርኹሰት ዝነጽግ ምስ ግብርታቱ

ኤሚልያ፡- እኮ ኢያጎ ሰብኣየይ?!

ኦቴሎ፡- ኣነ ኦቴሎ ኣነ! እምበርዶ ጥዕይቲ'ያ እዛ ሰበይቲ!! እወ ኢያጎ ሰብኣይኪ!!
ንዘረባዶ ካልእ መቃምምቲ ኣለዎ'ዩ? እወ ኢያጎ በዓል ቤትኪ!!

ኤሚልያ፡- እዋይ'ምበይተይ! ብዕልግና ብፍቕሪ ተላግጽ ኣላ!!
እሞ ሰብኣየይሲ ንዴዝዴሞና ትሸርሙጥ ኣላ ክብላ?

ኦቴሎ፡- ተምጽኦ'ለዋ እዛ ማእምን! ኣይስቆረኪን ድዩ ዘረባይ?
እወ ንሱ! ዓርከይ! ሰብኣይኪ!
ዶ? ኣዛራርባይ'ዩ ዘይርድኣኪ፣ብጀከኡ ጥቅዊ ሰብ የብለይን'ዩ ዝብለኪ፣

ኤሚልያ፡- እንተድኣ ነዛ ነውራም ሓሶት ነጊሩካ፣ነታ ነፍሱ ተካል ፍጥረት ትምተራ!
ወትሪ-መዓልቲ ተዓምጭቃ! ከም ሓርከምን-ከም ዕንጨይትን ትሓርሕራ!
እቲ ምታራ ምስበድበደ፣ቐርናዕ ጨናዊት ትግበራ
ፍሕሶ ሐሶት ፍሒሱ ብምዝራቡ ነቲ ኹሉ ዘይግብራ
ነዚ ጨካን ኩለንተናኻን ከንቱ ፍቕርኻን፣ከም እዝጊ ኣሚናቶ ኸላ፣
ዴዝዴሞና ሞተት---! ብሰሪ ሓደ መጣቐሲ ጠንቃም ተቐቲላ፣

ኦቴሎ፡- ክሊ-ኽሊ! ዘረባ ቐይሪ!

ኤሚልያ፡- በል ሃየ እኔኹልካ! በዚ ጭካኔኻ ቃሕ ዝበለካ ግበር፣
እኖ ኣኼስ ምኳንካ ተቓሊዑ፣ከምዘይብልካ'ውን ቅንጣብ ቁም ነገር፣
ነታ ናትካ ዘየርባሕካያስ፣እንታይ ክትዓብሰሉ ኢኻ ንእግዚሔር!?

ኦቴሎ፡- ትምበሊ!.... ሱቕ ሰሊ! ሰይጣን ተሓንጊሩኪ'ሎ ነገር ኣይትጻሕትሪ!

ኤሚልያ፡- እምብለይ! ዕጭለይ! ንዓይ'ውን ዕረፍተይ'ዩ እንተዝጋላገል፣
እንካብ ምሳኻ ደው ኢለ በዚ ጋዕጋዕ ግብርኻ ዝቃጸል!
መኣስ ፋይዳ ኣልዩዎ ሞተይ? ኣሰና'ዩ! ወዮ ንዓኻ ምስ ነፍስኻ እትድኅል፣
ሃሳስ! ዳንደ! ልኹፍ ኢኻ! ምሳኻሲ ናብራ ዝብሉዋ ኣይትረኽብ!!
ገልዳም ኢኻ! ውሉድ ኣሎኒ ዶኹን ይብል ንዓኻ ዝወለደ ሰብ?
ድንብርጽ ኣይብልን'የ! ኣይፈርሓካን'ዩ! ነቲ ዝማእማኣካ ግብሮ!!
ክንድታ መኹሰይ ነይቆጽራ! ነዛ ናትካ በላሕ ጐራደ! ዳርጋ ጭኺሮ!
ከምቲ ንዴዝዴሞና ዝቐተልካያ፣በል ሃየ በለኒ! በልሃየ ቕተለኒ!
እንተዘየሎ ኡይ ክብል'የ! ኣይግድሸንን'ዩ፣ዕስራ ትንፋሳትኳ እንተዝህልዋኒ!
በል ሃየ እኔኹ ቕተለኒ! እንተዘየሎ ብኣውያት ከናውጻ'የ ነዛ ምድረ ሰማይ፣
ነዛ ጉድካ ከቃልዓ'የ! ሃየ'ንዶ ስረ ተዓጠቕ ከም ደፋር ምዑት ሰብኣይ?!
(ተእዊ) ኡይ!ኡይ! 'ምበይተይ ሞይታ!' ምበይተይ ሞይታ!

(ሞንታ/ግራ/ ኢያጎ/ ይኣትው)

ሞንታኖ፡- እንታይ'ዩ እዚ ኹሉ ኣውያት? ኣይደሓንን ዲኹም?

ኤሚልያ፡- ካበይ ዝመጸ ደሓን!? ዴዝዴሞና ሞይታ፣እታ ጥዕምቲ! እታ ሓላል!!
እንቋዓኒ መጻእካ ኢያጎ! እዚ ርጉም ሸይጣን እትብሉዎ ኦቴሎ፣ ሰብ
ዝቐተልኩን ሕይወት ዘጥፋእኩን፣ኢያጎ ነጊሩኒ'ዩ ይብል ኣሎ!
ብጭካነ ቃሕ ዝበሎም እናገበሩ ነገር ናብኻ ይለግብ ኣሎ፣

ግራሸያኖ፡- ኣቲ እንታይ ኢኺ ትብሊ? ከመይ ከመይ'ዩ እዚ ዘረባኺ?

ኤሚልያ፡- ዘረባይሲ ዘረባ'ያ ዋይ ኣነ ዘይረኽቦ! ሱቕ ዲኻ ትብለኒ ኣታ ኢያጎ?
ነዚ ሳጥናኤል'ንዶ ኣዋርዶ! ሓስዩ እናበለካ ካብኡ'የ ሰሚዔዮ፣
ሰበይቱ ምስ ካልእ ከምዝባዕለገት፣ንስኻ ያኢ ነጊርካዮ?!

ኣዋሪድካ'ንዶ ኣቃልዓዮ! ምስዛ ፈኳስ ሐሶቱ'ንዶ ነዛ ልቡ ኣሸልብባ!
ኣሰኒ'ንዶ ኣብለኒ! ካባኻሲ ኣይትወጽእን'ያ እዛ በድባድ ሕማቕ ዘረባ፣

ኢያጎ፡- እወ ኢለዮ ኣሎኹ! ነቲ ዝሓሰብኩዎን፣ነቲ ንዓይ'ውን ዝመሰለኒ፣
ንሱሲ ባዕሉ ይፈልጥ እንድዩ፣ኣነኸ ዝሕሱ እንታይ መጺኡኒ?

ኤሚልያ፡- እሞ ምስ ካልእ ሰብ ክትብዕልግ ከላ ርኢያ ኣሎኹ ኢልካዮ ዲኻ?

ኢያጎ፡- እወ ኢለዮ! እወ ነጊረዮ!

ኤሚልያ፡- ካን? ኣታ ሓሳዊ! ሓሳዊ ወሓሳዊ! ኣታ መጸለሚ በትኻር!
ድሁል ወደሁል! ስርኤል መሮር! ትመንቁስካ'ባ ገለ መንጸሮር
እዋይ ክንድዚ ቅጥፊ! ምስ ቃስዮ ባዕሊጋላ ኢልካ ምንጋር!

ኢያጎ፡- እወ ናይ ቃስዮ'ያ! ናይ ምንትኒ'ዬ ዝሕሱ? ኣቲ የርያር!
ኪዲ ውጺ ኣፍኪ ሐዝኪ፣ነገር እናጸሕተርኪ መከራ ኣይትጓርቲ
ኣብ ዘይምልከተኪ ውጠምጠም ኣይትብሊ ትሕሸኪ ኣቲ ሰበይቲ!!

ኤሚልያ፡- ከመይ ለይትኻ ትቀለጥ! እምብለይ! ዕጭ ዘበጥኩ!
መዓስ ኣፈይ ከምዚ ኣፍካ ጨንዩ? ክዛረብ'የ ዝተፈጠርኩ፣
ኣፍኪ ሓዚ ክትብለኒ?! ግርም'ባ! ዘይዝረብ ተዛሪብካ ሰቕ በሉ ፣
ሃታፍ! በትኪ! በዛ ሰርኻ'ባ ሰብኣይን ሰበይትን ተቓተሉ!
ንስኻ'ንካ ኢኻ ሸይጣናም! ኣብ ምድሪ-ቤቶም ግኒ ደው ኣቢሎም!

ኩሎም፡- እዋይ ጸላኢና!! ኣታ እንታይ ግዲ'ዩ ወሪዱና?

ኤሚልያ፡- 'ምበእረይ ብሰርኻን ብሰንክኻን'ያ፣ ዝተቐትለት ዴዝዴሞና!

ኦቴሎ፡- ጎይተተይ ከይትዕሸው፣ ኩለን ርግጽ ኢየን እተን ዝፈለጥኩዎን ፣

ግራሽያኖ፡- ርግጽ እንተኾነሲ፣ኣመና'ንዶ ከፊኡ እቲ ዝወረደ መዓታት!
ሞንታኖ እዝስ ዘሰከሕ'ዩ መግለጺ ዘይርከቦ መከራታት፣

ኤሚልያ፡- ግብሪ እከይ! ስራሕ ሰይጣን! ኣታ በዓለገ! መጣምዒ! ዓዋን፣
እዚ ግፍዒ'ዩ፣ ፈሊጠያ ኣሎኹ እታ ተንኮልካን ሥራሕካን!!
ልኹፍ! ንርእሰይዶ ክቐትላ ብሓዘንን ብጣዕሳን?
እዋይ! ኤህ! ኤህ! ኤህ! ኣታ ተካል መሽጎራጉር ሰይጣን!!

ኢያጎ፡- ኣታ ክትጽለል'ያ እዛ ገስረጥ! ኪዲ ውጺ! ዕብዲ!!

ኤሚልያ፡- ስምዑኒ ክቡራን መኳንንቲ፣ስምዑኒ! ስምዑኒ!
ነታ ሓሶት ከቃልዓ ከሎኹ፣ኣፈይ ከይትዓብሱኒ
ከዕምጸጽ ከሎኹ ኣይትጨክኑ፣ንስኻ'ውን ሰብኣየይ ምዃንካ ነይጠፍኣኒ፣
ግቡኣይ እኳ እንተኾነ ክእዘዝካ፣ከምታ ናይ ቀደመይሲ ኣይገብርኒ፣
ዝመጸ እተመጸ ዕጭለይ! ንገዛይ'ውን ኣይከይድን!
ሓቂ ክትጠፍእ ከላ፣ሓደ ነገር ኣሎ ጸላዕላዕ ዘብለኒ!

ኦቴሎ፡- ኦ!ኦ!ኦ! እምም! *(ኣብቲ ዓራት ይወድቕ)*

ኤሚልያ፡- ኤህ! ተመንቆስ! ቐቲልካያሲ፣ዓዕ ትብል ኣሎኻ ድማ፣
ናይታ ጥዕምትን ሕያወይትን፣ብከንቱ ኣይተርፍን'ዩ እዚ ደማ!
ነታ ቋሕ ኢላ ሰብ ዘይትጥምት፣በዛ ኣረሚን ኢድካ ከምዚ ክትገብራ?

ኦቴሎ፡- *(እናተስኤ)* ኣመና ባዕሊጋ ስለዝነበረት፣ እዚ'ዩ ዋግኡ ንጽዩቕ ግብራ

እንካኒ ዳል ሓውካ ተቐበለኒ፣ሓወ'ቦኣ እንዲኻ ዘይተልዕላ?
ትንፋሳ በዛ ኢደይ ተዓፊና፣ሂወታ በዛ ኢደይ ጠፊኣ ኣላ!!
እዚ ከም ዘሰካሕክሕ እፈልጥ'ዬ፣ከምኡ ድማ ጭከና፣
ሰርቢ-መከራን ሐዘንን'ዩ፣ ንዘመድን ንስድራ ቤት ወለደይና!!

ግራሽያኖ፡- ምስኪነይቲ ዴዝዴሞና! እንታይ ዕድሉኾን'ዩ እንታይ ለይቱ?
ኣነሲ ብዘይመጠን ሕጉስ ኢየ፣እቲ ብሩኽ ወላዲኺ ብምማቱ፣
ባእሰም ብኩነታቱ ሀገር መናወጸ ንደቅ ሰብ መርዓደ እቲ ትርኢቱ፣
ተኸኽ ኢሉ'ዩ ብሕርቕርቕት ዝሞተ፣ኣዕጫው መሲሉ ኣካላቱ፣
በዚ መቕዘፍቲ ምዓበደ፣ሾቐቕ መበላ ነታ ትንፋሱ ባዕሉ፣
ምድሪ ዓሪባታ ምስረኣያ ነዛ እንኮ ብሌን ዓይኑ ዝኾነት ጓሉ፣
ንዓዓን ንርእሱን ጕዲኡ፤ነዚ ተሰጢሑ ዘሎ ሬሳኣ ረጊሙ፣
ምሞተ ኔሩ፡፡ ግን፣ ንሲኦል ወሪዱ'ሎ፣ኣብኡ ይጽባያ'ሎ ኣቐዲሙ፣

ኦቴሎ፡- ነገራቱ ዘጕሂ'ዩ፣ግን ኢያጎ'ዩ ዝፈልጦ ነቲ ኹሉ ንሳ ዝፈጸመቶ፣
ነቲ ምስ ቃስዮ ዝገበረቶ፣ነቲ ኹሉ ኣሳፋሓ ዝባዕለገቶ፣
ቃስዮ ባዕሉ ተናዚዙ መስኪሩ'ሎ፣ነቲ ምስኡ ዝፈጸመቶ፣
ሕጉስ ኢላ ሃበቶ'ምበር፣ነቲ ፍቕሩን ፍቕራን ገለጸትሉ፣
ተጃህረ ከሳብ ዝኣኸሎ፣ነታ መዘከርታይ ዓኹሊሉ፣
ርኤያ ኣሎኹ በዛ ዓይነይ፣ነታ ክብርቲ ዝኾነት መንዲለይ፣
ነታ ዜፍቅራን ዝፈትዋን፣ህያብ ኣቦይ፣ መዘከርታ ናይ ኣደይ!!

ኤሚልያ፡- እዋይ ኣነ! ኣታ ኣምላኽ! እዋይ ኣታ ፈጣሪ!
ኣቤት መላእክተ ሰማይ! እውይ ዝግበር ዘሎ ግብሪ ኣብዛ ምድሪ!!

ኢያጎ፡- ሱቕ በሊ ኣቲ ሰበይቲ! ከርከባታት ኣይትጻሕትሪ!

ኤሚልያ፡- እዋይ ሱቕ በሊ'ባ ኢሉኒ? ዕጭሓንፈፍኩ! እምብለይ!
ከዛረብ'ዬ! ሌፍ ክብል'ዬ! ክልፍልፍ'ዬ ከም ድላየይ!!
ደቂ ሰብ! ኣጋንንቲ ሩባታት፣ስርኤላት ሰማይ፣
ዓገብ'ኳ እንተዝብሉኒ ተኣኪቦም፣እንተዝዕፍኑዋ ኩለንተናይ፣
ዝመጸ እንተመጸ ኣየቋርጸን'የ ነዛ ጀሚረያ ዘሎኹ ዘረባይ!

ኢያጎ፡- ግደፊ ኣቲ ሰበይቲ! ከይተዋረድኪ እንተትወጺ ትሕሽኪ!

ኤሚልያ፡- ዕጭለይ! እምብለይ! ኣይወጽእን! *(ኢያጎ ብሴፍ ክወግኣ ይማጣጠር)*

ግራሽያኖ፡- ጊስ! ነውሪ!----ሴፍካ ክትምስት ንዓል ኣነስተይቲ?

ኤሚልያ፡- ስማዕ ኣታ ሃማም!..... ኣታ ልኹፍ!
እዛ ተዛርበካ ዘላ መንዲል ተብለካ ዘላ ሃተፍተፍ፣
ኣነ'ዬ ምስጢራ ዝፈልጦ፣ብከንቱ'ዩ እዚ ናትካ ቀጠፍጠፍ፣
ንሳሲ ተውሳኺታ! እቲ ልማኖኡ ኩርኳሕ እምኒ ምስ ኮነትኒ፣
ለይትን መዓልትን ብስረቕለይ መእተዊ መውጽኢ ምስ ከልኣኒ፣
ወዲቓ ምስረኽብኩዋ ኣነ'የ ንኢያጎ ዝሃብኩዎ፤ኣይንሳኒ፣
ንቃስዮ ሂባቶ? እዋይ ቅለት! ዘይትሰምዖ የብላን እዛ እዝኒ፣

ኢያጎ፡- ኣነዶ! ዋይ'ዛ ሳሕሳሕ ሽርሙጣ! ኣይመዓልትኽን ኢያ እዛ መዓልቲ!

ኤሚልያ፡- 'ሞ ንቃስዮ ሂባቶ ክትብል? ኣነባዕለይ'የ ወዲቓ ምስረኽብኩዋ፣
ናብዝን ናብትን ከይበልኩ፣ኣብዛ ኢድካ ዘቐመጥኩዋ፣
እዋይ ነጎዳ ሓሶት! እዋይ ቅርስስቲ ዕጫ!

ኢያጎ፡- ኣቲ ሓሳዊት! መላኽዒት!

ኤሚልያ፡- ኣንታ ዶሮን ዶሮን ኣይትበል-ከም ቀጠፍቲ!
ከምዘይሓሶኹ ፈጣሪ ይፈልጥ! ከይትኣምንዎ ከቡራን መኳንንቲ፣
ኣታ ዓንጃል ሆኔ! ሓመድ ድኣ ንስኻሲ! ኣታ ከብቲ!
ንኸምዚ ከማኻ ዓዋን ኣይትግባእን'ያ እዛ ገርሂ ኩለንተንኣ ቅንዕቲ፣

ኦቴሎ፡- የሎን ደኾን ይኸውን ገለ ፍላጻ? ኣብዚ ህዋህው ሰማይ፣
በርቂ ዘለዋ ነጐድጓድ፣ እትቐትሎ ነዚ ኣኼስ በዓለገ ሰብኣይ!
ነበልባላዊ እያድ ደኣ ኣበሎ? ኣይረኣየንን ዲዩ ንዓይ?
ኣዮ!ወዮ! እንተድኣ በርቂ ዘይተረኽበ ፋሕ ብትን ዜብለካ!
ኣነ'የ ዝትርብዓካ! ኣነ'የ ዝፍግጸካ!!
ኣታ ረሳሕ በዓለገ! ...ንዓ ደኣ ከየምለጥካ!!
(ኦቴሎ ናብ ኢያጎ ይሕንደድ፣ ኢያጎ ብድሕሪት ንኤሚ/ወጊኡዋ ይወጽእ)

ግራሽያኖ፡- እዛ ሰብ እዚኣ ወደቐት፣እዋይ! ነዛ በዓልቲ ቤቱ ቐቲሉዋ!

ኤሚልያ፡- ዋይ ኣነ ተባላሸየ! ዋይ ኣነ ቐቲሉኒ!
ሕድርኹም ኣብዛ ጥቓ'ምበይተይ፣ኣብ ጐኒ ዴዝዴሞና ኣጸግዑኒ *(ትመውት)*

ግራሽያኖ፡- ንሱ ሃጽ ኢሉ ሃዲሙ! እዛ ሰበይቱ ኸኣ ሞይታ!

ሞንታኖ፡- ፍሉጥ ስዲ በዓለገ ኢዩ፣በል ሃየ! ነዚ ዕጥቂ ተዓጢቕካ፣
ነዚ ሓርፋፍ እዚ ሓልዎ ድንዕ ከይብል ተጠንቂቕካ ፣
ካብዛ ቦታ ስድሪ ነቕ እንተበለ፣በሎ! ከርትሞ ከምድላይካ!
ኣነ ኸኣ ነቲ ወዲ ተረጋም፣ኣብ ገለ ተሸኩዑ ከየምለጠ፣
ሒዘዮ ከምለስ'የ፣በታ እግሩን ኢዱን ወጢጠ፣

ኦቴሎ፡- ተጠንቂቕካ ሓልወኒ፣ሓያል ሰብኣይ'ዩ ዕጥቂ ኣሎኒ ዘይገድፎ፣
ልዕሊ ኹሉ መስመስ ዝብል ማንም ቦጅባጅ ፈራሕ ዘይተንከፎ፣
ሃልሃልታ ሓዊ'የ! ነቒሕካ ሓልወኒ ግልጽ ምልጽ ከይበልካ፣
ሰብኣዊ ፍጡር ከሎኹ፣በዛ ንኡሽቶ ቕልጽመይ በዛ ጽብቕቲ ሴፈይ፣
ኣብ ደም ኣሽሓት እናጠሓልኩ፣ቆምጣዕጣዕ እናበለ ኢደ እግረይ፣
ዕስራን ሰላሳን ቀላጽምኳ ኣይጸዓዳንን ንበይነይ፣
ሽዑኳ ፍጥረት ዘይዓገተንስ፣ሕጂ ግዳ ኩለንተናይ ብጭካነ ምስተኸበ፣
ብነበልባል ሕሰም ከሕሙኽ ከሎኹ፣ዝዓትረንን ዝመልከንንዶ ተረኽበ?
ሕጂ ግን ኣጆኻ! ኣይትሰከፍ ክብረይ ተቐንጢጡ'ሎ ኣይትፍርሓኒ፣
ሸሕኳ ምስ ሙሉእ ዕጥቀይ ድልዊ ኾይነ እንተርዔኻኒ፣
ተጸንቂቑ'ዩ ትብዓተይ፣እዚ ኸኣ ኮይኑ'ዩ ሞሳ ለይተይ፣
እቲ ናይ ባሕርን ምድርን ሞያታተይ፣እቲ ናይ ዕራርቦ ፍርያተይ፣

ገሪሙካን ደንጽዩካን ድዩ? ፍርሒ ዝብሉዎ ፈጺምካ ኣይተልዕሎ፣
በል ተመልከት! ጠኒንካ ጥራሕ ምኻድ'ዩ ናብዛ ኣፍ ልቢ ኦቴሎ፣
ካብኡ ብራዕዲ የንፈጥፍጥ ንስኻውን ናብ ድላይካ መንኪልካ ትግምጥሎ፣
ኦቴሎሲ ኣበይ'ዩ ዝኣቱ? ናበይ ገጹ'ዩ እቲ ናቱ ስጉምቲ፣
እንታይ ኮን መሲላ ትኸውን ሕጂ? መሲላዶኹን ትኪ ዝጸገበ ዕንጨይቲ?
መኸዲ የብለይኒ! ኣቃጺለያ ኣሎኹ ነታ ዝኸበረት ሕያበይ! ኣበላ? ኣበላ?
ኣነ ናይ ርኽሰት ነበልባል ሓዊ'ዩ፣ንዓዓ'ውን ዘዕረብኩዋ ሳጥናኤላ፣
ክንራኸብ ከሎና ኣብዕለተ ምጽኣት፣ኪንሰምዕ ከሎና ፈፍርድና፣
እዚ ገሃነማዊ መቓፍረይ ኣብ ልዕሊዓ ዝፈጸምኩዎ ጭከና፣
ህም ኣቢሉ'ዩ ነዛ ነፍሰይ ዝግስማ፣ዝስንድዋ ካብ መንግስተ ሰማያት፣
ደቂ ሳጥናኤል'ዮም ዝዝልዝሉኒ፣ሥጋ ጉዚ'ዮም ዝገብሩኒ ሰይጣናት፣
ከትከት ኢላ ከም በረድ! ከውሒ ኮይና ኣላ እዛ ክብርቲ ብሩረይ!
እታ ጽርይትን ጽፍፍትን፣እታ ናይ በይነይ ዝነበረት ስልማተይ፣
ኦ! ኣታ ውጉዝ! ኣታ ኣኼስ! ኣነሲ ከቶ ኣይሰብን!
ኣቱም ሰይጣውንቲ ጽልመተ ገሃነም፤ብስላዕ ሃልሃልታ ግረፉኒ!
ካብቲ ደምበ ኣምላኽ ካብቲ ዓጸደ መንግስተ ሰማያት ስጐጉኒ፣
ብጽሒትኩም'ዩ'ሞ፣ኣብ ሆቡብላ ዘሪኹም ኣብዘይቅሕም ጓሕሪ ጥበሱኒ፣
ኣብ ትሕቲ መደረጋሕታ ሓዊ! ንዘልዓለም ዓምጺጽኩም ኣቕምጡኒ!!
ኦ! ዴዝዴሞና! ዴዝዴሞና! እታ ዴዝዴሞናሲ ሞይታ!
እኖ ኮነ መወዳእታ!! እኖ ኮነ መሪር መደምደምታ!
ኣሕ! ኣሕ! እና እዛ ዓለም እዚኣ ካብ ጽንፊ-ንጽንፊ ጸልሚታ!!
(ኢያጎ ተታሒዙ ይኣቱ)

ሎዶቪኮ፡- ኣበሎ? እቲ ቑርሱስ ተካል ፋሉ? እቲ ሃውኪ ዝኾነ ሰብኣይ?

ኦቴሎ፡- እኔኹ ኣብዚኣ! እቲ ኦቴሎ ዝበሃል ዝነበርኩ ሰብኣይ፣
እኔኹ ኣብ ሰልሚ መከራ ተዓኒደ ከም ዝኸሰረ ሸቃጣይ፣
እኔኹ ምስዛ ቅሌተይ ደው ኢለ! ምስዛ ቕርስስቲ ዕጫይ፣

ሎዶቪኮ፡- ኣበሎኸ እቲ ርጉም መንደላይ? ነጀው ገጽኩም ኣምጽኡዎ!

ኦቴሎ፡- ታሕቲ ገጸይ ክሳብ ኩርኩርኡ እንተርኤኹዎ ከንቱ'ዩ እንታይ ኣልዩዎ፣
ነታ እትፈልጣ ፈሊጥካያ ኣሎኻ፣ነታ ዝፈልጣ ተረዲኣያ ኣሎኹ'የ ዝብለካ፣
እዘን ኣእጋርካ እንተለወን'ኳ ኣካል ሰይጣን፣ኣነሲ ኣኺሉኒ'ዩ የብለይኒ ዝነግረካ፣
ሕጂሲ ራዕ ኢለ'የ፣ መን ከጫንወኒ ዓቕሚ፣በየናይ ሐቦይከ ክቐትለካ፣
(ንኢያጎ ይወግኦ)

ሎዶቪኮ፡- ኣግድፉዎ! መንዝዑዎ! በዛ ሴፉ ነገር ክየስዕበልና፣

ኢያጎ፡- እዋይ ኣነ ወጊኡኒ! እንታይ ገዲፉሉይ፣ኣይሓለፈትን'ምበር ትንፋሰይ!

ኦቴሎ፡- ዝሐዝንን ዝጠዓስን ከይመስለካ፣እንተተረፍካ'ኳ ብሂወት፣
በዚኣሲ ኣይቀንእን'ዩ፣ሽሕኳ እተሕጉስ እንተኾነት ናትካ ሞት!

ሎዶቪኮ፡- ኣዬ ኦቴሎ! ኣዬ ሓየት ሰብኣይ! ኣዬ'ባ መንፈዓት!

ነዚ ሕጂ ወሪዱካ ዘሎ መከራታት፣በዚ ተረጋም ውላድ ሓጢኣት፣
እንታይን ከመይን ኢልካ'ዩ ዝንገር፣ከቕርቡ ከለው ሕቶታት!

ኦቴሎ፡- ወይ ሰብ ደቀይ! በቲ ኣዝዩ ዝቕለለሲ መኣረ ክንድዚ ክትሸገር፣
ኣታ ዝበሃልዶ ይሰኣን ኮይኑ? እንተደሊኻሲ መሊኡ'ሉ ብከፈር!
ተጕላባ ዜብሉ ለዋህ መፍቀሪ'ዩ ኢልካ፣ቕታል ሰብ ከምዝኾንኩ ንገር፣
ብገለ ጽልኢ ምልኢ ዘይኮነስ፣ብእምነታዊ ኽብሪ ብቁም-ነገር፣
ኣታ ዝንገርሲ መሊኡ'ሎ በቲ ዘየጸግም ኣይትሸገር!
ዝንገር ደኣ ብካዕቦ! ከይድንጽወካ ደኣ'ምበር!

ሎዶቪኮ፡- እዚ ኣኼስ በዓለገ፣ካብቲ ዝገበሮ ቕሩብ ተናሲሑ'ሎ፣
ንቃስዮ ክትቀትሉዎ ስምምዕዶ ኔራትኩም'ያ፣ንስኻን ንሱን ኦቴሎ?

ኦቴሎ፡- ስምምዕ እንተበሉኻኸ!.....እወ ኔሩና...ሰይጣን እኳ ዘየልዕሎ!

ቃስዮ፡- ክቡር ጀነራለይ! እንተኣነ'ሞ ኣይበደልኩኻን በዛ ነፍሰይ፣

ኦቴሎ፡- ሐቕኻ ኢኻ! ካልእ ዝበሃል የብለይኒ'ሞ፣ ሓደራኻ ኣይትሐዘለይ፣
ምእንቲ ምንታይ ኣጻዊዱ ዘርገመርጊ ከምዝገበራ ነዛ ነፍሰይ፣
በጃኻ'ንዶ ነዚ ኮራርምቲ ሸይጣን፣ነዚ ፉንፉን ሰብኣይ ሕተተለይ?

ኢያጎ፡- ኣልግስ ከይትሓተኒ! ዝፈለጥካያ ፈሊጥካያ ኣሎኻ! የብለይን ካልእ ዝበሃል፣
ካብ ሕጂ ንንየው ኣይዛረብን'ዬ፣ኣይትወጸንን'ያ ሓንቲ ቓል!!

ሎዶቪኮ፡- ይልምነካ'ኮ'ዩ' ዘሎ!

ግራሽያኖ፡- ጠን የብሎ! ኣይትለምኑዎ! ብቕስመን ክትዛረብ ኢኻ፣
ብመቑሕ መከራ ምስተመቋሕካ ክትላፋለፍ ኢኻ ከይፈቶኻ!

ኦቴሎ፡- ኣታ እዚ መላኽዒ'ዚ እንታይ ክውስኽ ኢሉ!ሓሳድ!

ሎዶቪኮ፡- እንታይ እንታይ ተጠጂኣ ከምዝነበረት ከረድኣካ'የ'ሞ ስምዓኒ፣
ኣፍልጦ የብልካን ትኽውን ኢኻ፣ኣይሰማዕካን ድማ ይመስለኒ፣
እና ወረቐት፣ኣብ ጁባ እቲ ዝሞተ ሮድሪጎ ዝተረኽበት፣
ካልኣይቲ ኻኣ እኒሃለ፣ሓደ ክልተ ዜሕዝን ሓበሬታ ዝሓዘት፣
እትብልያ፣ብኢድ ሮድሪጎ ክትፍጸም ናይ ሓለቃ ሚእቲ ቃስዮ ሞት፣

ኦቴሎ፡- ሓመድ ጸሊም ብላዕ!.... ኣታ ርጉም በድባድ!

ቃስዮ፡- ኣረሚናዊ ብዕልግና'ዩ! ኣታ ወያል! ኣታ ወልማጥ!

ሎዶቪኮ፡- ሕልኩስ ወዲ ሰበይቲ!!

ኦቴሎ፡- በል'ባ? ኣረ ከመይ ጌርካ ኢኻ፣ነታ መንዲል ዝረኸብካያ?
ናይ በዓልቲ ቤተይዶ ከይኮነት? እቲ ናታ ውዲት'ባ ከመይ'ያ?

ቃስዮ፡- ኣብ ውሽጢ ገዛይ ኣብ ምድሪ ቤተይ'የ ዝረኸብኩዋ፣
ነዚ ኸኣ ባዕሉ ተናዚዙ ተኣሚኑ'ሎ እዚ ናይ ክፍኣት ጣዕዋ፣
ሕሰቦ'ሞ! ኣስተውዕሎ! ደርብዩዋ ስለዝነበረ ንኣኼሳዊ ስርሑ ኢሉ፣
እኖ ኸዓ እቲ ትምኒቱ ዝነበረ እኪት ከምዚ ዝርዔናዮ ሰሊጡሉ፡፡

ኦቴሎ፡- *(ንኢያጎ)* ኤህ!ኣታ ነፋሒቶ! ካባኻ ዝገድድ ሸይጣን ዶኾን ይህሉ?

ቃስዮ፡- ብጀካ'ዚ ኸኣኒ ኣብዛ ወረቐት ናይ ሮድሪጎ፣
እንታይን ከመይን ጌሩ ደፋፊኡ ተበኣስ ከምዝበሎ ኢያጎ፣

ንዓይ'ውን ኣድብዮም ብምጥቃዕ ከቕትሉኒ ስምምዕ ጥፍኣት ከምዝገበሩ፣
ድሕሪ ሓይሎይ ምልፍላፍ'ዩ፣ተውሺሑዋ ዝሞተ ነታ ምስጢሩ፣
ኣጆኻ ከምዝበሎ ገሊጹ'ሎ፣ኢያጎ'ውን ከምዝቐተሎ ተማጣጢሩ፣

ሎዶቪኮ፦ *(ንኦቴሎ)* በል ተሰዕ ንዓናይ! ሃየ ንኺድ ተበገስ!
ድሕሪ ሎም ቃስዮ'ዩ ዝኸውን፣ኣማሓዳሪ ናይዛ ቆጵሮስ፣
መዚኻን ማዕርጋዊ ሹመትካን፣ተቐንጢጡ'ዩ ካባኻ፣
(ንኢያጎ) እዚ መጣምዒ ግና፣እዚ ሰራም ናይ ክፍኣት ሓሰኻ፣
ብመከራ ከተሳቕዮ እትኽእል ንብዙሕ ጊዜ ኣብ መርመራ፣
እታ ኣኼሳዊት ፍሕሶ፣እታ ስርሒይ ኢሉ ተጣቢቡ ዝገበራ፣
ነታ ዘራእቱ እናዓጸደን እናኾልሰሰን'ዩ ዝኹምራ፣
ኣብ ማሕቡስ ክዳጎን'ዩ፣ክሳዕ እዚ ኹሉ ናቱ ነገር፣
ጥፍኣቱን ሰሩን ካብ ሱሩ ተጻርዩ ንመንግስቲ ቬነስያ ዝንገር፣
ካልእ ዝውሰኽን ዝበሃልን የብልናን'ሞ ሃየ ንዑናይ ንበገስ!

ኦቴሎ፦ ሓንሳእ'ሞ በጃኻ፣ሓደ ክልተ ቃለ ለበዋ ቅድሚ ምኻድካ፣
ውዒሉን ሓዲሩን እዚ ናተይ ኣበሳ እምነት፣ንዓኻ'ውን ከይወርደካ፣
ጽን ኢልካ ስምዓኒ ስለ ወዲ ተባዕታይ ኢልካ፣
ኣይስሕቱዎን'ዮም ነዚ መንግስትን ሃገርን ከምዘገልገልኩ ቅሩብትለይ፣
ግን ሕድርኻ ድሕሪ ደጊም ከም ዝና ኾይኑ ከይንገረለይ፣
ኣነ ግና ዝምሕጸነካ፣ከምዛ ሕጂ ትርእየኒ ዘሎኻ ኣብዛ ቅድሜኻ፣
ብዛዕባይ ዘርዚርካ ጸሓፈሎም ኣብቲ ናይ ልኡል መስፍን ደብዳበኻ፣
ሓንቲ ቓልኳ ንይቕረታ ከይትንኪ፣ወይ ቃለ-ጥርዓን ትኹን ቃለ-ጉድኣት፣
ሃጠውቀጠው ከይትውሰኽ፣ንሸመይ ከይትብልላ ብዘይዓገብኩዎ ሕሰማት፣
እሞ ክትጽሕፍ ከሎኻ፣ከም ሓደ ክኢላ በሊሕ ዝነበረ ሰብ ዘይኮነስ፣
ከም ሓደ ገርሂ ልቡ፣ከም መፍቀሪ ወዲ'ንኡ ኢልካ ጥቐስ፣
ብሙሉእ ልቡ ኣሚኑ ዘፍቐረ፣ዘይቀንእ ብዓዘርቒዘር ምኽንያት፣
ግን ነታ ለዋህ ልቡ፣ብለውላው ከዳዕ መልሓስ ብምጉትጓት፣
ንቕስንቲ ልቦናኡ ኣብሪሶም፣ንጽርይቲ ፍቕሩ ዘራሪጎም ብሰርታት፣
ዝተወጽዔ ኔሩ ተባሂሉ ይጸሓፍ፣ክዝርዝር ከሎ እቲ መልእኽትታት፣
ከምቲ ከንቱ ህንዳዊ፣ከምቲ ገንዘቡ ራሕሪሑ ዝነበሮ ጥሪቱ፣
ዳሕዲሑዎ ዝኸደ ነቲ ዕንቍ፣ነታ ክቡር ዋጋ ዘለዋ ልዕሊ ኩሎም ዓሌታቱ፣
ከምቲ ፈውሲ ዝኸዉን ገረብ ኣዕራብ ብጸረርታ እናወረደ ንብዓቱ፣
ከምቲ ለይትን መዐልትን እናንትዔ ዘንጠብጥብ መላእ ዘመናቱ፣
ከምቲ ደም እናንትዔ ዝነብር፣ወርትግ እናተጸናቀቐ ዝሓልፍ ዓመታቱ፣
ኢልካ ምስ ወዳእካ፣ካብኡ ድማ፣ሓደ ጊዜ ኣብ ኣሌፖ ኣመና ሸቢው ዘሸግር፣
ጥርቡሹ ደፊኡ ሽናዕ ዝብል ቱርካዊ፣ነቲ እሩም ቬነስያዊ ወዲ ሃገር፣
ብወዝቢ ረኺቡ እንተገሰሞ፣እንተቐርመጶ'ውን ከሳብ ዜንጸርጽር፣
ብዘይካ'ዚ ድማ ንመንግስቲ ሐምዩ፣ንህዝብን ሃገርን ምስነዓበ ብዘይንቡር፣

ነቲ ኣኼስ ዝኾነ ከልቢ፣ብሰንኪ ክፉእ መጋብሩ ለቀም ኣቢለ ምስ ሓዝኩዎ፣
በዛ ሴፈይ እዚኣ፣ከምዚኣ! ከምዚኣ! ገይረ ነዚ ነፍሰይ ወጋእኩዎ!!
(ንርእሱ ወጊኡ ይወድቕ)

ሎዶቪኮ፡- እግዚኦ! እግዚኦ ጸገም! ወዮዮ ኣበሳ! ኣዬ ጊዜ!

ግራሽያኖ፡- ምኽርና ዘበለት ከንቱ ኾይና! እዛ ግብሪ ኦቴሎ ኣጉል ጌራትና!

ኦቴሎ፡- ዴዝዴሞና! ዴዝዴሞና! ከምታ ዝፈቶኹኺ ቐተልኩኺ!
ከምታዜፍቀርኩኺ ሞትኩልኪ፣ ስለ ዜፍቀርኩኺ ሓቝፍኩኺ፣
እና ሓቝፈ ሰዓምኩኺ፣ሓመድ ጸላም ትብልዓኒ ምሳኺ ፣
እዛ ምድሪ ትሓጠኒ፣ ትዓምጭቐኒ ስለኺ፣ *(ይመውት)*

ቃስዮ፡- እዚኣ ኔራ ስግኣተይ! ነዚኣ'የ ኣቐዲመ ዝጠርጠርኩ
ጥራይ ኢዱ መሲሉኒ'ምበር፣ወናም ከምዝኾነሲ ቐደም'የ ዜራጋገጽኩ!

ሎዶቪኮ፡- *(ንኢያጎ)* ኣታ ከይሲ ረሳሕ! ኣታ ቐርሱስ ኣረሚን!!
እንታይኮን ከዓብሰልካ'ዩ እዚ ኹሉ ኽፍኣትን ጸይቒን? እንታይኮን
ይገብረልካ? እስከ እኒሄልካ ርኣዮ ኣታ ጉዳም!
ነዚ ጸገምን ስቓይን! ነዚ ጭንቅን መከራን፣...ኣታ ተረጋም!
ፍሕሶኻን ሥራሕካን መስካሕከሒ'ዩ፣ሳጥናኤላዊ'ዩ ኣታ ጠላም!
ክፍኣትካ ሲኦላዊ ጉዕዞ'ዩ፣የማናይ ዘይፈልጥ ብጀካ ጸጋመጸጋም፣
(ንግራ) ንስኻ ድማ ነዚ ገንዘብን ንብረትን ናይ ኦቴሎ፣
ቅንጣብ ከይጎድል ሐሉ፣ይዕበ ይንኣስ ኣብዚ ዘሎ፣
'ምበኣርከስ ዝኸበርካ ጎይታይ ቃስዮ፣በዚ ዝተቐበልካዮ መዚ.ታት፣
ነዚ ወዲ ዓመጽ ሸይጣን ጐዱፍ፣ኣሳራጢኻ ኣባሳብሶ ብቕጽዓት፣
ብሻላ ማላ ውዒሉ ከይሓድር፣ሕጽጽቲ ትኹን እታ ዕርበቱ ፣ ሓማቲልካ
ኣጽንቶ ከምታ ስርሑሲ ዕምሪ ክትረክብ የብላን እዛ ሂወቱ፣ ኣነ ግን
ከይወዓልኩ ከይሓደርኩ፣ነዚ ኹሉ ወሪዱ ዘሎ መዓታት፣
ነዚ መሪር መከራን ስቓያዊ ሓዘንን፣ነዚ መዳርግቲ ዜብሉ ወጽዓታት፣
ንልዑል መስፍን ከነግሮም'ዬ፣ሓዘን ብዘጥቅዕ ልቢ፣ጓሂ ብዝዓብለላ ስቅያት፡፡

18544315R00066

Printed in Great Britain
by Amazon